全国旅游高等院校
精品课程系列教材

"十三五"江苏省
高等学校重点教材

Introduction to Tourism

旅游概论

主编◎方法林　金丽娇

中国旅游出版社

编委会名单

主　任

周春林（南京旅游职业学院党委书记）

叶凌波（南京旅游职业学院党委副书记、校长）

副主任

黄　斌（南京旅游职业学院党委副书记、副校长）

操　阳（南京旅游职业学院副校长）

田寅生（南京旅游职业学院纪委书记）

洪　涛（南京旅游职业学院副校长）

李　艳（南京旅游职业学院副校长）

委　员

孙爱民（南京旅游职业学院教务处处长）

顾至欣（南京旅游职业学院旅游管理学院院长）

苏　炜（南京旅游职业学院酒店管理学院院长）

吕新河（南京旅游职业学院烹饪与营养学院院长）

孙　斐（南京旅游职业学院人文艺术学院院长）

邵　华（南京旅游职业学院旅游外语学院院长）

朱　丽（南京旅游职业学院基础部主任）

《旅游概论》
编委会名单

主　编：

方法林　教　授　南京旅游职业学院

金丽娇　副教授　南京工业职业技术大学

副主编：

纪文静　副教授　南京旅游职业学院

崔英方　博　士　南京旅游职业学院

李　伟　博　士　南京旅游职业学院

王新宇　副教授　南京旅游职业学院

唐　晨　博　士　南京旅游职业学院

谷　静　南京旅游职业学院

参　编：

叔文博　南京旅游职业学院

梁海玥　南京旅游职业学院

高金芳　南京钟山学院

序　言

“十四五”时期，中国特色社会主义已经进入新时代，我国社会主要矛盾已经转化为人民日益增长的美好生活需要和不平衡不充分的发展之间的矛盾。旅游产业作为服务人民群众美好生活的重要组成部分，已成为现代社会的主要生活方式，正以其强劲的势头成为我国经济产业中具有活力的“朝阳产业”，为国民经济和社会发展提供了强有力的支撑。

旅游职业教育是以服务为宗旨，以就业为导向，以服务产业经济发展为重点的类型教育。近年来，随着文旅融合深入推进、大众旅游持续发展，以“互联网＋旅游”为特征的旅游业发展新模式，以融合创新、开放共享为特征的旅游新业态层出不穷，各种现代新科技、新理念、新产品的应用，为推动旅游产业转型升级注入了新的活力，也为旅游职业教育改革提出了新的挑战。面对旅游业日新月异的发展，面对产业融合和信息技术快速发展，旅游院校必须加快推动教育综合改革，紧贴行业办学，紧贴需求育人，进一步提升人才培养适用性，为现代旅游产业发展提供有力的人才保障。

为了进一步提升旅游专业学生和行业从业人员的综合素养、职业技能和可持续发展能力，培养适应旅游产业发展需求的高素质技术技能和管理服务人才。由南京旅游职业学院与校企合作单位共同编写了这套旅游职业教育精品系列教材。这套系列教材的编写旨在贯彻落实党中央、国务院的决策部署，服务“四个全面”战略布局，以服务旅游业发展为宗旨，以促进旅游就业创业为导向，具有针对性和实用性，利于学生综合素质与职业能力的提升。这套系列教材由旅游通识教育系列和旅游专业教育系列两部分组成，包括《中华经典诵读》《礼仪文化》《形体训练》《中式烹饪基础工艺与实训》《民航服务心理学》《烹饪英语》《前厅服务与管理》《旅游概论》《旅游策划实务》《大学生创新理论与实践》《旅游景区概论》《酒店工程管理》《酒店信息智能化》《南京景点日语导游》《酒店日语》《新编计算机应用基础（office 2016 版）》等教材，是南京旅游职业学院在教学改革方面的最新成果。

本套丛书是集体智慧的结晶，尽管编写过程中编写组力图全面反映旅游专业知识和旅游行业发展的最新成果和趋势，使教材既便于教师教学，也能促进学生自主学习，但囿于经验和学识有限，教材中难免有瑕疵，敬请读者批评指正。

教材编委会

2021 年 8 月

前　言

目前，针对新时期高等职业教育重点的转变，高职高专及职教本科院校课程改革也逐步被重视。我国关于职业教育课程改革取向较为流行的主张是：建构与“知识本位”学科体系相对的“能力本位”行动体系。

现有《旅游学概论》的教学多以学科知识系统化为教学逻辑主线，注重理论知识的学习。学问化的课程教学很难激起学生学习的兴趣，调动学生学习的潜能。同时，课程教学理论性太强，与生产实际联系不紧密，忽视了学生职业实践能力的培养，导致了学生的实践能力不能得到真正的锻炼和提高。

为了解决这些问题，同时，考虑到旅游业发展的日新月异，根据旅游业发展变化的现实状况，对原先的《旅游学概论》进行了修订。本书主要具有以下鲜明特点：

第一，打破学科体系。旅游业的发展需要一大批技能型人才。研究型大学里培养的是学术型人才，职业院校着重培养技术型人才。当前，旅游行业的快速发展带来岗位变动，而且任何岗位都不仅仅需要一门学科知识，所以，职业教育课程应该突破普通教育的“学科”体系，强调理论和技能的紧密结合。因此，本教材不以传统的“旅游学概论”来命名，而是代之以“旅游概论”，从而使课程内容更能满足职业教育的要求。

第二，紧抓旅游业发展的趋势。本书引入“全域旅游”“旅游+”等概念，详细剖析当代旅游消费需求的变化，进而总结出更为贴近目前旅游市场的新业态，如自由行、个人定制等，从而使学生对现今旅游市场有更为直观的了解。

第三，创新体例视角。本书从旅游供给侧角度分析旅游业的发展，如特色商品供给角度、基础设施建设角度、旅游产品供给角度等，多角度、多方面、多层次探讨如何能够提升旅游供给质量和效益。

第四，提升目标任务。本书主要以工作任务为逻辑主线来组织课程内容和课程教学，将“专能”与“通能”整合起来，将“就业导向”提升为“创业与就业并重”。在教材内容选取上，融合相关职业资格证书对知识、技能和态度的要求。在教学任务安排中，引导学生“在做中学”，突出对学生分析与解决实际问题的能力的培养。

本教材是由南京旅游职业学院、南京工业职业技术大学与行业有关旅行社等共同合作开发的。教材主编均具有副教授以上职称。本教材既可以作为高职院校和职教本科院校旅游管理专业学生的专业基础教材，又可以供旅游从业人员、旅游爱好者的学习参考之用。本书的编撰过程中还查阅、参考了大量相关资料和案例（参考文献附于文后），谨向相关作者表示诚挚的敬意和由衷的感谢！

由于时间紧迫及水平有限，教材中的疏漏之处，衷心希望读者能批评指正。

编者

2018 年 8 月

目录
CONTENTS

模块一　曲折向前的旅游发展历程

项目一　旅游发展的过去与未来 …… 3

任务一　探寻旅游的起源 …… 3

任务二　了解近代旅游的兴起 …… 8

任务三　掌握现代旅游的发展 …… 10

任务四　回顾中国旅游发展历程 …… 14

任务五　展望中国旅游发展趋势 …… 16

项目二　旅游概念及构成 …… 24

任务一　掌握旅游的概念 …… 24

任务二　掌握旅游活动构成及特点 …… 32

模块二　瞬息万变的旅游市场需求

项目三　旅 游 者 …… 39

任务一　掌握旅游者的基本概念 …… 39

任务二　发现旅游者的动机需求 …… 44

任务三　了解旅游者形成的客观条件 …… 49

任务四　掌握旅游者的类型 …… 53

任务五　了解当代旅游消费需求的变化 …… 57

项目四　旅游市场 …… 65
任务一　明确旅游市场的概念及特点 …… 65
任务二　了解世界旅游市场 …… 68
任务三　关注中国旅游市场 …… 70

模块三　多元多样的旅游行业供给

项目五　旅 游 业 …… 81
任务一　了解旅游业的概念及构成 …… 81
任务二　认识旅游业的作用 …… 84

项目六　旅游景区 …… 88
任务一　掌握旅游景区的概念 …… 88
任务二　了解景区发展简史 …… 91
任务三　熟悉各类景区简况 …… 95
任务四　了解A级景区的评定 …… 111
任务五　展望未来景区的发展趋势 …… 117

项目七　旅游饭店 …… 122
任务一　掌握旅游饭店的定义及作用 …… 122
任务二　了解旅游饭店发展的历史 …… 124
任务三　熟悉各类旅游饭店的特色 …… 129
任务四　了解旅游饭店等级的评定 …… 131
任务五　展望未来旅游饭店的发展趋势 …… 135

项目八　旅游交通 …… 139
任务一　明确旅游交通的概念及作用 …… 139
任务二　了解各类旅游交通简况 …… 141
任务三　展望未来旅游交通的发展趋势 …… 143

项目九　旅游商品 …… 147
任务一　了解旅游商品的概念及作用 …… 147
任务二　了解旅游商品的文化内涵及存在问题 …… 150
任务三　掌握旅游商品的分类 …… 155
任务四　关注旅游商品的开发与设计 …… 157
任务五　展望未来旅游商品的发展趋势 …… 163

项目十　旅 行 社 …… 168
任务一　明确旅行社的概念及设立条件 …… 168
任务二　了解传统旅行社发展简况及现状 …… 173
任务三　关注线上旅行社的出现及发展 …… 178
任务四　熟悉旅行社的产品 …… 184
任务五　了解旅行社等级划分与评定标准 …… 197
任务六　展望未来旅行社的发展趋势 …… 202

模块四　不断完善的旅游活动管理

项目十一　旅游组织及旅游利益相关者 …… 209
任务一　了解国际旅游组织 …… 209
任务二　认识国家旅游组织 …… 217
任务三　熟悉行业旅游组织 …… 221
任务四　旅游利益相关组织 …… 226

项目十二　相关旅游标准 …… 232
任务一　了解我国相关旅游标准 …… 232
任务二　定义类标准 …… 235
任务三　等级评定类标准 …… 250

参考文献 …… 272

模块一

曲折向前的旅游发展历程

项目一　旅游发展的过去与未来

学习目标

通过本项目学习，你应该能达到：

［知识目标］1. 了解旅游的产生及中国和西方古代旅行的情况。

2. 了解近代旅游业产生及发展的情况。

3. 了解现代旅游业的兴起背景及特点。

4. 掌握中国旅游业的发展历程。

5. 了解中国旅游发展的趋势。

［能力目标］能够清晰地描述中国旅游业发展的历程。

［实训目标］能够对中西方旅游发展的情况进行较为全面的对比。

任务一　探寻旅游的起源

案例导入

玄奘（602~664 年）是我国唐代最著名的僧人旅行家。他以坚韧的毅力，穿越沙漠，翻越高山，到达中亚南部和阿富汗北部地区，而后到达天竺。他在印度学习讲经 17 年，回国后译出经论 600 余部 1335 卷。唐太宗出于政治上的需要，热烈迎归，并在西安建大雁塔收藏其带回的经籍和佛像等。之后，玄奘写成了《大唐西域记》；襄助其译经的慧立，除了译记西游路程和见闻外，还追记玄奘西游前后身世，写成《大慈恩寺三藏法师传》。这一“记”一“传”，详细记述了玄奘历经的 110 国的地理、交通、城邑、关防、气候、物产、风俗、文化等情况。

思考：玄奘法师所进行的宗教旅行是一种旅游活动吗？

一、旅游的起源

人类的旅游行为，孕育于人类的迁徙和旅行行为中，但迁徙和旅行都不是人类纯粹意义上的旅游行为。迁徙与旅行，是人类早期的一种生产活动，与旅游在性质上是完全不同的，只是它们在形式上有共通之处，并且对旅游的产生，有着某种形式上的借鉴作用。

旅游活动的本质是为了获得审美和愉悦的体验，从这一点上看，迁徙行为不能算作是旅游活动。迁徙行为，是人们出于谋生的目的，离开定居地，在新的定居点定居下来，不再回到原来的定居点。迁徙是人类最为古老的一种旅行行为，人类作为一个新物种出现之后，长期处在一个生产力十分低下的野蛮时代，依靠天然物质作为食物的来源，人类的各种活动仅仅是围绕着获取食物这一中心展开。人们没有固定的居所，随着天然食源的变化而不断迁徙着。

古代旅行开始于奴隶社会形成时期。古代旅行的开拓者最早是商人。由于生产工具和生产技术的进步，导致生产效率的提高和劳动剩余物的出现，随之出现了社会分工和商品交换。伴随着商品经济的产生和日渐发展，交换作为一种社会职能有了明显的加强，原始社会随之瓦解，奴隶社会开始形成。由于生产技术的进步，道路和交通工具的发展，人类社会中出现了小范围的旅行。当时专门从事商品交换的商人，为了解异域的生产与需求状况，以及交换产品，成为最早的旅行者。但是，当时人们是为贸易、宗教等目的而进行旅行，不是为了消遣、休闲的目的，所以古代旅行不同于今天的旅游活动，但可以看作是旅游的萌芽时期。

二、中国古代的旅行活动

（一）商务旅行

中国历史上的商务旅游活动最早可以追溯到夏、商、周时期。夏朝最喜欢经商的是殷人。殷人重交易，早在商汤革命之前，商部落的商品经济就已经很发达了。史书所载的“肇牵车牛远服贾”（《尚玉·酒诰》）就属于殷末周初商人的商务旅游活动。因为商人重视商品的生产和交易，所以殷商的手工业水平高超，商代青铜器即便是今天看来仍然是精美无比，比如司母戊大方鼎、四羊方尊等。但是由于古代社会交通不便，山林草泽密布，社会服务业不发达，所以出门在外风险不少，饥饿、疾病和死亡时常威胁着在外行商的游子，这也造成了中国古代商务旅行的诸多艰难。

（二）帝王巡游

早期的帝王巡游具有重大的社会意义。帝王是否会走路、旅行，是衡量帝王能力高下及对所奠版图统治能力强弱的标准。据《史记·五帝本纪》记载，尧发现舜为人孝道，就选定其做继承者。为了考验舜是否具备充当部落首领的能力，“使舜入于山林川泽，暴风雷雨，舜行不迷，尧以为圣”，即是证明。

古代帝王出游以规模之宏大、排场之奢华而著称。据载，黄帝打败炎帝后巡游天下，“东至于海，登丸山，及岱宗。西至于空桐，登鸡头。南至于江，登熊、湘，北逐荤粥，合符釜山，而邑于涿鹿之阿，迁徙往来无常处……”。这可以视为中国帝王的早期旅游。公元前221年，秦帝国建立后，秦始皇继承并发展了天子“巡狩”的制度，使巡游成为他在位12年耗时最多、用力最勤的一件大事。秦始皇在位期间，共进行了五次大规模的巡游。

（三）游学

荀子说：“不登高山，不知天之高也；不临深蹊，不知地之厚也。”这说的是学习必须深入实地，联系实际，而要做到这一点，就必须出游考察。司马迁说：“异时诸侯并争，厚招游学。”（《荀子·劝学》）这里的“游学”特指文人的外出求学活动，同时指旅游者在旅途中的行为。在游学方面最为出名的要数三国魏时期的竹林七贤。由于社会政局动荡不定，统治者荒淫糜烂，引起一些士大夫对现实的不满和失望。某些士大夫消极厌世，就把注意力转向自然，寄情于山水。嵇康、阮籍、山涛、向秀、刘伶、王戎、阮咸七人大都崇尚老庄之学，不拘礼法，生性放达，常于竹林下，酣歌纵酒，切磋心得，获取灵感，创作出了大量的山水诗，故而被称为竹林七贤。

（四）宗教旅行

这是以朝圣、求法为目的进行的旅行活动。西汉末年，佛教初传中国，至南北朝和隋唐，它已进入鼎盛时期。如北魏时，洛阳已有大小寺庙1367所，还开辟了石窟寺多处。这一时期著名的僧人云游家有法显、玄奘、义净和鉴真等。

知识拓展

鉴真东渡

鉴真和尚日本常称为“过海大师”“唐大和尚”。俗姓淳于。扬州人，14岁（一说16岁）于扬州大云寺出家，曾巡游长安、洛阳。回扬州后，修崇福寺、奉法寺等大殿，造塔塑像，宣讲律藏。当时，日本佛教戒律不完备，僧人不能按照律仪受戒。733年日本僧人随遣唐使入唐，邀请高僧去传授戒律。访求十年，决定邀请鉴真。742年鉴真不顾弟子们劝阻，毅然应请，决心东渡。由于地方官阻挠和海上风涛险恶，先后四次都未能成行。第五次漂流到海南岛，鉴真双目失明，751年又回到扬州。经过12年努力，鉴真终于在753年搭乘日本遣唐使团的船东渡。

（五）国际旅游

中世纪以政治和文化交流为目的的出国考察团和商业旅行也多了起来，其中最为著名的要数马可·波罗的中国之行。马可·波罗于1271年随叔父来中国，待了17年，著就《马可·波罗游记》。他是世界历史上第一个将地大物博的中国向欧洲人做出报道的人，他在游记中以100多章的篇幅，记载了我国40多处城市和地区，对当时中国的自然和社会情况做了详细描述。因此，马可·波罗被誉为“中世纪的伟大旅行家”，中西交通史和中意关系史上的友好使者。

（六）科考旅行

科考旅行的代表人物是郑和和徐霞客。郑和从1405年到1433年，率船队七次出海，进行大规模的远洋航行，总共到过南洋、印度洋的30多个国家和地区。最南到爪哇，西北到波斯湾和红海，最西到非洲东海岸，是历史上的空前壮举，可谓世界航海家的先导。在郑和航海的过程中，每经过一处地方，都做了精密的航行记录，这就是著名的《郑和航海图》。在这部地图中，关于航行的方向、航程的远近、停泊的处所以及暗礁险滩，都有详细的记载。此外，在书中还积累了对于海上风向、气候和潮汐等自然变化的知识。

另一位伟大的科考旅行者徐霞客，利用毕生的时间，走遍了祖国的大好河山，主要考察地形地貌，探究地质、地理，写成了《徐霞客游记》。此外，顾炎武的旅行考察也很著名。他是明、清间的学者，在学术考察中遍游了华北，十谒明陵，又周游西北达20年，有胜地必访，有名士必交。写成了《天下君国利病书》和《肇域志》两部地理著作。

这些人的科考旅行活动都为后世留下了宝贵的财富。

三、西方古代的旅行活动

古代西方的旅行活动主要活跃在古文明的发祥地，如古埃及、古巴比伦、古希腊、古罗马等国。主要形式有：

（一）商务旅行

在古代，无论是东方国家还是西方国家，以经商为目的的商务旅行是古代旅行最主要的一种形式。公元前753年，古罗马人开始外出旅行。罗马帝国的钱币为各国所接受，他们还推出了导游手册，用不同的符号来表明各个客栈的等级。公元前150年，罗马人为了军事目的开始修建公路，拥有了8万公里的公路网，并在公路边出现了专门的住宿设施，这些条件都有利于罗马人做远途旅行。

（二）宗教旅行

宗教旅行也是最常见的一种旅行方式。公元前5世纪，希腊宗教旅行突出。最有名的就是“奥林匹亚庆典”宙斯大祭之日，参观者络绎不绝。节日期间有赛马、赛车、角斗等运动，这种运动后来就发展成为奥林匹克运动。奥林匹亚也成为奥林匹克运动的发源地。7世纪，阿拉伯帝国宗教旅行盛行。伊斯兰教规定，每位信徒都要到麦加、麦地那或耶路撒冷去朝觐，所以在驿道上宗教朝圣的旅客络绎不绝。

（三）科考旅行

为了追求真理，古代有许多学者和科学家将科学研究与云游天下紧密结合，希望通过旅行来发现和证实科学真理。比如麦哲伦通过环球航行，证明了地球是圆的；哥白尼在经历了意大利、德国等地的科学考察旅行后，提出了太阳中心说，阐明了天体运行现象；达尔文在环球旅行中进行了大量的系统实地探索，否定了物种不变说，创立了进化论。

知识拓展

麦哲伦环球航行

费尔南多·麦哲伦，世界航海家之一，葡萄牙人，1480年出生于一个贵族家庭。1519年9月20日，麦哲伦在西班牙国王的资助下，率领一支由5艘帆船266人组成的探险队，从西班牙塞维利亚港起航，开始了他名垂青史的环球航行。麦哲伦率领船队向西航行，渡过大西洋到达南美洲火地岛，历尽千辛万苦，穿过麦哲伦海峡进入太平洋。在途经菲律宾群岛时，探险队与岛上的原住民发生冲突，麦哲伦受伤身亡。最后，这支船队只剩下一艘船。这艘船取道南非驶抵西班牙，实现了从西方向西航行到达东方的计划。1522年9月6日船队返回西班牙塞维利亚港，完成了历时3年的环球航行。麦哲伦船队的环球航行，用实践证明了地球是一个圆体，不管是从西往东，还是从东往西，毫无疑问，都可以环绕我们这个星球一周回到原地。

任务二　了解近代旅游的兴起

案例导入

18 世纪从英国发起的技术革命是技术发展史上的一次巨大革命，它开创了以机器代替手工工具的时代。这不仅是一次技术改革，更是一场深刻的社会变革。这场革命是以工作机的诞生开始的，以蒸汽机作为动力机被广泛使用为标志的。这一次技术革命和与之相关的社会关系的变革，被称为第一次工业革命或者产业革命。从生产技术方面来说，工业革命使工厂制代替了手工工场，用机器代替了手工劳动；从社会关系来说，工业革命使依附于落后生产方式的自耕农阶级消失了，工业资产阶级和工业无产阶级形成和壮大起来。

思考：结合此案例，谈谈工业革命对当时的旅游活动将产生哪些影响。

在 19 世纪的欧美地区，特别是从 19 世纪中叶起，无论是在国内旅游还是国际旅游都有了突破性的发展，这在很大程度上是和产业革命的影响分不开的。

一、近代旅游业产生的原因

18 世纪中叶开始的产业革命最终把人类推向近代旅游的新阶段。产业革命前，人们一直以人力、畜力或自然力来驱动交通工具，几千年来没有太大变化。产业革命使这种状况发生了根本改变。产业革命以发明和使用机器为主要特征，它在生产领域和社会关系上引起了根本性变化，为旅游业的诞生准备了条件。

第一，生产效率提高。生产效率提高，促进了经济的发展，使人们物质产品丰富起来。中产阶级人数日益增加，大量中产阶级加入旅游的行列。

第二，人口迅速增长。人口的迅速增长，加上城乡人口流动加快，促使了城市化进程加快。并且由于人们想要到宁静的大自然中去寻求放松，从而使乡村旅游发展起来。

第三，商务旅行市场出现。产业革命之后，各资本主义国家开始不断地向外输出商品。印度是受资本主义国家经济侵略的典型国家，棉纺织业首当其冲。英国向印度输出棉纱（占英国棉纺织品总值的 65%）。频繁的商务往来，造就了庞大的商务旅行市场。在最早建成铁路的英国，商人们开始利用包租火车的形式把大批游客运送到游览地。

第四，新式交通工具产生。新式交通工具的产生，使大规模的人员流动成为可能。蒸汽机技术用于交通工具，从此人类有了机械动力的运载工具——火车和轮船。新式交通工具不仅速度快、运载量大，还具有票价相对低廉的优势。这使得远距离、大规模的人员流动第一次成为可能。1814 年，英国人史蒂芬孙研制了一台蒸汽机车，能以每小时 6 公里多的速度牵引 8 辆装有 30 吨煤的货车。1825 年 9 月，英国建造了世界上第一条铁路，开创了陆路现代化运输的新纪元。1807 年罗伯特·富尔顿造出一艘长 45 米的蒸汽机船，用一台英国的博尔顿—瓦特发动机驱动两舷直径 4.5 米的明轮，由纽约溯哈得孙河，抵奥尔巴尼。这艘船经加固加宽后，就是著名的“克莱蒙特”号，是第一艘正式使用的蒸汽机船，又称汽船。它速度快、运载量大，缩短了旅游时间，降低了旅行费用，直接推动了旅游活动的发展。

旅游需求逐渐形成社会化规模，越来越多的人需要有人代他们处理从起程到返家过程中的一应事务。这意味着专门为旅游者服务、为旅游者活动提供便利条件的活动已有可能逐渐从其他部门中分离出来，形成一个新行业——旅游业。可以说，近代旅游和旅游业孕育于向近代转型的欧洲，最终由产业革命催生而成。

二、近代旅游业的兴起

在近代旅游业发展过程中，第一次以一个组织的形式出现，并与运输业直接挂钩而开旅游业先河的人是英国的托马斯·库克。

知识拓展

托马斯·库克

1808 年 11 月 22 日，托马斯·库克出生于英格兰德比郡墨尔本镇。自幼家境贫寒，四岁丧父，母亲改嫁。迫于生计，托马斯·库克 10 岁时不得不辍学从业。先在一家蔬菜花木店当帮工，每周的工钱仅为 6 个便士。后又当木工学徒。17 岁时进入拉特兰浸礼教会做诵经人。

1828 年库克成为一名传教士，云游四方，散发浸礼教会的小册子，宣传教义。这使得托马斯·库克游历了英格兰的许多地方，对旅游产生兴趣。另外，出于宗教信仰的原因，他后来成为一位积极的禁酒工作者。

托马斯·库克（1808~1892 年），英国旅行商，也是一位积极的禁酒工作者。

1841 年 7 月 5 日，英国人托马斯·库克包租了一列火车，运送了 570 人从莱斯特前往拉夫巴勒参加禁酒大会，往返行程 22 英里（约 35 公里），团体收费每人 1 先令，免费提供带火腿肉的午餐及小吃，还有一个唱赞美诗的乐队跟随，这次短途旅游活动成为公认的近代旅游及旅游业的开端。此后，他率先在英国正式创办了托马斯·库克旅行社（即现今的通济隆旅行社），成为旅行代理业务的开端。为此，托马斯·库克被世界公认为商业性旅游的鼻祖。

1845年，托马斯·库克亲自任领队，组织了350人的消遣观光团去利物浦旅游。库克本人对这次的团体旅行进行了周密的计划，并事先亲自考察旅游线路，确定沿途的游览点，与各地客栈老板商定旅客的吃住等事宜。利物浦之行结束后，库克整理并出版《利物浦之行手册》，该手册成为早期的旅游指南。

1846年，他又组织350人到苏格兰集体旅游，并配有向导。旅游团所到之处受到热烈欢迎，从此，托马斯·库克旅行社的名字开始蜚声于英伦三岛。

1851年，库克组织了有16.5万多人参加“伦敦水晶宫”世界博览会。

1855年，库克组织了从英国莱斯特前往法国巴黎的旅游，在巴黎停留游览4天，全程一次性包价，其中包括在巴黎的住宿和往返旅费，总计36先令。事实上，这也是世界上组织出国包价旅游的开端。

1872年，托马斯·库克创办了最早的旅行支票，可在世界各大城市通行，通济隆旅行社还编印了世界最早的旅行杂志，曾被译成7国文字，再版达17次之多。同年，托马斯·库克自任导游，第一次组织了环球旅游。这次环球旅游的成功受到世人的称颂。

1880年他又打开印度大门，拓展了埃及市场，成为世界上第一个旅游代理商，被誉为世界旅游之父。

同时，许多的类似旅游组织在欧洲大陆纷纷成立。例如，1857年，英国成立登山俱乐部；1885年成立帐篷俱乐部；1890年，法国和德国也分别成立了观光俱乐部；从1850年起，美国的运通公司兼营旅行代理业务，并于1891年发行了旅行支票，后来与英国的通济隆公司、比利时的“铁路卧车公司”一起被称为20世纪初三大旅行代理公司。

任务三　掌握现代旅游的发展

案例导入

1908年，美国人亨利·福特发明了T型汽车，自此汽车进入旅行的行列。很多度假者都选择私家车出行。

1928年，美国泛美航空公司运送了从佛罗里达的基韦斯特岛——古巴的哈瓦那的第一批乘客，旅途共花费了1小时10分钟，单程票价为50美元。

1950年，V. 赖茨以地平线假日公司的名义，用包机组织了一次到科西嘉的实验性的包机旅行，所以他被认为是大众包机旅行形式的创建者。

20世纪70年代初，泛美国际航空公司开始用波音747客机，将352名乘客从纽约送到伦敦，这也标志着大型喷气式客机使用的开始。

20世纪90年代初，我国也开始尝试旅游包机业务。

思考：交通工具的发展对我国现代旅游业的发展产生了什么影响?

一、现代旅游业崛起的原因

“二战”以后，各国经济持续稳定发展，旅游业也得到了快速发展。旅游队伍由社会上层人士逐步扩大到平常百姓家，旅游活动真正成为一种大众性活动。

（一）政治气候稳定

“二战”结束之后，虽然世界上仍不时有局部战争发生，但就世界总的环境而言，缓和与发展一直占据着主导地位。各国都致力于本国的经济建设、医治战争创伤等，这些都为战后世界经济的增长和旅游活动的开展提供了必要的前提和保证。同时战后各国政府出于为国家赚取外汇、改善和提高国家在世界上的形象、为国民增加就业机会以及缩小国内同先进地区之间的差别等目的，都先后在不同程度上支持和鼓励本国积极发展旅游业。此外，战后世界人口迅速增加和战后各国城市化进程普遍加快等也是促使自20世纪60年代开始的旅游度假迅速普及和发展的主要原因。

（二）科学技术进步

科学技术是第一生产力。近代旅游及旅游业的兴起，是与工业革命密不可分的，也是近代科技革命的成果。同理，现代旅游活动及现代旅游业的兴起也是与现代科技革命密不可分的。自20世纪50年代以来，由于科技的迅速进步，推动了社会生产力的发展，使整个社会的政治、经济和居民的消费结构都发生了极其深刻的变化，并使旅游成为人们生活中不可缺少的组成部分。所以，现代科技的进步为旅游业的发展创造了物质基础并提供了前提条件。

（三）经济环境良好

旅游是社会经济发展到一定阶段的产物，并随着社会经济的发展而发展。换言之，旅游业的兴起，是以社会经济发展到一定阶段为基础的。当人们的物质生活比较富裕时，旅游消费就会凸显出来，旅游业作为一个产业的条件才能趋于成熟。第二次世界大战后世界经济迅速发展对现代旅游的迅速发展和普及无疑起到了极其重要的刺激作用。几乎所有国家战后的经济增长速度都大大超过战前的增长速度，这使得众多国家居民的家庭平均收入水平迅速增加，支付能力显著提高。加之战后廉价团体旅游和包价旅游的发展，客观上推动了现代旅游业的兴起。

（四）文化教育昌盛

文化因素是旅游者的出发点和归宿点，是旅游景观吸引力的渊薮，是旅游业的灵魂。现代旅游业实际上是一项以精神、文化需求和享受为基础的，涉及经济、政治、社会、国际交流等内容的综合性产业。文化因素渗透在现代旅游活动的各个方面，旅游者的旅游行为是一种文化消费行为，其外出旅游的动机和目的在于获得精神上的享受和心理上的满足。李天元、王年义提出，第二次世界大战后世界各国的教育事业不断向新的广度和深度发展，加之信息技术进步的影响，越来越多的人对自己乡土和本国以外其他国家和地区的事物增加了了解，并因此产生兴趣。这种好奇心的增长增强了他们的求知欲。这一情况对于旅游热的兴起和发展无疑有重要的影响。

二、现代旅游业的特征

（一）大众性

现代旅游与古代旅游和近代旅游相比，旅游活动主体的构成发生很大的变化。在“二战”之前，旅游活动作为一种精神享受，其参与者主要以社会的上层人士、统治阶级为主，他们仅是社会力量中极少的一部分。在“二战”之后，随着世界经济高速增长，社会财富增加，越来越多的人有经济能力去参与到旅游活动中来，从而使旅游活动在世界上大多数地区演变为一种社会性活动。这在一些经济比较发达的国家和地区尤为突出。

（二）持续性

据统计，全世界旅游人数在迅速膨胀。1980 年全世界有 16.5 亿人次，平均每 2.7 个人中有一个人参加旅游，1981 年有 26 亿人次参加了旅游，平均每 1.77 个人中有一人出游；1983 年旅游人数达 32 亿人次，平均每 1.4 个人中有一人出游；1984 年旅游人数为 40 亿人次，平均每 1.1 个人中有一人出游。1985 年世界旅游组织在马德里开会讨论 20 世纪旅游发展趋势时，认为 1990 年时，世界旅游总人数将会达到 46 亿~48 亿人次。此数字与当时世界人口完全相等。这些惊人的发展数字统计，表明了世界旅游活动持续增长的趋势还将继续保持下去。

（三）国际性

交通的飞速发展，使现代旅游业的发展打破了地域的限制，走向了国际舞台。现代旅游的发展对整个国际社会都将产生深远的影响。通过国际旅游活动，一方面可以增进旅游者对旅游接待国的认识和了解，澄清一些不正确的信息传播，提高旅游接待国在国际上的地位、知名度及影响；另一方面，旅游接待国也借此机会增进对世界各国的了解，宣传自己的政治立场及观点，从而加深了国家之间、人民之间的友谊。所以，国际旅游实际上相当于一种“准外交活动”，其在促进各国人民的相互了解及对世界的共同认识，在协调国家关系，缓和国际危机，以及争取世界和平方面都具有积极的促进作用。

（四）竞争性

今后旅游产业的竞争将不仅表现在企业之间的竞争，更重要的是国家与国家的竞争，如今天世界各国频繁举办“旅游年”。随着区域经济一体化进程的加快，旅游产业的竞争还表现在区域之间的竞争，如欧盟国家和东盟国家都组织过多种多样的多国联合促销活动，多个国家的联合开发与促销更是日趋多样化。

知识拓展

俄罗斯的“美丽中国之旅”

莫斯科克里姆林宫大礼堂是2013俄罗斯“中国旅游年”开幕式举办地。在这里看到，礼堂前厅观众入口两侧，四幅分别体现文化古都北京、现代都市上海、滨海胜地海南和冰雪世界黑龙江的背板式图片，为现场营造了浓浓的“美丽中国”氛围。据悉，俄罗斯“中国旅游年”开幕前，现场的大屏幕还循环播放2012中国“俄罗斯旅游年”活动集锦和12分钟的“美丽中国之旅”中国旅游宣传片。

同时，俄罗斯“中国旅游年”开幕式举办前夕，一部中国旅游广告片正在俄罗斯国家电视台“24小时”新闻频道播出。这则展示了长城、天坛、兵马俑、莫高窟等中国著名景点的广告每小时滚动播出一次，片尾的俄文解说词“欢迎来到中国”令俄罗斯民众印象深刻。

（五）地理集中性

随着现代科学技术的发展和交通运输工具的进步，各地空间方面的时间距离不断缩小，旅游跨度增加。但是，现代旅游者不是较平均地分布在地球表面各个地区，他们往往集中到某些地区或国家去旅游，甚至集中到某些景点参观游览或从事其他旅游活动。现代旅游的地理集中性不仅反映在全世界国际旅游的分布格局上，具体到一个国家同样也呈现这一特性。

任务四　回顾中国旅游发展历程

案例导入

《中华人民共和国旅游法》（以下简称为《旅游法》）经2013年4月25日十二届全国人大常委会第2次会议通过，2013年4月25日中华人民共和国主席令第3号公布。《旅游法》分总则、旅游者、旅游规划和促进、旅游经营、旅游服务合同、旅游安全、旅游监督管理、旅游纠纷处理、法律责任、附则共10章112条，自2013年10月1日起施行。这是中国第一部《旅游法》。

思考：查找资料，说说《旅游法》是在什么背景下出台的？反映了中国旅游业在发展过程中的哪些变化？

一、中国近代旅游业的产生

20世纪之前，近代的工业经济来到中国，新的陆上交通体系开始构建，但是伴随而来的还有帝国主义的坚船利炮。同时进入中国的还有西方世界为数众多的传教士、商人、学者，他们在中国从事着一种半职业半殖民的活动。他们的活动就是要在中国进行"淘宝"。这样就出现了各地涌现的外国人别墅群。其中现代保留的规模较大的是庐山的洋人别墅。他们选择风景好的地方，一方面进行职业工作，另一方面就无偿拥有了这块风景区。对于此时中国的广大百姓，其旅游活动也同时广泛地存在。比如，周期性的庙会活动，还有在一些重要的节日到郊外进行赏花观鸟活动等，这是中国当时广泛存在的生活行为，所以可以定义为现代意义的生态旅游。再有就是皇亲国戚的巡游、猎兽等活动。

在20世纪20年代之前，中国没有自己的旅游业务公司。由于洋人享有开放口岸的通航权，所以在当时的很多重要城市的旅游中介服务全为洋人操纵。只在1923年8月，经北洋政府批准，上海商业储蓄银行总经理陈光甫在该银行下创办了一个旅游部，为国人办理旅游业。

1927年，旅游部从银行中独立出来，成为中国旅行社，这是中国自身最早的旅行社。在艰苦的创业过程中，终于赢得了华东、华北、华南的旅游业务。在之后相继涌现出如铁路旅游经理处、公路旅游服务社、航空讯美空游、浙江名胜团。这是中国最早的一批旅游中介公司。

知识拓展

陈光甫与中国第一家旅行社

关于陈光甫创办中国第一家旅行社的缘由，以前人们认为仅出于他的一次偶然经历：一年，陈光甫从香港去往云南，到一外国人办的旅行机关购买车票，但柜台里的外籍职员竟自顾长久交谈而不接待他。陈光甫只得愤然退出，途中他自忖外国人之所以藐视自己的原因，就因为他是一个中国人，遂萌生了经营旅行社的打算。其实，除此之外，按陈光甫亲自所写的《自述》，他创设旅行社还有着一些其他的原因：

陈光甫本人就是一个酷爱旅游的人，南北东西，萍踪所至，不止万里，但根据他的亲身感受，深觉国内旅行反不及到国外容易与舒适，其中一个方面就是因为中国缺少像欧美国家有为旅客服务的健全机构，游客往往为食宿起居等琐碎问题所困扰。由此，他产生了创办旅行社的想法。

二、中国现代旅游业的发展

（一）崛起阶段

20 世纪 50～60 年代，中国国家旅游局设立在外交部下，当时完全是出于外交的需要，旅游接待活动的对象主要是友好国家的团体和友好人士，为其提供民间交往的便利方式。虽然早在 1949 年 11 月就成立了福建厦门中国旅行社和华侨服务社，但“文革”前，中国国际旅游接待基本为“政治接待型”的模式，对国家经济的贡献微不足道。“文革”期间，旅游处于停滞状态。

1978～1987 年，我国旅游业处于起步阶段，实现了从“外事接待型”向“经济创汇型”转变，其特征是没有市场化，属于计划配额，求大于供，外事促内事。

1978 年，入境旅游者只有 180.9 万人次，旅游外汇收入只有 2.63 亿美元，在世界排名第 41 位，中国旅游业基本上是一张白纸。在这个背景下，邓小平同志从资源综合利用和经济产业高度提出要积极发展我国旅游业，当时还算了一笔账：一个旅行者 1000 美元，接待 1000 万个旅行者，就可以赚 100 亿美元。在他的积极倡导下，在改革开放政策的推动下，尤其十一届三中全会关于“对外开放，对内搞活”的宣言，意味着公民可以自由、自费出入，中国旅游业从 20 世纪 70 年代末开始崛起。

（二）初步发展阶段

饭店行业在我国各个行业中是开放最早的，无论是引进外资还是引进外国的管理经验，都是如此，如北京建国饭店、长城饭店等。20世纪80年代初全国推广建国饭店经验。80年代中期我国既有外国独资的饭店，也有大量外国管理的饭店，还有外国的连锁饭店。因此整个旅游界，就其管理水平而言，饭店要好于其他企业。

这一时期，旅游业的规模在不断扩大。截至2001年年底，中国旅游涉外饭店有11000家，其中，已评定星级饭店8018家；各类旅行社超过10000家，其中，国际旅行社1300多家；中国旅游业固定资产值达7000亿元，共有各类旅游企事业单位26万个；旅游业直接从业人员598万人，间接从业人员约为2980万人；共有开办旅游教育的院校1152所，在校生34万人。

（三）快速发展阶段

这一阶段，我国在旅游基础设施方面已基本具备条件，在发达城市的一些主要酒店，我们的硬件水平已不低于甚至超过发达国家酒店的水平，外国管理公司的介入使中国酒店业迅速从原来招待所概念的管理上升到国际酒店管理模式。

随着中国旅游业的蓬勃发展，其综合性、关联性很强的特点表现得越来越充分，在带动相关行业的发展，扩大国内需求，增强经济活力，提高人民生活质量等方面发挥了日益重要的作用。

2002年，我国旅游业全年实现旅游总收入5566亿元，比上年增长12%，高出国民经济总体增长速度3个多百分点，旅游业总收入相当于当年国内生产总值的5.4%，占到第三产业的16%，旅游外汇收入已占国家服务贸易创汇额的半数以上。到2015年，中国旅游业入境旅客人数达1.34亿人次，外汇收入1136.5亿美元；国内旅游人数达39.90亿人次，旅游收入达34195亿元。对此，世界旅游组织预测，到2020年，中国将成为全世界最大的旅游目的地，世界第四大旅游客源地。随着越来越多的社会资本、私人资本、国外资本陆续进入国内旅游开发市场，我国旅游市场将迎来空前的开发热潮。

任务五　展望中国旅游发展趋势

案例导入

目前发展旅游成为越来越多地方政府的重头戏，经济搭台，文化唱戏，旅游出奇兵。因为旅游对带动地方经济发展与促进社会经济的全面发展有现实意义。随着时代的发展，“80后”“90后”向往自由、彰显个性，大多数喜欢与众不同，旅游也不例外，不喜欢跟着旅游团。传统旅游资源发展遭遇历史瓶颈，无法持续健康发展，效益减弱。

为了吸引更多的青年游客，一些旅行社站在展望未来的角度，发展定制旅游，即根据每一位游客的要求，分别为不同游客量身定制一份专属于自己的旅游计划。这种定制旅游将更受游客的青睐，成为未来旅游发展的趋势。

思考：结合案例谈谈未来中国旅游发展会出现哪些趋势。

一、资本加速进军旅游业

随着国民生活水平的提高和经济的发展，中国经济增长率达到平均 7.4%，成为全球第二经济体。中国成为全球经济发展的重要引擎，而旅游业将是最值得投资的产业。社科院发布的《2015~2016 年中国旅游发展分析与预测》显示，中国旅游企业加快全球布局，海外拓展领导区域不断扩大。旅游投资方面，2015 年我国全年完成投资 10072 亿元，同比增长 42%。我国旅游投资将正式步入万亿元时代。2016 年旅游投资将继续保持稳定增长的态势，预计全年旅游直接投资将达到 1.35 万亿元。到 2020 年，实现旅游投资总额比 2015 年翻一番，达到 2 万亿元。

中国旅游业正处于转型升级的分水岭，资本成为整合各种要素、推动产业发展的重要驱动力。在当前经济发展新常态下，推动旅游业发展，可以有效带动众多相关产业发展，提高中国经济供给侧质量和效益，促进经济结构调整。

2015 年全国旅游投资规模不断扩大，投资结构逐步改善，投资热点加快形成。2015 年全国旅游投资显现出民间资本投资快速增长，形成了以民营资本为主、政府投资和国有企业投资为辅的多元化投资格局。民营企业投资旅游业 5779 亿元，占全部投资的 57.4%，投资热点从传统制造业、房地产业向现代旅游业转变。

此外，2015 年旅游投资还呈现出几个特点：景区类和休闲度假类项目投资占比最大，新产品新业态投资热点不断涌现；东部地区成为全国旅游投资重点，中西部地区旅游投资潜力巨大；大型非旅集团加速进军旅游业，跨行业投资态势明显；全国排名前 5 位的房地产企业围绕旅游综合体、国家级旅游度假区、高星级酒店、国际品牌酒店、大型主题公园等进行投资；国内排名前 10 位的风险投资公司中，有 8 家涉足旅游业投资；能源、水利、电器、农业、保险等大型企业集团也纷纷投资旅游业。旅游企业加速资源整合，并购重组和走出去步伐加快。2015 年全国 10 亿元以上的在建旅游项目有 2057 个，完成投资 6305 亿元，占全部投资的 62.6%；投资额 50 亿元以上的在建旅游项目 404 个，完成投资 2763 亿元，占全部投资的 27.4%；投资额 100 亿元以上的旅游项目 185 个，完成投资 1597 亿元，占全部投资的 15.9%。上海迪士尼项目、山东省双岛湾休闲旅游度假城、河北省唐山湾国际旅游岛等项目投资超过 200 亿元。

报告显示，2015年我国的旅游投资热点集中在乡村旅游、在线旅游、旅游综合类项目、邮轮游艇和体育旅游等领域。接下来，旅游投资的热点还将在休闲度假、智慧旅游、文化旅游、健康养生旅游、特色小镇等领域涌现。

二、政府管理更为快速有效

旅游业是现代服务业的重要组成部分，加快旅游业的发展，对于扩大就业、拉动内需消费、加速经济发展等具有很大的作用，要充分挖掘旅游投资和旅游消费增长潜力。从政策导向看，旅游业的战略地位将日益凸显。党中央、国务院高度重视旅游业发展，党的十八大以来，习近平总书记就旅游业发展发表了一系列重要讲话，国家相继出台了多项政策法规，如《旅游法》《国务院关于加快发展旅游业的意见》《质量发展纲要（2011~2020年）》《国民旅游休闲纲要（2013~2020年）》等，习近平总书记强调，“旅游业是综合性产业，是拉动经济发展的重要动力”，“旅游是传播文明、交流文化、增进友谊的桥梁，是人民生活水平提高的一个重要指标”。通过逐步落实带薪休假制度、加快基础设施建设、多方资金支持等方面，全力推动旅游产业发展。国家将旅游业定位为“国民经济的战略性支柱产业和人民群众更加满意的现代服务业”。大力发展现代旅游业，促进旅游发展方式转变，提高我国旅游质量总体水平。当前，我国正处于加快转变旅游发展方式的攻坚时期。

从宏观政策管理导向的角度上看，更加有助于旅游业的可持续健康发展。从旅游产业规划的制定上，各级政府不仅要考虑到旅游资源的开发与利用，还应考虑生态平衡、历史文物的维护与可开发资源的社会价值和经济价值，协调好旅游业和其他产业的关系，合理地设计旅游产业发展规划，促进旅游业和其他产业的共同发展。政府和第三方机构的公共信息往往具有宏观性和权威性，社会公共信息不仅服务于游客，同时让投资者了解足够的项目信息和同行业资讯。在大数据、云计算等现代科技成果得到广泛应用的今天，政策管理的针对性提高和有效推进，加强政策扶持力度，有助于促进旅游业发展。

三、旅游供给侧改革不断推进

2015年，我国国内旅游人数为39.90亿人次，相当于全国人口一年人均旅游近3次，旅游收入超过4万亿元人民币，出境旅游1.2亿人次。中国国内旅游、出境旅游人数和国内旅游消费、境外旅游消费均位列世界第一。中国旅游产业对GDP综合贡献达到了10.1%，超过了教育、银行、汽车产业，我国旅游就业人数占总就业人数的10.2%。持续多年出境旅游火热、国际入境旅游低迷，也说明国内旅游供给与环境既不能满足部分国民的出游需求，也不适应国际游客的需要。由于市场的不断扩大，丰富的低端旅游产品供给已经无法满足人们高质量的出游需求，当前制约旅游业发展的主要因素不是需求不足，而是供给侧结构不合理、不平衡，不能适应需求侧多元化、升级型的市场消费。旅游供给总体不足和结构性短缺的现象日益严重。旅游业中存在的种种“矛盾凸现”现象，看上去是市场问题，但归根到底是供给侧结构的问题。供给侧结构性改革是旅游产业要素供给的巨大机遇，也是激发旅游市场活力的巨大动力。

知识拓展

供给侧改革

“供给侧改革”就是要对生产要素、生产技术、生产方式以及技术创新进行改革提升。供给侧结构性改革也为旅游发展提供了重要机遇。可以通过旅游供给侧结构性改革，增强旅游发展新动能，实现制度创新和政策调整，破除各种市场壁垒，减少政府干预，激发新一轮旅游市场活力。

特色产品是供给侧的核心。多年来，旅游产品开发偏重为外来游客需要的观光景点，为本地居民与外来游客共同需要的休闲度假产品不足。热衷高档次、“巨无霸”式的休闲度假项目，不重视中小型、经济型休闲度假项目开发建设。一味追求开发的速度、数量，不看重质量、效益的提高。如星级饭店，全国全年平均客房出租率长期停留在50%多一点的低水平上，高、低两端饭店过剩、经营困难，某些方面旅游业同样存在产能过剩的问题。与此同时，家庭度假、乡村旅舍、汽车营地、青年旅舍等大众休闲住宿相当缺乏。

企业是供给侧的市场主体。国企一统天下的局面早已不复存在，但许多国企的行政背景决定了它们依旧享有与市场经济不相称的某些特权（如免税商店经营垄断），国企改革仍然任重而道艰。民营、外商、港澳台和股份旅游企业已成为供给侧的生力军。以2014年全国星级饭店为例，国有星级饭店占全国总数的26.2%，营业收入占30.3%，上缴营业税占28.3%。外商和港澳台星级饭店仅占全国的3.9%，营业收入却占全国的13.4%，上缴营业税却占全国的13.3%。两者在营业收入与上缴营业税比例上的巨大差距，足以表明旅游国企按商业类企业改革的必要性与紧迫性。不少地方仍在用行政力量组建纯国有资产的地方旅游企业集团，而不是重点引导发展各类社会资本企业。壮大大型企业集团与发展中小企业在旅游业供给侧结构改革中应同等给力。

旅游产品是供给的基础。在大旅游中，大旅游购物是重要的组成部分。旅游购物绝不仅仅是几个纪念品店。旅游商品也绝不是几个旅游纪念品。旅游业的供给侧进行结构改革要顺应旅游市场的发展。把满足游客日益增长的旅游购物需求和旅游商品市场作为改革的重点。树立大旅游购物、大旅游商品的理念。要通过旅游业的供给侧改革使"购"不再成为旅游业中的短板。旅游购物、旅游商品的创新不能简单理解为旅游商品的设计。要大力推动旅游购物、旅游商品的管理创新、营销创新、科技创新、设计创新等。通过创新将旅游与购物和商品相融合。不断推出提高人们生活品质，让人们生活更加美好，同时让旅游更加舒畅，让游客喜欢购买的旅游商品。

供给要素成链是旅游供给侧的一大特点。在食、住、行、游、购、娱等旅游基本服务要素链中，长期偏重景点、住宿和餐饮环节的供给，忽视购物、娱乐和康体环节的供给，服务链结构失衡、综合经济效益不高。目前国人蜂拥出境购物，旅游消费中购物比例，在国内占两成左右、出境占五成左右，表明旅游供给侧中服务要素结构的不合理、不平衡。购物越来越成为旅游的重要甚至是刚性的需求，是旅游供给侧结构改革中重点解决的课题之一。

四、旅游市场趋向多元

1. 自助旅游渐成时尚

随着"80后""90后"消费能力逐渐提高，他们日益成长为旅游大军的中坚力量。这使得游客群体呈现出年轻化的特点，旅游市场散客化自由行趋势更加明显。同时，自由行产品对年轻人有着天然的吸引力，更容易满足年轻人对旅游多样化的需求。

目前，我国国内游人数已经从2000年的7.44亿人次上升到2015年的39.90亿人次，国民人均出游次数2015年达到2.98次。可见国内旅游已经成为一种刚需，旅游已成为居民日常生活的必要组成部分，成为人民群众享受休息权的一个重要体现。而在出游方式上越来越多的人选择了自由行，据统计显示，2015年超过85%的游客选择自助游，超过60%的游客选择自驾游。相对于团队游客，按旅行社规定线路，在导游的带领下主要到旅游景点旅游，自由行更符合现在游客的需求。他们可以自由选择交通工具和旅行线路，按照个人兴趣和个性需求选择旅游地，一个有鸽子的广场，一家有氛围的民宿、一个有招牌菜的主题餐厅、一家有情调的小酒吧……这些不是旅游景区的地方，正在如今的散客时代吸引着更多的游客。

此外，自由行的发展将有可能带来私人定制模式的火爆。私人定制具有"自由、深度、私人化"的特点，能够充分考虑到旅游消费者的需求，是对自由行的进一步升级。私人定制模式不仅能让游客感受到旅行当中更多的乐趣，同时也能对旅游行业本身起到推动和促进的作用。只有这样才能有效满足人民群众的旅游需求，才能切实提升广大旅游者的获得感和满意度，才能将旅游业真正发展成为人民群众更加满意的现代服务业。

2. 线上旅游消费将继续渗透

在“互联网+”的影响下，传统产业互联网化的趋势日益明显。在线旅游作为旅游行业互联网化的先锋队，近年来保持着强劲的发展势头。前瞻产业研究院《2016~2021年中国在线旅游行业发展前景预测与投资战略规划分析报告》数据显示，2015年上半年，我国在线旅游总交易规模为1654.8亿元，同比增长35.6%。2015年上半年在线旅游渗透率为8.9%，互联网旅游产业仍有较大的发展空间。

报告预测，2016年线上旅游消费将继续渗透，在线旅游行业将保持高速增长。同时，旅游行业线上线下融合的趋势将继续加强。伴随着互联网的发展，旅游消费者对线上购买线下体验模式的认同越来越高，而且线上平台还能记录、分享消费者的旅游体验。旅游产业加速线上线下融合的趋势，将对提升旅游产业的服务品质有促进作用。

2015年的周边游市场，用户在预订方式上发生了明显的变化，逐渐从PC端转移至移动端，移动端占比由年初的50%上升至70%，手机客户端已经成为周边游最主要的预订方式，更便利的预订手段让周边游的预订量激增。

2016年5月17日，国家旅游局公布的《中国旅游上市企业发展报告》（以下简称《报告》）指出，我国在线旅游企业收入逐年翻番，旅游度假市场线上线下融合趋势不断增强。《报告》显示，我国已上市的旅游企业103家，市值合计5759.50亿元。在在线旅游行业，中国企业则进入全球领先行列。按照报告数据，美国Priceline以672.17亿美元的市值高居在线旅游榜首。中国的携程以1162亿元人民币位居全球第二。第三名是Expedia，市值172亿美元。2015年中国在线旅游市场交易规模达4326.3亿元，同比增长39.9%。预计2016年可达5420.9亿元。消费者选择的在线旅游品牌越来越集中，前三名携程、途牛、同程就占据了50%以上的份额，其中携程旅游以25%的份额蝉联中国在线休闲度假市场第一名。

在旅行社业务上，目前规模最大的在线旅游公司已经超过传统旅行社。以携程旅游度假业务为例，公开数据显示，2014年交易规模达130亿元，2015年多个季度营收增速都在50%以上，全年的规模预计可达200亿元，其中跟团游、出境游占一半以上。而传统旅行社极少能达到百亿元规模，即使是上市公司中国国旅，2015年，旅行社业务也只有123.3亿元。在线上份额扩大的同时，中国在线旅游度假市场线上线下融合趋势不断加强。

五、“旅游+”跨界整合加快发展

融合性是旅游业的本质属性。旅游业的综合性特征，决定了只有依托多个产业，才能向旅游者提供包括食、住、行、游、购、娱等在内的旅游产品和服务；旅游业的关联性特征，既为旅游产业融合发展提供了前提条件，又拓宽了旅游产业融合发展的空间。旅游业的综合性和关联性特征，也决定了旅游业是国民经济中最具备融合发展优势的战略性产业。

旅游是综合性产业，是拉动经济发展的重要动力。随着收入提高，消费模式转变，越来越多的居民希望享受更好的生态环境，越来越多的退休老龄人群去旅游，带薪休假制度逐步落实，推动“旅游+”正在与各个行业不断融合。“十三五”期间，旅游与国民生活及乡村、健康、养老等重点领域的“+”将成为新的发展热点。

项目小结

旅游是人类社会经济发展到一定阶段的产物。古代的旅行是现代旅游的雏形，也是人类古文明的一个重要标志。在中国漫长的封建社会里，绝大多数居民是农民，“安土重迁”的传统思想根深蒂固。在经济水平提高、休闲时间增多的情况下，中国居民的旅游积极性也不如西方国家。现代旅游是20世纪60年代以后迅速发展起来的社会化、大众化旅游。它是“无烟工业”，是当今世界发展最快的行业之一。其迅速发展的原因，主要是大多数国家经济迅速发展，居民收入大幅提高，工作时间缩短，休闲时间增加和交通工具、通信手段的现代化。

案例思考题

“旅游+农业”，游客玩美了，农民赚钱了

乡村旅游的发展为农民的生活带来改变。在传统农业大市通辽市，依托当地资源优势，大力发展“旅游+农业”新业态，通过发展观光采摘、高效特色种植等优势特色主导产业，推动了当地旅游的供给侧结构改革。

除了当地农民自己发展，政府也着力引导和扶持。眼下，正值果蔬种植大棚采摘旺季。在通辽经济技术开发区米家农业科技园的草莓大棚里，一颗颗果实饱满的草莓娇艳欲滴，味美诱人，吸引了不少通辽市民及周边城市的游客前来采摘，品尝来自田间的“新鲜”，体验采摘的乐趣。

为做大做强特色生态旅游业，通辽市科学利用农业资源，因地制宜，将旅游业与传统农业相结合，打造以踏青、采摘为主的乡村生态游。这种结合，打破了以往以旅游景区为主的单一模式，让通辽处处是风景，处处能旅游。

问题：1. 你知道生活中还有哪些“旅游+”的发展模式？

2. 谈谈“旅游+农业”这种模式在发展中的注意要点。

技能训练

一、任务名称

中西方旅游发展对比调查

二、任务目标

1. 通过分组讨论及调查问卷，完成调研活动，使学生深入了解中西方在旅游发展上的一些异同。

2. 通过撰写调研报告，培养学生分析问题、解决问题的能力。

三、任务实施

1. 对班级同学进行分组，每组4~6人为宜。

2. 小组内拟定调查的对象，如旅游发展起步的时间、旅游发展的模式等。

3. 小组成员分头进行资料收集。

4. 对调查结果进行分析，形成报告。

5. 选派一名代表发言汇报，要求主题突出，简明扼要，语言表达清晰流畅。

6. 教师适时指导。

7. 时间：2周。

四、成果考核

1. 调查报告，中西方旅游发展的异同点，1500字左右，并制作PPT。

2. 教师根据学生表现、调研报告及汇报情况计分，纳入平时成绩。

项目二　旅游概念及构成

学习目标

通过本项目学习，你应该能达到：

［知识目标］1. 掌握旅游的概念，认清旅游活动的本质。

2. 了解新兴的旅游名词。

3. 掌握旅游活动的构成及特点。

［能力目标］能够从不同角度给旅游活动分类。

［实训目标］能结合自己的旅游经历，明确旅游活动中的六要素。

任务一　掌握旅游的概念

案例导入

坐落在山下的洪江古商城，是湘西南地区经济、文化、宗教中心。在洪江鼎盛时期，洪江古商城内大大小小的寺院就有130多座。每年农历六月十八日的晚上，不仅洪江城区会万人空巷，大湘西范围内也有大量的游客信众上山礼佛朝拜，人数有十几万之多。

2013年的庙会活动，旨在弘扬展示历史悠久、内容丰富的佛教文化和湘西民俗文化，让游客穿越回到明清生活，感悟嵩云古刹禅韵，共享佛祖赐福的喜悦。届时还能参与丰富的活动，如观音赐福传灯法会，品尝过堂斋饭，佛足湖系祈福丝带，参加庄严的观音法会，沐浴佛法梵音，净化心灵。

资料来源：凤凰天下·新闻报道 2013-07-13

思考： 1. 什么是旅游活动？

2. 上述案例中的游客活动属于哪一类旅游活动？

一、旅游的定义

据史料查证，我国“旅游”一词以文字形式问世，并且其含义中开始透现出今日我们所指向的“旅游”的内涵特征，是在南梁朝（502~547年），由我国古代著名文学家、诗人沈约在《悲哉行》中首次使用。“旅游媚年春，年春媚游人……”

知识拓展

《悲哉行》

沈约

旅游媚年春，年春媚游人。
徐光旦垂彩，和露晓凝津。
时嘤起稚叶，蕙气动初苹。
一朝阻旧国，万里隔良辰。

在西方，从辞源学角度看，“tour”来源于拉丁语“toroare”和希腊语“tornos”。其原意是“车床或圆圈围绕一个中心点或轴的运动”。后来，在英语中将其演变为“顺序”。Tour 加上后缀 ism，被解释为“一个行动或过程”。Tourism 意指“按照圆形轨迹的移动”，即一种往复的空间活动过程。

近 30 年来，在国际旅游学术界的有关研究中，人们对“旅游”（Tourism）做出过很多定义或解释，其中比较典型的有：

目的定义：20 世纪 50 年代，奥地利维也纳经济大学旅游研究所给旅游的定义是，旅游可以理解为首先是暂时在异地的人的空余时间的活动，主要是出于休养；其次是出于受教育、扩大知识和交际的原因的旅行；最后是参加这样或那样的组织活动，以及改变有关的关系和作用。

生活方式定义：中国经济学家于光远 1985 年对旅游的定义为，旅游是现代社会中居民的一种短期性的特殊生活方式，这种生活方式的特点是：异地性、业余性和享受性。

流动定义：1974 年英国学者柏卡特和梅特列克提出，旅游发生在人们前往和逗留在各地，旅游的活动是人们离开他平时工作和居住的地方，短期暂时前往一个旅游目的地运动和逗留该地的各种活动。

相互关系定义：1980 年，美国密执安大学的伯特·麦金托什和夏西肯特·格波特对旅游的定义为，在吸引和接待旅游及其访问者的过程中，由于游客、旅游企业、东道政府及东道地区的居民的相互作用而产生的一切现象和关系的总和。这个定义强调的是旅游引发的各种现象和关系，即旅游的综合性。

艾斯特定义：瑞士学者汉泽克尔和克拉普夫提出，旅游是非定居者的旅行和暂时居留而引起的现象和关系的总和。这些人不会引起永久居留，并且不从事任何赚钱的活动。(后改为主要不多为赚钱活动)

体验定义：中国学者谢彦君 2004 年提出“旅游是个人以前往异地以寻求愉悦为主要目的而度过的一种具有社会、休闲和消费属性的短暂经历”。

技术定义：世界旅游组织 1995 年提出“旅游是人们为了休闲、商务和其他目的，离开他们惯常的环境，到某些地方去以及在那些地方停留活动，停留的时间不超过一年，且访问的主要目的不应是通过所从事的活动从访问地获取报酬”。

以上的定义都从不同的角度对旅游的概念做了界定。值得一提的是，艾斯特定义是目前被认为较为科学和影响广泛的。原因在于它较为全面地揭示了旅游的内涵和基本特征，同时对旅游这一概念概括得较为全面。在这个定义中，旅行和逗留“引起的现象和关系的总和”的表述不仅包括了旅游者的活动，而且也涵盖了由此产生的各种社会现象和社会关系，反映了旅游内涵的综合性。“非定居者”体现了旅游活动的异地性。“暂时居留”指出了旅游活动的暂时性等。“不从事任何赚钱活动”说明了旅游活动的非就业性。然而，根据该定义，以工商事务为目的商务型外出就不能算作旅游了。但是，大量的事实证明，在工商事务及参加会议的差旅活动中，都伴随着不同程度的消遣旅游活动。所以，因工商事务而进行的差旅活动也应纳入旅游的范畴。

根据分析，可以归纳旅游的概念为：旅游是指人们出于移民和就业之外的其他目的，进行的暂时在异地的人的空余时间的活动，以及由此产生的现象和关系的总和。

二、旅游的本质和属性

（一）旅游的本质

人们对旅游活动本质的认识和理解是存在争议的，一些人认为旅游是经济活动，而另一些人则认为是社会文化活动。由于旅游活动是人的活动，所以必须从旅游者的角度，而不是从旅游服务提供者角度谈旅游活动的本质。

第一，旅游活动的对象是旅游产品，是一种文化产品。旅游产品是以文化为灵魂的，没有文化的旅游产品，是缺少生命活力的产品。因此，旅游活动具有文化属性。

第二，旅游活动的过程是人的文化活动和审美实践，是人的高层次消费需求。这也说明了旅游活动具有文化属性。

第三，旅游活动的目的是为了休息、放松、接受教育、增长知识。因此可以说，旅游是一种对于文化的体验与认知的过程。

第四，旅游活动是社会发展到一定阶段的产物，因此具有很大的社会性。

因此，旅游活动从本质上讲是社会文化活动。

（二）旅游的基本属性

1. 旅游的消费属性

人的活动包括两个领域：生产领域和消费领域。生产领域肩负着物质生活资料和精神生活资料的生产的使命，而消费活动是出于维持个体生存、保证劳动能力的再生产乃至实现个人社会发展等目的而对生产活动的成果的耗用。旅游在其全过程中不向社会也不为旅游者个人创造任何外在的可供消费的资料，相反，却消耗着旅游者以往的积蓄和他人的劳动成果。即使在比较极端的情况下，如仅限于个人的流连山水，陶醉于大自然（而非人化）的美的恩赐，他也是在消磨本可以用于创造财富的生产时间。所以，旅游无疑是消费行为，不是生产行为。旅游消费有大不同于日常消费之处，突出地表现在重视精神内容、追求审美体验，甚至在某些方面表现出对日常生活消费的畸变，而这些均决定于旅游的本质规定性以及旅游所具有的外部特征。

2. 旅游的休闲属性

旅游所具有的休闲属性是由以下几个方面决定的：

（1）旅游的目的表现为借助各种可以娱情悦性的活动达到审美体验，这显然区别于为谋生而进行的劳动，也不同于为维持生存而必须从事的活动。在旅游的全过程中，总是自然天赋的随意性和畅神自娱的目的性占据着主导地位，表现出与一切休闲行为的一致的品性。

（2）旅游是发生于自由时间的行为。通常人们都会利用自由时间从事一些积极的休闲活动，如文化学习、体育锻炼、文化娱乐、培养爱好、社会交往、旅游与消遣等。这些休闲行为从功能上看，显然与劳动有所不同，甚至在分享人生时间上还存在着矛盾。但二者在个人或集体生活中实际上具有同样性质的意义，发挥着互为前提的功能，是人类生活不可缺少的相互对应的两个方面。与其他休闲方式相比，旅游在使用自由时间时有一个明显的特点，即要求用于旅游的自由时间的相对完整性。

（3）从旅游的活动构成上看，旅游这种休闲行为实际上又是众多的休闲活动的再组合。换言之，旅游是生活的休闲阶段。旅游者在目的地停留期间，除了吃、喝、拉、撒、睡这些满足生理需要的活动之外，所有其他活动几乎都是休闲行为，包括观光、游览、与人交往、看电视、听广播和音乐、阅读书报、聊天、室内消遣、体育锻炼、观看节目演出、参加俱乐部活动等。

3. 旅游的社会属性

旅游是个庞杂的系统，涉及方方面面的活动。从旅游的全过程来看，旅游者来到异地，众多的部门都要为其提供服务，组成了一个庞大的旅游目的地支撑系统。在整个旅游活动中，任何一个单项都不能成为旅游，只有互相依托，相互支持，才能构成旅游。此外，旅游的社会属性还不仅因为审美意识作为旅游的前提条件而社会性地存在。而且，在不同的社会条件下，人们的旅游需求还表现为受时代的强烈社会影响所具有的特征。20 世纪 60 年代在西方兴起的追逐 3S 和今天普遍倡导的生态旅游无不反映了不同时代、不同社会在旅游价值观方面的变化。这种变化的根源当然不是经济的，而是社会的。

三、旅游新名词

随着时代的飞速发展，旅游行业不断涌现出一些全新的名词。

（一）全域旅游

2016 年 1 月 29 日，国家旅游局的工作报告提出了从景点旅游模式走向全域旅游模式。

1. 全域旅游的定义

全域旅游就是指各行业积极融入其中，各部门齐抓共管，全城居民共同参与，充分利用目的地全部的吸引物要素，为前来旅游的游客提供全过程、全时空的体验产品，从而全面地满足游客的全方位体验需求。“全域旅游”所追求的，不再停留在旅游人数的增长上，而是旅游质量的提升，追求的是旅游对人们生活品质提升的意义，追求的是旅游在人们新财富革命中的价值。相应地，全域旅游目的地就是一个旅游相关要素配置完备、能够全面满足游客体验需求的综合性旅游目的地、开放式旅游目的地，是一个能够全面动员（资源）、立足全面创新（产品）、可以全面满足（需求）的旅游目的地。从实践的角度，以城市（镇）为全域旅游目的地的空间尺度最为适宜。

2. 全域旅游的意义

（1）全域旅游是国家旅游供给侧改革的出路。2016 年 1 月 11 日，汪洋副总理在国务院旅游工作部际联席会议上强调：大力促进旅游供给侧改革，推动我国旅游业发展迈上新台阶。而对于旅游行业的供给侧，包含一个区域的酒店、景区、餐厅、车队、旅行社等旅游行业相关的企业及其服务和产品。其未来发展，则要根据市场和目标客源的需要，相互结合、统一协作，方能以更好的营销方式和服务水平来适应终端市场的需求。这就是全域旅游的目的与意义所在，当然也更好地诠释了旅游供给侧改革的方向。

（2）全域旅游是应对旅游市场的需求侧的产品升级版。2015年国内旅游已经达到39.90亿人次的出游市场，出游的形式多种多样，从周边游到度假休闲，从自由行到跟团旅行，从商务会议到高端定制，不同的出游客源市场的要求也各不相同，随着“80后”“90后”年轻一代逐渐成为消费的主力军后，所有的旅游产品都需要随着市场客源的需要升级和改变。过去单一的旅游产品已经逐步失去了吸引力，这从旅游的散客和团队的比例基本达到7∶3一点上即可看出。那么全域旅游的思维也正是可以应对需求侧客源大潮的一个方式。通过全域协作和整合，到全体营销和服务，最后到全员树立口碑和品牌。

（3）全域旅游是区域旅游产品营销及整合的创新版。过去提出过打造某个景区为旅游目的地，即使是有打造一个区域为旅游目的地的想法，多数是停留在区域的旅游相关产业的发展规划上。全域旅游的概念是基于旅游产品的营销及整合的创新上提出来的，那就不仅仅是需要一个全区域的旅游发展规划，更是需要调动区域内的各种旅游服务企业，不但拿出更好的服务和产品，更要把各自的产品有机地结合到一起，形成完整的全产业链旅游产品。这种有机的结合，需要有协作的心态，更要有全局的观念，也需要有效的营销思维和促销方式，并且可以与其他的旅游产品和企业服务融合。

（4）全域旅游会加速区域旅游的产业布局融合与协作提升。当一个地方提出全域旅游目标的时候，会直接影响到整个区域的旅游产业的布局与协作。以前传统的旅游产业的发展，一般都是旅游企业自己分析市场及需求，所有的营销传播的渠道基本都是从企业自身的角度去思考，区域内的企业之间相互的协调和产品的差异化基本没有做过多的思维。也正是这样才造成部分区域的产品同质化严重，竞争形势严峻。当全域旅游的思维出现之后，旅游企业从自身的角度出发，可以结合整个区域内的产业布局，形成差异化的服务及产品，同时利用不同产品的优缺点的互补，来打造成为全域旅游的新产品和竞争优势。

（5）全域旅游会促进区域内不同旅游产品供应商的管理服务提高。在全域旅游的整体模式下，在区域内的不同的旅游产品的供应商如果积极参与全域旅游的产品打造和营销品牌传播，那么对供应商企业的管理能力也会有更大的提高，会在区域内形成高等级的产品服务的聚合，并且逐步由市场的手淘汰管理差、服务差的企业和产品。同时为了维护新的聚合性产品和品牌，各供应商之间有一定行业自律的约束和协作的条款，来促进品牌的提升，最后达到共同建设区域品牌的目的。

（6）全域旅游加速旅游目的地品牌提升。过去的区域化发展的思路演变到今天的全域旅游的模式，这也是一个从传统思维到创新思维的转变，更是一个从初级产品往高级产品升级的过程。当全域旅游的概念实施后，从一个区域整体发展去布局，一个区域所有旅游企业的营销和传播，服务和管理，整合和协作都是一盘棋去看，会加速区域旅游的品牌传播速度，拓宽品牌传播渠道，更符合目标客源市场的需求，并且对于旅游目的地品牌战略有更强的推动力和提升力。

（二）“互联网+旅游”

2015年8月，国务院印发《关于进一步促进旅游投资和消费的若干意见》，明确提出积极发展“互联网+旅游”，实施旅游消费促进计划，培育新的消费热点。

1.“互联网+旅游”的定义

“互联网+”成就了2015年的辉煌，在这一年里“互联网+”以迅雷不及掩耳之势完成了多方产业融合。但它的到来并非是空穴来风，而是一个循序渐进的过程。一次革命，一次蜕变，在“互联网+”的触动下，“互联网+旅游”衍生出了一种新的旅游模式，即在线旅游。在这场变革里，以充分发挥互联网的技术信息和互动优势显得十分有意义。

“在线旅游”是一种基于互联网技术的新兴旅游模式，指通过网络的方式查阅和预订旅游产品，并可以通过网络分享旅游或旅行经验。与传统旅游相比，其除了在信息查阅及预订方式上有区别外，其余并无不同。在线旅游最大的特点在于便捷，通过网络方便大家出行，对此，有人说借助“互联网+”只是一种服务手段，而非目的。“在线旅游”作为一个新的服务业态成型于2003年，以携程上市为标志，派卡及电话逐步取代门店销售成为旅游产品销售的新渠道。之后，去哪儿、驴妈妈、途牛等新网站的出现，标志着中国在线旅游产业新模式的出现。

2.“互联网+旅游”的意义

（1）互联网+旅游，拓展旅游新业态

智慧旅游是指旅游消费者、经营服务者、组织管理者等各方主体，通过互联网（包括移动互联网、物联网、视联网等网络信息系统），应用大数据、云计算、射频、各种终端等信息化、自动化、智能化、数字化技术和设备，进行旅游信息及时、高效、便捷、准确的传输交流和开发利用，实现旅游消费、开发建设、经营服务、组织管理的网络化、数字化、自动化、智能化和科学化，使得旅游消费更便利、轻松和游客感受更好（更放心、省心、舒心、开心并可以随意随时随地分享感受），旅游经营服务更为规范、优质、高效、经济，旅游组织管理和公共服务更科学有效（更全面、细致、有力），旅游资源利用更合理，旅游消费更理性科学，旅游产品和服务的性价比更高等。

因此，智慧旅游必然是通过“互联网+”旅游消费、生产经营、组织管理和服务等各个方面来实现和具体体现的。以“1+n（养老、养生、温泉、亲子、餐饮、住宿、购物、娱乐等）”为模式，自然生态的要素、气候环境的要素、历史文化的要素、产业生产的要素、流通消费的要素和创新创意的要素被激活，各类传统上不相关的产业要素融通，形成以一产为基础、二产为支撑、三产为亮点，三大产业协同发展的复合产业关系。从这个意义上，旅游是一种产业润滑剂和融通剂，也是产业发展变压器，在产业整合当中塑造着产业的新生态和新未来。

（2）互联网+旅行社，服务内涵新拓展

旅行社是为旅游消费提供计划安排和组织接待服务的综合性旅游服务的旅游经营服务组织，由于是组合、依托其他旅游经营服务者的产品、服务来开展经营服务，及时、充分掌握各方面信息就是最重要的，互联网无疑是旅行社经营效果最好、效率最高的方式，因此，不仅传统旅行社最早触网、用网、建网，而且“互联网+”旅行社的旅游电子商务企业发展更快、效果更好。

当然，旅游电子商务企业自身也有一个发展变化过程，早期是从旅游搜索查询和单项预订服务起步，很快就向旅游计划和规划设计、安排线下接待、收付结算等旅行社业务延伸，成为线上或者线上线下结合的综合性旅游服务企业。此外，旅游电子商务绝不是用互联网经营旅行社业务那么简单，而是会通过互联网及其辅助设计、大数据、云计算等技术，来使得游客行前、行中、行后的感受更好，旅游经营服务的自动化、科学化水平和效率都大幅度提升。

在“互联网+”时代，旅游作为产业升级发展的一种服务性产品，从一般的产业受众到忠实消费者，消费者越来越成为品牌塑造的参与者与推动者。通过平台共享、品牌授权、广告植入、市场对接、营销捆绑等创新方式，找到旅游产业与品牌体验设计之间的价值平台，全面释放旅游的文化交流功能和品牌沟通功能，让消费者在潜移默化中强化品牌感知体验。

（3）互联网+导游，旅游服务新境界

旅游的本质是一种体验，但目前有很多共性问题，就是停留在简单意义上的复制，而缺乏建立游客需求和体验意义的标准化。智慧景区与智能酒店的相同之处，是在推广营销、销售、门禁管理服务方面通过“互联网+”来方便游客查询、预订、收取和使用电子门票、网上支付结算并随时分享感受、进行评价，不同之处是在景区内部游览及导游解说、展示互动和相关服务方面应用电子声讯、影像等技术、设备更好地为游客服务，以及在游客数据汇总分析、宣传推广目标选择、客流交通组织管理、安全监控和应急指挥、内部运营管理等方面应用大数据、云计算、物联网、射频等信息化技术、设备、手段。

同时，导游服务的内容非常丰富，涉及面也很广泛，能够用信息化技术替代的主要是景区及途中的讲解、导览服务，其他组织协调、沟通交流、管理引导、应急调整等都必须继续以人工服务为主，当然导游人员可以应用互联网、大数据等技术来提高效率和服务质量。由电子导游来承担解说、导览及相关提示、提醒、引导服务，不仅仅是替代和减轻导游人员在这方面的工作，而且往往还具有讲解语言更清楚明白、语调语音语速可调节、内容更规范、没有相互干扰等优势。

（4）互联网+营销，旅游宣传新水平

旅游新媒体营销在外部形态上，主要表现为应用互联网生动形象地展示宣传旅游目的地及其旅游产品、服务项目，及时互动回应询问、进行针对性推介，并延伸至旅游计划安排建议及辅助设计服务、网上预订和通知等服务，实现更有效、更高效等目标。

在内部支撑方面，主要是运用大数据、云计算、物联网、射频等信息化技术，收集、汇总、分析游客及其旅游消费信息，研究确定旅游推广宣传的目标区域、重点人群，并根据其选择旅游目的地及产品、服务的特点使用相应的推广营销方式、时间，大幅度提高旅游营销的针对性、精准度并使得效率和效益更高、效果更好。

任务二 掌握旅游活动构成及特点

案例导入

由国务院侨办与四川省侨办联合主办的2013年海外华裔青少年“中国寻根之旅”夏令营四川营开营仪式在四川省成都美视国际学校举行。来自美国、加拿大、英国、德国、比利时、澳大利亚、日本、瑞典等国家的69名华裔青少年和领队老师走进“天府之国”，近距离地体验“巴蜀文化”。

在历时12天的四川营中，华裔青少年们学习中国历史地理常识、中华武术、传统手工艺、民族舞蹈、书法等课程；游览成都大熊猫基地、乐山大佛、峨眉山等世界遗产和风景名胜，并参观考察汶川地震遗址和灾后恢复重建情况。

资料来源：中国新闻网 2013-12-30

思考：案例中的“中国寻根之旅”反映出旅游互动具有什么样的特点？

一、旅游活动的构成

旅游活动的构成可以从内容和体系两大方面来看。

（一）旅游活动内容的构成要素

就旅游活动所涉及的内容而言，其基本要素一般可概括为行、游、住、食、购、娱六个方面。这便是人们通常所称的旅游活动六要素。显然，这六要素实际上指的是旅游活动内容的构成要素。虽然人们通常称这些要素为旅游活动的六要素，但对个体旅游者来说，在旅游活动的开展中，其中某些要素（特别是购、娱）实际上并非缺之不可。

（二）旅游活动体系的构成要素

就旅游活动得以开展所需涉及的条件，或者说就旅游活动的体系构成而言，其基本要素则包括旅游活动的主体、旅游活动的客体以及旅游活动的中介体。这便是很多旅游理论研究中所称的旅游活动三要素。在这里，旅游活动的主体指的是旅游者；旅游活动的客体是指满足主体来访目的地旅游资源或旅游对象；旅游活动的中介体是指帮助主体完成其旅游经历，为其提供各种便利服务的旅游业。

二、旅游活动的特点

旅游活动的形式、内容和规模在不同历史时期表现不同，但旅游活动的基本特征是一致的。表现为综合性、异地性、暂时性、经济文化性、流动性。

（一）综合性

旅游是一项综合性的活动。旅游者在外出旅游期间，对食、住、行、游、购、娱等方面的服务都有需求，离不开旅行社、餐饮业、饭店业、交通运输业、电信业等旅游服务行业。旅游者外出进行旅游活动的形式多种多样，对旅游活动客体内容的要求也千变万化。所以，旅游活动涉及了社会生活的方方面面，具有高度的综合性。

（二）异地性

旅游的异地性特征是指旅游活动发生是以旅游者的空间移动为前提的，所谓异地，是指与自己日常生活环境完全分离的另外的地方。旅游活动为什么要到异地去，这不但是人类的“远方崇拜”的天性使然，从心理学的角度看，也是人们追新猎奇的心理因素的作用。俗话说，熟悉的地方没有风景。心理学研究表明，事物对人刺激的反复出现，会降低人对它的感受性，也就是说，当人们长期生活在一种环境，往往会对自己身边的美好景色熟视无睹，甚至感到乏味和厌烦。相反，对任何一个陌生地方或事物会充满了憧憬、遐想，并愿意为之求索和探险。人类不断开拓前进的动力也正是来源于对远方世界不断探索的精神。因此，当人们具备了一定条件时，就想改变一下自己的生活环境，去欣赏和领略异地自然风光和民俗风情，从而开阔眼界，增长见识，获得在常住地所得不到的知识、快乐和体验。

（三）暂时性

旅游者在结束一次全程旅游活动之后，须返回其惯常居住地，而不能在所到访的旅游目的地过久停留甚至转为定居。这里所谓的暂时性，按照国际上对入境旅游者的统计口径，指的是外来旅游者在旅游接待国的连续停留时间不得超过一年，否则将被视为永久移民或临时移民，而不再纳入来访旅游者的统计范畴。至于国内旅游者在到访地区停留的时限，各国旅游统计中目前多有不同的规定。

（四）经济文化性

文化是旅游之魂。旅游是经济性的文化消费。旅游范围十分广泛，人们的每一种活动都可以成为专门的旅游项目。建立在观光消遣基础上的现代旅游，其性质与功能具有明显的文化属性。旅游必须支付费用，以经济形式表现出来的花费只是必要条件，旅游的重要目的是得到文化和精神享受。这种享受体现在观赏旅游景观的审美过程中，美的本质体现着文化性，因此旅游活动本质上是一种文化活动，是文化探寻、文化消费和文化享受。一方面，旅游的功能在于增长知识、陶冶情操、促进文明、开启智慧、提高素质和强健体魄，也主要体现了文化活动的功能。另一方面，旅游服务是观念、知识、信息、管理、技术等与市场运作相结合的过程，具有文化和经济的双重属性。所以，旅游活动具有经济文化性。

（五）流动性

旅游活动由旅行活动和逗留活动两大部分组成。前者指的是旅游者在其惯常居住地与旅游目的地之间的交通往返，以及在不同旅游目的地之间往来的空间转移活动；后者是指旅游者在旅游目的地停留期间开展的生活和访问活动。因此，旅游活动具有流动性。

知识拓展

旅游、游憩和休闲的区别

旅游是游憩活动中的经济活动部分。作为一种产业，其收入和支出直接影响政府的财政收入，因此可以将其界定为有物质消费行为的游憩活动。

游憩是游憩者自主离开居所一定范围内进行的，以满足人们的休息、消遣、文化需要为主要目的的游憩者的旅行和停留所引起的现象和关系的总和。是人的自主性生存所表现的活动。游憩行为包括旅游行为和单纯意义的精神消费的游玩行为。

休闲归纳为人们在闲暇时按照个人偏好，自由选择参与活动，并从这些活动中获得身心愉悦、精神满足和自我实现与发展，从而更好地投入到工作中去。但是休闲有积极和消极之分，需要积极、健康的休闲理念指导。

项目小结

旅游是指人们出于移民和就业之外的其他目的进行的暂时在异地的空余时间的活动，以及由此产生的现象和关系的总和。旅游本质上是一种社会文化活动，具有消费性、休闲性和社会性三个基本属性。旅游活动会涉及行、游、住、食、购、娱六大要素。通过本项目学习，我们还应了解旅游行业出现的一些新兴事物，如全域旅游、“互联网+旅游”等。

案例思考题

全域旅游战略“北疆天路”或引自驾游大爆发

近年来，内蒙古联动内蒙古全区旅游资源，打破地区限制，探索打造差异化、立体化的旅游产品的创新路径，推出一些经典的旅游产品。

内蒙古东西直线距离2400公里，南北跨度1700公里，土地国境线长4200公里。要想体验内蒙古全域旅游，自驾是最好的方式。加上近年来，大众休闲时代的到来和人均汽车保有量的增加，促成了国内自驾游的热潮。值此良机，内蒙古适时推出了“北疆天路”自驾游线路。

“北疆天路”依托G303省级大通道，从呼伦贝尔到阿拉善，从东到西覆盖内蒙古境内全部四大旅游区域，几乎涵盖了内蒙古全域的自然风光和历史人文大观，是内蒙古自治区旅游局今年夏季重点打造的全新自驾旅游品牌中最重要的一条，可谓内蒙古全域旅游的典范之作。它穿沙漠、过草原、跨河湖、钻山岭，在自驾的过程中，沿途丰富的旅游资源逐级呈现出视觉震撼感。北疆天路的开启，将为内蒙古带来可观的自驾游人群，2016年或将成为内蒙古自驾游大爆发的元年。

资料来源：中国新闻网

问题：

一个地区发展全域旅游，需要做哪些配套的系统改革工作?

技能训练

一、任务名称

美妙的旅游经历分享会

二、任务目标

通过每位同学展示各自的旅游经历，使同学们了解旅游活动的各种不同的目的、信息获取途径、六大要素的具体展现等。

三、任务实施

1. 每位同学收集、整理与自己某次难忘的旅游经历相关的资料。

2. 从旅游目的、信息获取途径、旅游六大要素展现等几方面进行发言稿准备。

3. 制作好相应的PPT。

4. 请每位同学上讲台，配合PPT进行旅游经历的分享。

四、成果考核

教师根据学生对作业题目的理解及作业完成情况进行打分。

模块二

瞬息万变的旅游市场需求

项目三　旅游者

学习目标

通过本项目学习，你应该能达到：

［知识目标］1. 了解旅游者、国际旅游者、国内旅游者的定义。

2. 掌握旅游者形成的条件。

3. 掌握旅游者的类型。

4. 了解当代旅游者需求的变化。

［能力目标］1. 能够分析旅游者的旅游动机。

2. 能够针对特定的旅游群体分析其需求特点。

［实训目标］通过对大学生的旅游动机及需求的调查，一方面锻炼学生接触社会、与人交往的能力；另一方面让学生学会通过调查来分析游客。

任务一　掌握旅游者的基本概念

案例导入

2012 年国庆长假三亚旅游市场有“五多”：

一是散客多。假日期间，通过网上预订、旅行社代订的散客明显增多，据统计，三亚市高星级酒店接待的散团比为 7.22∶2.78。

二是度假客多。抽样调查显示，在三亚停留 4~6 天的游客占 68.20%；7 天以上的游客占 12.4%。

三是新增游客多。据抽样调查，62.10%的游客第一次造访三亚；自驾车游客中，67.70%是第一次造访三亚。

四是高尔夫球客多。以往三亚高尔夫球消费者主要是韩国、日本游客，但金融危机发生后，韩国、日本的高尔夫球客人数大幅下降，国内高尔夫球消费者成为三亚高尔夫球场的主角，约占 70%。长假期间，三亚多家高尔夫球会日接待量是平时的 4 倍，游客主要来自北京、上海、广东、浙江、成都等经济发达地区。

五是自驾客多。据统计，前七天三大海港进岛车辆 1.64 万车次，同比增长 27.82%，进岛人数 11.74 万人次，同比增长 13.84%。据抽样调查，进入三亚的自驾车主要来自本省和两广、西南地区。

资料来源：http：//www.3lian.com/zl/2012/09-18/116443.html

思考： 1. 什么是游客？

2. 根据资料谈谈目前市场上游客的偏好如何。

旅游者是构成旅游活动的主体，是旅游三大要素的基本要素，没有旅游者，旅游活动就无法实现。因此，研究分析旅游者的含义、分类、产生条件显得尤为必要。

概念界定是进行科学研究的基础。围绕旅游者的概念，众说纷纭、至今仍然无法统一，在名词的使用上也不尽一致，有的用“visitors”，有的用“tourists”等。之所以出现这种混乱的状况，是因为确实存在旅游者界定方面的困难，旅游学科研究起步较晚，特别是在旅游者出行距离之外和离开常住地多长时间上才算旅游者，是难以界定的。

多年来，旅游者的定义一直为世界及各国的旅游组织和旅游机构所关注。纵观世界各种旅游组织对旅游者所下的定义，主要有：

一、国际旅游者的定义及规定

（一）国际联盟的界定

1937 年，国际联盟的统计专家委员会对旅游统计中“外国旅游者”解释为“离开自己的居住国，到另一个国家访问至少 24 小时的人”。

可列为旅游者的人员包括：

（1）为了消遣、家庭事务及身体健康方面的目的而出国旅行的人。

（2）为出席会议或作为公务代表而出国旅行的人（包括科学、管理、外交、宗教、体育等会议或公务）。

（3）为工商业务原因而出国旅游的人。

（4）在海上巡游过程中前来访问的人员，即使其停留时间不足 24 小时，亦视为旅游者（停留时间不足 24 小时者应分开作为一类，必要时可不管其长居何处）。

不能列为旅游者的人员包括：

（1）抵达某国就业任职，不管是否订有合同，或者在该国从事营业活动者，均不能列为旅游者。

（2）到国外定居者。

（3）到国外学习，膳宿在校的学生。

（4）凡属边境地区居民及落户定居而又越过边界去工作的人。

（5）临时过境而不停留的旅行者，即使在境内时间超过 24 小时也不算旅游者。

（二）罗马会议的界定

凡纳入旅游统计中的来访人员统称为“游客”（Visitor）。即“除为获得有报酬的职业以外，基于任何原因到一个不是自己通常居住的国家访问的人”。

“游客”分为两类：旅游者和短程游览者。

（1）“旅游者”：指到一个国家做短期访问至少逗留 24 小时的游客。其访问目的是消遣（包括娱乐、度假、疗养保健、学习、宗教、体育活动等）或工商业务、家庭事务、公务出使、出席会议。

（2）“短程旅游者”：指到一个国家做短暂访问，逗留不足 24 小时的游客（包括海上巡游旅游者）。

罗马会议之后，联合国世界旅游组织（UNWTO）采纳了该定义，因此人们通常也将这一定义内容称为世界旅游组织的解释。

这一定义的基本特点是：

第一，将所有纳入旅游者统计的来访人员统一称为“游客”。

第二，以在访问地的停留时间，即是否在访问地停留过夜为标准，将来访游客进一步划分为停留过夜的“旅游者”和不停留过夜的“一日游游客”。并提出对这两种不同类型的游客，需要分别进行统计。

第三，根据来访者的定居国或通常居住国，而不是根据其所属国籍，来界定其是否属于应纳入旅游者统计中的游客。

第四，根据所规定的访问目的来界定来访者是否属于应纳入旅游者统计中的游客。

（三）我国旅游统计中的界定

一般将来华旅游入境人员称为“海外游客”，包括外国人、华侨、港澳台同胞。

海外游客：指来我国大陆观光、度假、探亲访友、就医疗养、购物、参加会议，或从事经济、文化、体育、宗教活动，连续停留时间不超过 12 个月，且其主要目的不是通过所从事的活动获取报酬的外国人、华侨和港澳台同胞。

不能列为海外游客的人员包括：

（1）应邀来我国进行访问，由部长以上人员率领的党、政议会及军队代表团成员。

（2）各国驻华使馆官员及其随行人员。

（3）驻期达一年以上的外国专家、留学生、记者、商务机构人员等。

（4）乘国际班机直接过境，不需要通过护照检查进入我国口岸的中转旅客与机组人员。

（5）因日常工作和生活在边境地区往来的居民。

（6）归国定居的华侨、港澳台同胞。

（7）到我国定居的外国人和原已出境又返回我国定居的外国侨民。

（8）归国的我国出国人员。

目前，世界各国基本上对罗马会议的定义表示赞同，由于罗马定义讲的是国际旅游，因而可以说，世界上目前对于国际旅游者的界定原则上已经有了统一的认识。

知识拓展

奥格威尔的“旅游者”定义

英国人奥格威尔在1933年出版的《旅游活动》一书中，给“旅游者”的定义为“从经济目的来看，旅游者是指具备两个条件的人：第一，离开自己的惯常居地到外面任何地方去，时间不超过1年；第二，离开久居地期间，把他们的钱花在他们所到的地方，而不是在其所到的地方去赚钱”。

二、国内旅游者的定义及规定

（一）世界旅游组织的界定

世界旅游组织把国内游客区分为过夜国内旅游者和不过夜国内旅游者。

过夜国内旅游者，是指在某一目的地旅行超过24小时而少于一年的人，其目的是休闲、度假、运动、商务、会议、学习、疗养、宗教、探亲访友等，不包括外出就业者。

不过夜国内旅游者，是指基于以上任一目的并在目的地逗留不足24小时的人。

（二）北美国家的界定

加拿大：离开居住地边界50英里（约80公里）以外的地方去旅行的人。

美国：处于工作上下班之外的其他任何原因而离家外出旅行至少50英里（约80公里）的人，而不管其在外过夜还是当天返回。

（三）欧洲国家的界定

英国：基于上下班之外的任何原因，离开居住地外出旅行过夜至少一次的人。

法国：基于消遣、健康、会议、商务或修学目的，离开自己的主要居所，外出旅行超过 24 小时但未超过 4 个月的人。

（四）我国旅游统计中的界定

国内游客是指任何因休闲、娱乐、观光、度假、探亲访友、就医疗养、购物、参加会议或从事经济、文化、体育、宗教活动而离开常住地到我国境内其他地方访问，连续停留时间不超过 6 个月，并且访问的主要目的不是通过所从事的活动获取报酬的人。国内游客分为国内旅游者和国内一日游游客两类。

国内旅游者：在旅游住宿设施内至少停留一夜，最长不超过 6 个月的国内游客。

国内一日游游客：离开常住地外出距离在 10 公里以上，时间超过 6 小时但不足 24 小时，未在旅游住宿设施内过夜的国内游客。

我国在国内旅游统计中还规定，下列人员不在国内游客统计之列：

（1）到各地巡视工作的部级以上领导。

（2）驻外地办事机构的临时工作人员。

（3）调遣的武装人员。

（4）到外地学习的学生。

（5）到基层锻炼的干部。

（6）到其他地区定居的人员。

（7）无固定居住地的无业游民。

（8）到外地务工的农民。

可以看出，我国对于国内游客的定义和世界旅游组织所下的定义基本一致，只不过根据我国的实际情况，将港澳台同胞都列入海外旅游者的统计范围。这种从统计需要出发对旅游者所下的定义具有一定的操作性，但往往在理论描述时显得力不从心，在实际应用中也存在一些问题。比如在外求学的学生，离开常住地不足一年，因为寒暑假学生大多要回家，按照现行定义来看，应当算是过夜旅游者，因为他的主要目的也不是获得报酬。还有比如现代的商务旅游者，我们已经很难分清他们是否为单纯的旅游者（在旅游过程中顺便考察商务，或者在商务活动过程中顺便放松自己去旅游是常见的，今天的各种各样的旅游形态，如商务旅游、体验旅游、修学旅游等都不是纯粹意义上的旅游），也就是说单纯的旅游者并不一定占多数。

任务二　发现旅游者的动机需求

案例导入

“十一”假期之际，有甲、乙、丙、丁四人决定外出旅游。其中，甲决定到一个环境优美的乡村去亲近大自然、体验田园生活，乙决定到沙漠探险、挑战自我极限，丙决定到邻近的城市探访自己的亲朋好友、联络一下感情，丁决定到城市周边的景点悠然地待上几天、放松身心。四人最终都达成了自己的心愿，度过了一个愉快的假期。

思考： 1. 人们为什么会产生旅游行为，而且是纷繁复杂、各式各样的旅游行为？

2. 是什么原因导致人们旅游行为的差异，尤其是“旅游目的地选择行为”的差异？

心理学的一般观点认为：人的行为由动机支配，动机又由需要引起。需要是人和社会的客观需求在人脑中的反映，是个人的心理活动与行为的基本动力。动机是需求的表现形式，有什么样的需要就会产生什么样的动机。动机就是促使一个人做出某种行动的内在驱动力。在这个意义上，旅游动机就是激发人们外出旅游的内在驱动力。

一、旅游需求

人类究竟有多少种需要？旅游动机的产生又是满足人类的哪些需要？由于作为个体，人与人之间的差异很大，很难有一种统一的分类模式。在各种关于需要的学说中，最具影响力的是美国心理学家亚伯拉罕·马斯洛在1943年提出的“需要层次理论”（见图3-1），他把人类的需要分成五个层次，即生理需要、安全需要、社会需要、尊重需要以及自我实现需要。它们依照由高到低的层次组织的需要，人们就是在不断地追求中出现新的需要，产生新的行为动机。

在这五个层次的需要中，前两个层次纯属基本物质方面的需要，后三种是属于精神方面的需要。由于旅游是在人们基本的物质生活资料得到满足后才会产生的一种纯属精神方面的需要，凡是在经济上有能力外出的旅游者，其温饱等基本问题都早已得到解决，所以不可能为满足生存需要而旅游。人们也不会为了安全的目的去旅游，因为常住地比任何地方在心理上都更具安全感。而通过旅游人们可以获得友谊，满足社交需要。外出探亲访友、参加亲朋好友的婚礼或其他纪念活动，是不少人出游的动机。通过旅

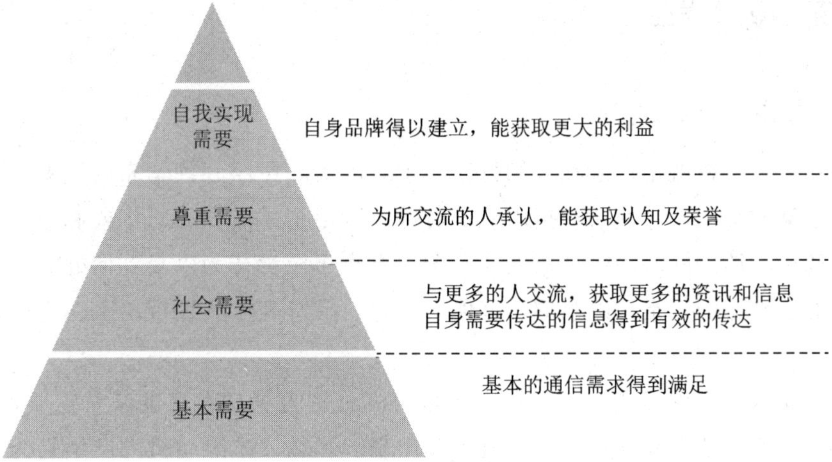

图 3-1 马斯洛的“需要层次理论”

游，人们还可以获得群体的尊重，满足自己受尊重的需要，这种受尊重的需要不仅包括在他人心目中受到重视、赏识、尊重，还包括取得成就、提高地位和自信心等方面表现自我的需要。通过旅游人们还可以实现自己的理想和抱负，满足自我实现的需要。例如攀登珠穆朗玛峰等世间少有的高山险峰，前往常人不敢去的地方探险等。然而许多权威学者，包括马斯洛本人在内，都认为很难有人到达了要求自我实现这一层次的需要。因此这种需要只对少数旅游者起到相当大的激励作用。

知识拓展

马斯洛需要理论内容

“生理需要”是指人类最低限度的基本需要，如衣、食、住、行等方面的需要。

“安全需要”是指避免生理和心理方面所受到伤害所期望的保护和照顾的需要。如财产安全、人身安全、职业安全、健康保障等的需要。

“社会需要”指希望被社会上某些群体或他人接受，使其在精神上有所归属，诸如友谊、爱情归属等方面的需要。

“尊重需要”是指通过自己的才华与成就获得他人的尊重，比如要求他人给予尊重、赞美、赏识和承认地位的需要。

“自我实现需要”是指出于对认识的看法，需要实现自己的理想和抱负，取得成就的需要，这是最高层次的需要。

二、旅游动机及类型

（一）旅游动机的定义

何谓动机？动机就是指激励人们行动的主观因素。按照心理学家的解释，凡是引起个体去从事某项活动，并使活动指向一定目标以满足个体需要的愿望或志愿，都叫作这种活动的动机。所以旅游动机是指促使一个人有意于旅游行为以及到何处去、做何种旅游的内在的心理原因，常常以愿望、兴趣、爱好、猎奇等形式表现出来，进而促使产生旅游行为。

动机是需求的表现形式，一个人的行为动机总是为满足自己的某种需要而产生的，有什么样的需要，便会有什么样的动机表现出来。那么，旅游动机的产生是为了满足什么需求呢？人们很难对这个问题给予全面一致的答案。因为人的需要是多种多样的，而且作为个体的人彼此之间情况也不尽相同。

（二）旅游动机的类型

旅游者因为国家、民族、职业、性别、年龄、文化程度的不同，其旅游的动机和目的也各不相同。有的为了消遣娱乐，有的为了追新猎奇，有的想了解异国文化，有的重在探亲访友，等等。就是同一旅游者，在不同时间或条件下，其旅游动机也会发生变化。正是由于旅游者有不同的旅游动机和旅游动机的变化，才促使旅游的形式不断翻新和多样，旅游的内容也不断丰富多彩。

美国著名的旅游教授罗伯特·W. 麦金托什认为，人们的旅游动机可划分为四种类型。

（1）身体方面的动机。这类旅游者的动机是为了休息、治疗、运动、消遣。他们平时工作压力大，生活节奏快，身体处于亚健康状况。通过旅游换个环境，摆脱现代社会紧张、机械、单调的生活和充满噪声、空气混浊的大都市，到风景优美的森林、海滩等地方旅游，以调节身心，消除疲劳，恢复健康。这方面的动机包括休闲、参加体育活动、海滩消遣、娱乐活动以及其他直接与保健有关的活动。

（2）文化方面的动机。这类动机表达了一种求知的欲望。它包括了解和欣赏异地文化、艺术、风格、语言和宗教等动机。每个人都有好奇心，都有强烈的求知欲和猎奇尝新的心理。文化的差异以及文化的异地传播，使人们产生了接触异域文化的动机，他们希望通过旅游去了解异域的名山大川、风土人情和文化艺术。也正是因为如此，每个旅游地具有代表性的特色都会成为游客聚焦的地方，比如扬州的早茶、西安的羊肉泡馍以及苗族的服饰等。这类动机在普通的旅游活动中占有的比例最大，持这类动机外出旅游的游客一般不会重复选择同一个旅游目的地。

（3）交际方面的动机。寻亲访友、寻根问祖的旅游动机自古就有。很多旅游者喜欢在旅游活动中结交新的朋友。特别是近年来，通过自助结伴旅游、网友的自驾游组合等，还包括探亲访友，摆脱日常工作、家庭事务等动机。人们可以在旅游中体验结识新朋友的快乐。这类动机表现为对熟悉的东西的一种反感和厌倦，出于一种逃避现实和免除压力的欲望。

（4）地位与声望的动机。这类动机表现为在旅游活动交往中搞好人际关系，满足旅游者的自尊、被承认、被注意、能施展其才能、取得成就和为人类做贡献的需要。它包括考察、交流、会议以及满足个人兴趣所进行的研究等。

实际上，人们外出旅游很少只是出于一方面的动机。由于旅游是一种综合象征性行为形式，可满足人们的多重需要。因此，人们在外出旅游时除了怀有主要方面的动机以外，往往还会涉及其他方面的动机。一般来说，人们外出旅游的决定多是若干动机共同作用的结果。

三、影响旅游动机的因素

旅游动机具有其普遍、共同的心理基础，但其形成受到许多因素的影响，这些因素既有来自人自身的因素，又有来自外部的客观环境的因素。

（一）个体差异

年龄、身体因素：年轻人易于接受新思想，活泼好动，对社会和自然界充满好奇感，且不愿受到社会环境的约束，多有求新、求奇的欲望；中年人生活经历比较丰富，事业有成，经济条件较好，多倾向于求实、求名、求属实享受、求自我实现等；人到老年，由于身体状况的原因，旅游动机会大大减弱，多不愿远游，而喜欢较近且方便的目的地。另外，老年人多有怀旧情绪，易于产生归根、怀古、访友等动机。

性别因素：现实社会中，由于男女在家庭及社会中的地位差别，会导致旅游动机的性别差异。如日本男子外出旅游多出于商业目的，而日本女子旅游多为购物，但随着社会的进步，男女有别会越来越小，性别因素对旅游动机的影响必将越来越弱。

文化程度因素：受教育程度高、文化修养好的人，易于了解和接受新事物，喜欢改变环境，乐于接受新对象，多具有进取精神，对于文化、考古等文化气息较浓的旅游活动易于产生兴趣。受教育程度较低者，对于外界事物缺乏了解，对陌生环境适应能力相对较差，易产生不安全感，对于远行会产生种种顾虑，因而多选择较熟悉的旅游目的地和旅游景点。

（二）经济能力、闲暇时间和职业

影响旅游动机产生的客观原因，一方面指旅游地本身的吸引力和接待力，另一方面就是旅游必须具备的经济条件、时间和旅游者自身的状况等条件。经济条件和时间是制约旅游者产生的首要条件。

旅游是一种高消费活动，是满足基本生活费用支出后才能进行的消费行为。如果没有一定的经济基础，或者旅游产品价格高昂，就会影响旅游动机的确立。而且，旅游者的旅游活动都是在余暇时间内发生的。若没有时间条件的支持，旅游活动根本不能发生。

职业也是影响旅游动机形成的一个重要因素，不同职业的人旅游动机的强烈程度以及产生旅游动机的可能性都会有很大的不同。

（三）个性心理

一个人的个性心理特征起着重要的作用，所谓个性指的是个体在先天素质的基础上，在一定的历史条件下，在社会时间活动中形成和发展起来的比较稳定的心理特征的综合，也可以说是一个人区别于他人的个人行为的特征。旅游动机是个人心理活动的一种形式，必然受到个人的兴趣、爱好、专业、对生活的态度等方面的影响。其个性特征决定其行为动机产生的内在的主观隐私。在形成旅游动机的诸多条件中，一个人的个性特征极大地影响着他的旅游倾向和旅游内容，如旅游目的地的选择、旅游活动日程的安排、对旅游接待和服务的要求程度等。

心理学家把人的个性心理特征进行了分类，以解释个性心理特征对旅游动机的影响，从而为旅游业的经营管理提供依据。其中心理学家斯坦利·普洛格的游客心理模式比较具有代表性。该模式把人们的个性心理划分为自向中心型、类自向中心型、混合中心型、类异向中心型和异向中心型（见表 3-1）。

表 3-1 游客心理类型及其心理特点

心理类型	心理特点
自向中心型	思想慎微，多忧多虑，不爱冒险；行为上表现为喜安逸、好轻松、活动量少，喜欢熟悉的气氛和活动；对旅游设施和服务要求高
类自向中心型	倾向于自我中心型
混合中心型	对目的地的选择通常没有什么苛求，但一般都避免选择传统的旅游热点或风险很大的待开发地区
类异向中心型	倾向于多中心型
异向中心型	思想开朗，兴趣广泛多变；行为上表现为喜新奇、好冒险、活动量大，不愿随大流，喜欢与不同文化背景的人相处；对旅游设施和服务要求低

（四）社会文化

文化一般指的是人类在创造物质财富的过程中所积累的物质财富和精神财富的总

和。每个人都是社会的一员，文化直接影响和制约着人们的动机和行为。处于不同文化环境的人们在价值观念、信仰、态度等方面有着较大的差别，他们的旅游动机都会受到社会和文化因素的影响。

（五）民族风俗

每个民族在长期的发展中形成了自己的文化传统和独特的风俗习惯。这些都对人们的行为产生很大影响。有的崇尚勤劳、节俭，因为乡情浓厚不愿离开家乡到异地旅游；有的民族爱好四处周游、探险、欣赏异地的人文、自然景观，从而发现自己的价值。不同民族的人民都有不同的生活观和价值取向。例如，西方发达国家的公民，普遍把旅游看作是人类生活的一项基本需求，而一些经济欠发达国家的公民，则对旅游没有多大兴趣，认为旅游是花钱买罪受。

（六）宗教

宗教是一种社会意识形态，不同的宗教有着不同的价值观和行为准则，影响着人们动机的形成。世界上宗教种类繁多，比较盛行的主要是基督教、伊斯兰教和佛教。

以上关于旅游动机影响因素的介绍，除针对旅游者的个人方面的因素外，很多外部因素，如社会历史条件、微社会环境等也会对人的旅游动机产生某种或正或负的影响。

任务三　了解旅游者形成的客观条件

案例导入

我想去桂林

在校园的时候曾经梦想去桂林，到那山水甲天下的阳朔仙境
漓江的水呀常在我心里流，去那美丽的地方是我一生的祈望
有位老爷爷他退休有钱有时间，他给我描绘了那幅美妙画卷
刘三姐的歌声和动人的传说，亲临其境是老爷爷一生的心愿
我想去桂林呀，我想去桂林，可是有时间的时候我却没有钱
我想去桂林呀，我想去桂林，可是有了钱的时候我却没时间
……………………………….

思考：从该歌曲中可以发现，作为一个旅游者，需要具备哪些条件？

本项目的任务二中分析了旅游者动机的问题，旅游者动机其实也就是一个人能成为旅游者所必须具备的一个主观条件。除了这个主观条件外，一个人要成为旅游者还会涉及许多的客观条件。

一、旅游者产生的主要客观条件

从需求方面来看，一个人能否产生对旅游的需求或者能否成为旅游者取决于多种社会经济因素的影响。旅游发展的历史证明，国际性大众旅游的兴起同世界各国，特别是和北美国民收入水平的提高和带薪假日的增加分不开。因而，旅游者产生旅游行为的客观条件主要包括旅游者的收入水平、余暇时间以及其他因素。这些因素对旅游需要和动机的形成产生影响。

（一）旅游者的收入水平

一个人的收入水平，或其家庭的收入水平和富裕程度，决定他能否实现外出旅游及其外出旅游消费水平的高低，是其外出旅游活动实现的重要物质基础。道理很简单，旅游活动是一项消费活动，旅游者在旅游活动中需要吃饭、住宿、乘坐交通工具、参观游览旅游景点等，所有这些活动都要消耗一定的物质资料。在商品经济条件下，旅游者必须支付一定的货币来换取旅游活动中所需消耗的物质资料，才能完成旅游。因此，旅游者必须具有一定的经济实力，这是实现旅游活动的首要条件。由于旅游消费不同于一般商品的消费，它不是一般的维持人的生命延续而必须发生的生存性消费，而是在其基本物质资料得到满足以后，追求更高的精神上的享受需要而产生的消费。一个人要成为旅游者，必须是在其物质资料得到满足以后还要有剩余的货币。所以，最直接决定一个人能否成为旅游者并实现旅游活动的因素，是可自由支配收入。可自由支配收入才是产生旅游需求的真实的经济条件。旅游动机能否实现，主要取决于一个人（或一个家庭）的可自由支配收入。

知识拓展

可自由支配收入

所谓可自由支配收入指的是在一定时期（通常指 1 年）内的全部收入扣除纳税、社会花费（健康和人寿保险、老年退休金和失业补贴的预支等）、日常生活必须消费部分（衣、食、住、行等）以及预防意外开支的储蓄后的剩余部分。

总之，收入水平意味着支付能力，可自由支配收入在旅游者形成和旅游需求产生中起着关键性的作用。但也只是经济上的影响因素，而非旅游需求的唯一决定因素。

（二）闲暇时间

一个人即使拥有很强的经济实力，具备了足够的可自由支配收入，但不能说明他就可成为旅游者。因为，旅游者的旅游活动都表现为异地性，旅游者必须离开常住地前往异地参观访问，这就意味着旅游者只有拥有足够的闲暇时间，才能完成旅游活动。足够的闲暇时间，是一个人实现旅游、成为旅游者的又一必备的客观条件。

那么，何谓闲暇时间？对休闲时间的认识和理解首先需要从人生的时间构成谈起。一般地说，人生时间可分成工作时间、生活时间和闲暇时间这三个部分。工作时间即指人们为了维持个人和家庭生存的必要劳动时间，包括法定的就业工作时间和必要的附加工作时间，对于学生指学习时间；生活时间是指为了满足人们的生理需要（如吃饭、睡觉）以及处理日常琐事（如家庭事务、必要的社交活动）等而花费的时间。闲暇时间指的是人们除去工作和生活时间以外，可用于自由支配从事娱乐、消遣、社交或其他自己所感兴趣的活动的时间，亦称自由时间或可自由支配时间。

闲暇时间（尤其是带薪休假）的不断延长，不但增加了人们外出休闲度假（包括短期、远程及国际旅游）的机会，也构成了现代社会大规模群体性旅游迅速发展的一个重要条件。

闲暇时间是人们非工作时间中的一部分，在现代社会中，它有四种分布情况：

1. 每日闲暇

每日闲暇是每天在工作（学习）和生活之余的闲暇时间，其特点是零散地分布在一天中的几个时段中，虽可用于休息或娱乐，但却很难用于旅游活动。

2. 每周闲暇

每周闲暇通常是指周末休息日或每周轮休日。我国与世界绝大多数国家已实行了五天工作制，周末休息两天（我国自 1995 年 5 月 1 日起实行每周五天工作制）。此闲暇时间虽比较集中，但由于时间短，一般只适合开展一些近距离旅游活动。

3. 公共假日

公共假日即通常说的法定节假日。由于各国不同的历史文化和宗教信仰方面的原因，其公共假日的分布也有所不同。西方国家最典型的公共假日是圣诞节、复活节。目前，我国的公共假日有元旦、春节、清明、“五一劳动节”、端午、“十一国庆节”和中秋。公共假日通常连续多日，这为人们外出的探亲访友或旅游度假提供了好时机，公共假日形成了旅游的高峰期。

4. 带薪假期

带薪假期，是指劳动者连续工作1年以上，就可以享受一定时间的带薪年假。

总之，旅游需要有时间，对于就业人员来说，需要有一定数量而且比较集中的闲暇时间才有可能实现外出旅游。虽然并非所有的闲暇时间都可用于旅游，但闲暇时间，特别是带薪假期，仍是旅游需求必不可少的重要条件。

二、旅游者产生的其他客观条件

拥有足够的可自由支配的收入和足够的闲暇时间是一个人实现旅游活动的两个重要的基本条件。但这并不等于说，一个人只要具备了这两项条件便肯定能成为旅游者。实际上，一个人能否成为现实的旅游者，还要受到许多因素的影响和制约。这些因素可分为三类。

1. 个人因素

从个人因素来说，年龄、性别、种族、受教育程度等可能影响到一个人的旅游活动的实现。但其中有两个因素最为重要。一是个人身体状况。一个人要出去旅游就必须具有一定的体力，否则可能难以成行。旅游者中以身强体壮的中青年人占多数，根据国家旅游局对来华国际旅游者的统计，50岁以下的旅游者占旅游总人数的80%左右。而许多老年人虽然有退休收入，有充分的余暇时间，但其外出旅游的比例仍较低，究其原因在于他们自身年龄增长，体力不支。由此看来，旅游业界须针对老年人市场推出一些适合他们身体状况的旅游产品。二是家庭状况。很多调查表明，有4岁以下婴幼儿的家庭，因小孩拖累，外出旅游的可能性很小。

2. 社会因素

社会因素包括很多，但主要指社会政治经济制度、社会治安环境、科技水平等方面内容。一个国家政府的外交政策往往决定旅游的可能性，社会环境安定、政治观点相近的国家和地区能吸引旅游者，而政治、经济、社会治安等各方面处在不稳定状态的地区，旅游者就会望而却步。如中东、海湾地区本是颇具旅游吸引力的地区，然而近年来由于战乱不断，旅游者不敢前往。科技水平尤其是交通运输技术的发展，可极大地推动旅游的发展。

3. 可进入性

可进入性是旅游产品构成中的基本要素之一。它不仅是连接旅游产品组成的中心线索，而且是旅游产品能够组合起来的前提条件，具体表现为进入目的地的难易程度和实效程度。旅游客源地和旅游目的地之间的距离、交通状况、签证、服务效率等都会制约或影响旅游者前往该地。

随着现代科学技术的不断进步和经济状况的日益改善，交通运输取得了迅猛发展，高速公路的开通、大型客机的运营、高速铁路的投入使用及其旅游专线的开辟等，有效地解决了人们外出旅游的时空矛盾，使得旅游者在旅行过程中更舒适、安全、快捷。交通运输在快速发展的同时也促进了旅游业的迅速发展。世界各国大众旅游的快速发展已充分证明了这一点。

类似的因素还有很多，不一一列举，在这里我们主要是从旅游者本身必备的条件来谈客观影响因素的。

任务四　掌握旅游者的类型

案例导入

2013 年，刚过完母亲节，又将在 6 月迎来父亲节。各大旅行社中由子女到店为父母咨询出境旅游产品的现象明显增加，专门为中老年游客而设计的夕阳红产品格外受青睐。中青旅遨游网联合南非旅游局推出“陪父母去旅行”大型公益选拔活动。活动规定，6 月 5 日前登录遨游网主题页面，发表“父母微传记”，讲述咱爸妈的故事，就可能帮助父母圆梦——主办方将选拔 5 个亲情组合共计 10 个名额免费前往南非旅游，另将从“父母微传记”中选出 100 个感人故事赠予 1000 元亲情旅游券。

资料来源：新京报讯 2013-11-20

思考：1. 市场的旅游者有哪些类型？

2. 材料中的这些“父母”究竟属于哪种类型的旅游者？

由于研究角度和研究目的的不同，目前对旅游者尚无统一的划分标准。许多学者常常把旅游者类型的划分与旅游的类型划分联系在一起，有何种类型的旅游活动，就有何种类型的旅游者。因此，同旅游活动的划分一样，旅游者的类型划分也没有恒定的标准。常见的划分标准如下：

一、按游客的人口统计特征划分

（一）按年龄划分

旅游者按年龄划分，可分为青年旅游者客源市场、中年旅游者客源市场和老年旅游者客源市场。一般来说，青年人富于冒险精神，喜欢探险型旅游；老年人较为喜欢安全舒适的旅游活动。

（二）按性别划分

旅游者按性别划分，可分为男性旅游者客源市场和女性旅游者客源市场，一般男性自主意识强，不易受影响；而女性天生有一定的依赖性，在旅游中需多加照顾。

（三）按收入划分

旅游者按收入划分，可分为豪华型、经济型等。豪华型旅游者的旅游支出较多，但人数不多；经济型的旅游者尽管人均消费水平不高，但人数众多，规模效益十分可观。

（四）按职业划分

旅游者按职业划分，可分为商人、学生、公司员工等多种类型的旅游者，每种又有各自的特点。如商务旅游者收入水平高，学生旅游者收入少，但出游意识强，能吃苦耐劳，喜欢探险。

二、按出游目的划分

（一）观光型旅游者

观光型旅游者以观赏游览异国他乡的名胜古迹、风土人情等为主要目的，同时还可以与购物、娱乐、考察、公务等相结合，是世界上最古老、最常见、最基本的旅游者类型，也是我国旅游者类型的主体。在20世纪90年代以前，观光型旅游者是世界各国最普遍、最常见的旅游者，日本每日新闻社曾做出调查，发现在日本公民出国的目的中，以单纯的旅游者最多，占出国旅游人数的62.5%。由此可见，观光型旅游者在所有的旅游者中占绝大多数，这一类型的旅游者也成为旅游者中的主要类型。

观光旅游者的特点主要体现在以下几个方面：

第一，旅游者外出旅游的季节性强。由于旅游资源的季节性和假期的相对集中，导致旅游的淡旺季出现。

第二，旅游者对旅游目的地的选择自由度较大。旅游者在选择旅游目的地时，既要看旅游景点的知名度和吸引力的大小，又要看旅游产品的质量，同时还要考虑旅游活动过程中的安全等因素。

第三，对旅游产品价格较为敏感，在旅游活动过程中花费不大。由于观光型旅游者大多是自费旅游，一般来说对价格较为敏感。

第四，逗留时间短、重游率低。观光旅游基本上属于短暂的一次性旅游，到一个地方进行观光的游客基本上不会再回去进行同样的活动。因此，能够将观光型旅游作为长期市场定位的只有少数具备大量极有价值的观光资源、被旅游者所广泛认同的地方才可以做到。对于大多数地方来说，单纯发展观光型旅游显然是远远不够的。

（二）娱乐消遣型旅游者

娱乐消遣型旅游者是指以娱乐、消遣求得精神松弛为主要目的，而离开常住地外出旅行的旅游者。由于现代社会是高度竞争的社会，人们的生活节奏不断加快，使得人们的社会角色和工作压力不断加大，为摆脱这种压力，去异地娱乐消遣旅游，求得暂时的精神松弛成为人们的必然选择。因此，该类旅游者在不断增多，并逐渐发展为当今世界旅游者的主要类型。

此类旅游者的特点：

第一，对旅游产品的质量、旅游安全和价格比较敏感，但追求物有所值，为了达到尽兴的目的，有时花费再多也在所不惜。因此该类型的旅游者花费比纯观光型旅游者要多。

第二，重游率较高，出游和停留时间较长。只要该地旅游产品内涵丰富又有较多的参与性节目，能达到精神放松的目的，旅游者往往会重返目的地。

第三，追求娱乐、参与、消遣、刺激和享受，对娱乐项目的要求较高，因为其出游主要目的在于逃避主流社会，遁入“神圣世界”求得精神“解放”，对于那些有吸引力、有影响力的旅游项目一般较为注重。

第四，外出季节性较强，几乎都会选择旅游目的地最好的季节，利用带薪假期外出旅游。

（三）文化知识型旅游者

文化知识型旅游者是指通过文化旅游活动的开展，求得精神文化知识需求满足的旅游者。该类型的旅游者外出的主要目的是通过旅游，观察社会、体验民族风俗、了解异地文化，以丰富自己的文化知识，增长见识。

文化知识型旅游者具有以下几方面的特点：

第一，具有较高的文化修养，求知欲较强。

第二，具有某种专长或特殊兴趣，愿与同行切磋交流。如果一个旅游者不具备一些考古方面的专长或对探险有着特殊的偏好，那他根本不可能有能力和勇气去参加一个考古探险旅游团队。

（四）公务型旅游者

公务型旅游者，又称差旅型旅游者，公务型旅游者是根据工作需要，以贸易合作、商务洽谈、出席会议、举办展览、科学文化交流等为主要目的，在完成公务的前提下进行参观游览等活动的旅游者。

公务型旅游者具有以下特点：

第一，出行频繁，重游率较高。

第二，消费水平高，对价格不太敏感。公务型旅游者一般具有一定的身份、地位、其本身收入较高；同时这些人往往是公费出差，费用主要由团体的公费开支，支付能力较强，对价格不太敏感。

第三，对旅游服务方面要求高。这种类型的旅游者有一定的身份地位，对旅游产品和服务质量要求较高。

第四，对目的地的选择没有多大自由。出于工作需要，公务型旅游者必须到有业务往来的国家和地区；若外出参加会议，则必须到会议举办地。因为公务在身，对旅游目的地和旅游时间没有太多选择余地，一般以就近短途旅游为多。

（五）宗教朝圣旅游者

宗教朝圣旅游是世界上一种最古老和稳定的旅游形式，并且一直延续到现代。宗教朝圣旅游者主要是指以朝圣、礼佛祈福、取经或在寺院做法事追悼亡灵，或宗教考察为主要目的的旅游者。

宗教朝圣旅游者的特点是：

第一，具有宗教信仰、知识，或出于兴趣。

第二，出行时间比较固定，一般都是根据宗教教义的规定，按时进行朝圣活动。

第三，注重宗教景点场所的原真性和接待形式的规范性，强调灵验性和归宿感，对宗教旅游者的接待，也多根据宗教教义的规定，以相应的宗教形式加以接待，使宗教旅游者在精神上和形式上都获得归属感。

第四，具有很高的市场稳定性和重游率。

（六）医疗保健型旅游者

医疗保健型旅游者是指为了治疗慢性疾病，或者有利于身体健康同时又能避寒避暑，或者改变生活环境、轻松地欢度假期而外出旅行的旅游者。主要有三种人：发达国家的某些旅游者、收入高的某些旅游者和某些中老年旅游者。其项目的具体形式主要是医疗旅游、森林旅游、避暑旅游、温泉旅游、体验保健旅游、气功专修旅游等形式。其特点是：

第一，有较高的收入、消费较大、较多的闲暇时间。

第二，往往选择一些带有医疗保健特色的旅游景点，对旅游项目中保健、康体、医疗功能比较敏感。

第三，中老年人比重较大，停留时间较长，近距离旅游者为主。

知识链接

医疗保健旅游

所谓医疗保健旅游，是指旅行社与医疗、康复、疗养等机构开办的，组织疾病不很严重且有一定生活自理能力的中老年人和残疾人一起外出，选择到一些名医荟萃、景色秀美、气候宜人的地方，结合他们的实际病情，采取针对性的治疗措施，使中老年人借助旅游来达到求医问诊、治疗康复的目的。对那些有病尚能自理的中老年人而言，不但可以游山玩水，丰富他们的精神生活，而且可以一边旅游一边治疗，接受医疗服务，能在游乐之中起到解除、减轻他们病情的作用。从而使旅游与医疗保健达到和谐统一，相得益彰。

（七）购物型旅游者

购物型旅游者是以到异地购物为主要目的的结合观光的旅游者。这类旅游者的出现和形成，是社会经济发展、交通发达、人们生活水平不断提高的结果。

购物旅游者的特点是：

第一，关注目的地商品的丰富程度、特色品种和低廉价格，还关注对购物的社会支持环境，如是否有便利的交通、进出境手续是否简便等，也关心目的地是否有优美的景致，以使自己在满足购物欲的同时，也能进行观光游览活动。

第二，多来自经济发达或比较发达的国家，具有一定的经济支付能力，他们在关心目的地商品价格的同时，对旅游产品本身的价格却不大敏感。

第三，消费水平高，对目的地经济贡献较大。

对主要旅游者类型及其特点的分析，有助于我们的旅游开发和经营过程中有的放矢，对症下药，设计各种具有针对性的旅游产品。但我们也注意到，现实生活中，旅游者的出游目的往往是复合的，多种需求互相重叠，互相渗透，有时很难将之归入某一种类型，这就要求我们在实际旅游操作过程中，灵活运用理论，不要死搬教条。

任务五 了解当代旅游消费需求的变化

案例导入

4 月 11 日，安徽石台首届养生论坛隆重召开，养生专家程先平说，健康生活的几大基本元素——水、空气、土壤，包括农产品，石台县都具有得天独厚的优势，是适合养生康体的绝佳之处，对养生的居民来说，该县的独有环境完全是“私人定制”。

据介绍，该县森林覆盖率高达84%，植被率达88%；空气中负氧离子浓度每立方厘米在3700~220000个，平均值达到45800个，超出世界卫生组织界定的清新空气标准（每立方厘米1000~1500个）的35倍，全县就是一个“天然大氧吧”，每年都有数以万计的游客来这里旅游观光、养生度假，享受深呼吸、体验慢生活。

资料来源：合肥在线 2016-04-11

思考：上述案例反映了游客哪些方面的旅游消费需求？

2015年，我国国内旅游人数为39.90亿人次，旅游收入超过4万亿元人民币，出境旅游1.2亿人次。中国国内旅游、出境旅游人数和国内旅游消费、境外旅游消费均列世界第一。国家旅游数据中心测算数据则显示，我国旅游就业人数占总就业人数的10.2%。从数据上可以看到，旅游产业在我国市场不仅巨大，而且发展速度快。如何抓住消费者的消费心理和消费爱好，对旅游产业的发展起着至关重要的作用。随着当代旅游者的思想逐渐开放，旅游独立化、个性化、自由化成为几大新特点，人们对于旅游产品的要求也发生了基本的改变，旅游者不再只是以到达旅游终点为目的，旅游途中的体验和经历也成为他们关注的重要部分。

一、个体性需求更凸显

传统旅游者在旅游途中较注重物质需求，而当代旅游者更多地倾向于体验情感，对于旅游产品能否满足他们的情感需求更加重视。在国内旅游，酒店会因为春节价格翻倍。由于节日因素，出门租车和打车都困难，很多饭馆也不开门，春节国内游的感受也会大打折扣，如今的旅游者更愿意花2万元到国外做体检，到日本做一次健康检查；到马尔代夫去拍婚纱照；到大堡礁考一个潜水执照……主题旅游正成为旅游新方式。

传统旅游者旅游只是单纯为了在景点留下足迹，这是与当代旅游者最大的不同之处，当代旅游者更多地注重在旅游过程中对本身情感的释放。所以当今旅游产业要想继续拓展旅游市场，其旅游产品不应仅仅局限于保质保量的原则，应将产品与旅游者紧密联系，充分考虑当代旅游者的情感需求和个性化追求，满足旅游者在体验经济的背景下对旅游产品的各种审美标准的追求。

传统旅游者喜欢组团旅游，较为大众化，而当代旅游者更喜欢一个人单独旅行，追求自由与个性。由于旅游业发展速度快，导致很多旅游工作者来不及对旅游产品重新规划，不能满足当代旅游者的体验需求和消费欲望，这是很多旅游景点不景气的主要原因。当代旅游者的体验经验以及对景点的认知度较之以往有了大幅度的提升，对旅游产品的审美眼光也有了质的改变，普通的旅游产品已经不能再满足他们对消费品的体验需求，自然不能引起他们的消费欲望。近几年的旅游消费者开始倾向于年轻化、独立化以及个性化，很多旅游景点开发的旅游项目诸如探险、极限运动、美食旅游、景点一日游等，满足了大部分当代旅游者的心理需求和体验需求。

传统旅游者倾向于随大众旅游，所以在旅游途中进行消费的时候，大部分旅游者都会有一种被动接受消费的心态。当代旅游者更喜欢主动参与，随自己的喜好和情感需求去消费。在体验经济背景下，旅游产业的消费结构也发生了相应的改变，当代旅游者作为旅游产业的消费主体，充分考虑了个人的个性化需求、精神需求以及物质需求。这种情况下旅游产业应当更积极主动地迎合旅游者的意愿，满足他们在旅游途中主动参与体验的欲望，实现他们对自我情感释放和自我价值肯定的最终旅游目的。

二、国民大众成主体

居民出游率可以反映大众旅游市场的演化。有两个标志性的时间节点，第一个时间节点是2006年，居民出游率达到1次，旅游市场步入大众化的起步阶段；第二个时间节点是2011年，居民出游率突破2次，旅游市场步入大众化的初级阶段（见表3-2）。2015年，居民人均出游次数为2.98次，正处于从初级阶段向中高级阶段的演化过程中。这意味着旅游已经从“国计”转向“民生”，成为居民生活的日常选项。

表3-2 三大市场出游人数和居民出游率

年份	国内旅游人数（亿人次）	出境旅游人数（人次）	入境旅游人数（人次）	国内旅游人数占接待总人数的比例（%）	年末总人口（亿人）	居民出游率
2014	36.5	109000000	128000000	97.1	13.6782	2.71
2013	32.62	98185200	129077800	96.2	13.6072	2.47
2012	29.57	83182700	132405300	95.7	13.5404	2.25
2011	26.41	70250000	135423500	95.1	13.4735	2.01
2010	21.03	57386500	133762200	94.0	13.4091	1.61
2009	19.02	47656300	126475900	93.8	13.3450	1.46
2008	17.12	45844400	130027400	92.9	13.2802	1.32
2007	16.1	40954000	131873300	92.4	13.2129	1.25
2006	13.94	34523600	124942100	91.8	13.1448	1.09
2005	12.12	31026300	120292300	91.0	13.0756	0.95
2004	11.02	28852900	109038200	91.0	12.9988	0.87
2003	8.7	20221900	91662100	90.5	12.9227	0.69
2002	8.78	16602300	97910000	90.0	12.8453	0.70
2001	7.84	12133100	89012900	90.0	12.7627	0.62

数据来源：《中国旅游业统计公报》及国家统计局网站相关数据计算得到。

虽然国内旅游每人次的花费从绝对数来看还比较低，2014 年全国游客、城镇和农村居民的每人次国内旅游花费分别为 839.66 元、975.42 元、540.21 元，但是数据表明的是每人次的旅游花费，不是每个人的旅游花费。考虑到居民出游率的逐年上升，人均旅游花费还是稳步增长的，从 2001 年的 275.99 元上升到 2014 年的 2240.65 元。2014 年国内旅游花费和居民消费之比达到 15.29%，国内旅游总花费与国民总收入之比达到了 4.76%（见表 3-3）。

表 3-3　中国国内旅游消费情况

年份	国内旅游收入（亿元）	每人次国内旅游花费（元）	城镇居民每人次国内旅游花费（元）	农村居民每人次国内旅游花费（元）	人均国内旅游花费（元）	国内旅游花费和居民消费之比（%）	国内旅游花费与国民总收入之比（%）
2014	30311.86	839.66	975.42	540.21	2240.65	15.29	4.76
2013	26276.12	805.52	946.60	518.92	1931.05	12.38	4.64
2012	22706.22	767.88	914.54	491.03	1676.92	11.91	4.38
2011	19305.39	730.99	877.81	471.36	1432.84	11.43	4.12
2010	12579.77	598.18	882.99	305.97	938.15	8.94	3.15
2009	10183.69	535.42	801.08	295.29	763.11	8.24	2.99
2008	8749.30	511.06	849.47	275.28	658.82	7.83	2.77
2007	7770.62	482.65	906.93	222.47	588.11	8.07	2.92
2006	6229.74	446.90	766.45	221.88	473.93	7.54	2.89
2005	5285.86	436.13	737.12	227.62	404.25	7.25	2.88
2004	4710.71	427.47	731.82	210.21	362.40	7.22	2.95
2003	3442.27	395.66	684.92	200.04	266.37	5.97	2.55
2002	3878.00	441.69	739.74	208.92	301.90	7.31	3.26
2001	3522.36	449.28	684.94	212.88	275.99	7.13	3.26

数据来源：《中国旅游业统计公报》及国家统计局网站相关数据计算得到。

在连续 8 年的旅游经济监测与预警和全国游客满意度调查项目的基础上，我们提出了“更多的国民参与，更高的品质分享”的新时期旅游发展理念，并将之贯穿到相关的法律法规、政策文件和地方旅游发展规划中去。

随着旅游经验的成熟，特别是移动互联网技术的发展，越来越多的国民特别是年轻人群体选择了自助而非参加旅游团的方式出游。2014 年，旅行社组织和接待的游客数只占不到国内旅游总人数的 4%，即使是对旅行社依赖程度较大的出境市场，旅行社包价团队的市场份额也是在下降的（见表 3-4）。数据表明，中国旅游市场的散客化时代提前到来了。

表 3-4　中国旅行社组织接待游客情况

年份	旅行社组织国内过夜游客人数（万人次）	旅行社组织占国内旅游人数的比例（%）	旅行社接待国内过夜游客人数（万人次）	旅行社接待占国内旅游人数的比例（%）
2014	13116. 66	3. 59	14457. 77	3. 96
2013	12855. 72	3. 94	14519. 5	4. 45
2012	14368. 64	4. 86	16303. 49	5. 51
2011	13710. 75	5. 19	16900. 5	6. 40
2010	11953. 31	5. 68	14147. 25	6. 73
2009	10123. 47	5. 32	13696. 05	7. 20
2008	8541. 07	4. 99	10449. 62	6. 10
2007	8424. 48	5. 23	10631. 69	6. 60
2006	7583. 78	5. 44	9622. 58	6. 90
2005	6216. 03	5. 13	8089. 43	6. 67
2004	5730. 72	5. 20	9635. 94	8. 74
2003	3642. 62	4. 19	6185. 33	7. 11
2002	3830. 32	4. 36	7969. 04	9. 08
2001	3516. 17	4. 48	5894. 39	7. 52

与散客化相伴的则是国民的旅游动机开始指向休闲，游客在目的地更加强调对电影院、咖啡馆、特色餐厅、出租车、公交车、地铁、百货商场、精品店、有历史意味的街区等整体生活环境的体验，而不仅仅是那些传统的景区等观光型资源。人们希望在旅游过程中能获得对目的地生活方式更深程度的参与，包括亲身参与和文化体验。

三、综合性旅游地和旅游项目受青睐

从旅游目的来看，游客的主要出游目的是观光游览、度假、休闲、探亲访友等。过去我们的旅游资源主要靠“二老”，即老天爷留给我们的自然资源和老祖宗留给我们的历史文化资源。旅游开发做的是存量，圈山圈水圈地，稍加整理后收门票就可以了。大众旅游时代的资源观开始泛化，包括城乡居民的公共场所和休闲项目，甚至是整体的生活环境都可以纳入吸引游客到访和停留的旅游资源范畴。那些成功的旅游项目越来越依靠文化创意和科技运用，比如迪士尼、环球影城、未来水世界、欢乐谷、方特、798、新天地等，都是文化创意的产物。而太空旅游、航天旅游、海洋旅游等，更是离不开高端的装备制造业。

当旅游消费从封闭世界走向开放的体系，旅游产业的边界也就趋于模糊了。传统上我们是把旅行社、景区、酒店和航空公司当作典型的旅游业态来研究的，今天我们则把目光投向更为广泛的生活服务业，包括优步、神州、滴滴这样的打车软件，万事达、维萨和银联等金融支付，迪士尼、环球影城和海昌海洋等主题公园，万达、新天地、大悦城这样的城市休闲综合体，已经很难说它们是生活服务业还是旅游服务业，更多时候它们同时为外来游客和本地市场提供服务。旅游业产业边界的模糊，需要我们秉承更加开放的学术视野进行交叉和融合的研究。

四、在线旅游渐普遍

随着“互联网+旅游”的融合效应显现，好的应用体验，通过互联网获得出行提示、制定交通规划、预订各类票证已经被越来越多人接受，通过手机在线安排自己假期旅游行程已成为常态。人们外出旅行的方式正在被手中的智能手机以及各色的 APP 软件所改变。对于线上旅游平台，“80 后”“90 后”已经使用得得心应手，不仅能够通过网络的方式熟练地查阅和预订旅游产品，还常常喜欢通过网络分享旅游或旅行经验，甚至几万元的出境游也逐渐习惯在网上购买。国内知名旅游调研机构劲旅智库监测数据显示，2015 年，中国旅游市场总交易规模约为 41300 亿元，其中在线市场交易规模约达 5402.9 亿元，较 2014 年的 3670 亿元同比增长 47.2%，在线渗透率为 13.1%，较 2014 年的 11.3%增长了近 2 个百分点。

在互联网的带动下，我国旅游行业近几年产生了众多新模式，既包括早期的携程、艺龙、去哪儿等传统 OTA 模式，又包括新崛起的途牛、驴妈妈、蚂蜂窝和穷游等众多模式。从数据看，旅游度假产品的消费，从线下转移到线上的趋势越来越明显。虽然线上线下旅游市场规模都在增长，但线下旅行社的市场份额大幅下降，此消彼长的趋势显著。特别是从增速看，2015 年在线旅游的增速是旅行社市场整体水平的 6 倍以上。未来 5 年，互联网将会全面渗透国民消费行为与旅游经济，我国在线旅游发展水平将赶超欧美。2020 年预计将达到 1.5 万亿元左右，有 5 倍左右的增长空间。

知识链接

在线旅游

依托互联网，以满足旅游消费者信息查询、产品预订及服务评价为核心目的，囊括了包括航空公司、酒店、景区、租车公司、海内外旅游局等旅游服务供应商以及搜索引擎、OTA、电信运营商、旅游资讯及社区网站等在线旅游平台的新产业，正处于快速上升期。该产业主要借助互联网，与传统旅游产业以门店销售的方式形成巨大差异，被旅游从业人士称为“在线旅游”。

项目小结

旅游者是出于身心愉悦等目的而离开常住地，并在旅游目的地停留时间不超过1年的人，其是构成旅游活动的主体，也是旅游业赖以生存的前提和源泉。为了便于统计，世界各国和各种组织对旅游者进行了技术性界定。旅游者的形成是需要条件的。旅游动机是旅游者产生的主观条件，个人可自由支配收入、闲暇时间，以及交通运输状况、科学技术因素、气候条件等因素是旅游者产生的客观条件。随着时代的飞速发展，旅游者的消费需求也正发生着翻天覆地的变化，个性化的需求更加凸显，综合性的旅游地和旅游项目备受青睐，国民大众正在成为消费的主体，同时，依托着互联网技术的高速发展，在线旅游消费逐渐普遍。

案例思考题

北京入境旅游者情况（按地区和国别分组）

2011年1~5月				
	2011年5月	同比增长（%）	2011年1~5月	同比增长（%）
接待入境旅游者人数（人次）	499652	5.9	1925685	3.3
港澳台同胞	71121	16.5	285061	0.5
外国人	428531	4.3	1640624	3.8
日本	41192	-22.0	162766	-25.2
韩国	52717	3.6	203329	0.2
马来西亚	13464	12.8	48857	-6.2
新加坡	12695	-3.3	44896	0.7
英国	18824	21.0	70379	15.9
法国	18118	10.6	59758	16.7
德国	21278	1.9	81794	9.3
俄罗斯	15658	15.7	76933	10.6
美国	82370	20.0	294837	18.7
加拿大	18538	22.4	68349	23.2
澳大利亚	17734	64.4	58158	28.3
其他国家	115944	-4.3	470568	2.7

注：入境旅游者人数包括星级饭店、非星级饭店及非住宿设施接待入境住宿者人数

资料来源：北京市统计局 国家统计局北京调查总队

问题：1. 入境旅游者定义是什么？

2. 根据以上提供的资料，分析北京 1~5 月的入境旅游市场的情况。

技能训练

一、任务名称

大学生旅游动机和需求调查

二、任务目标

1. 通过分组讨论调查问卷，完成调研活动，使学生充分了解旅游需求的重要意义，使学生掌握制作问卷调查的基本要素和方法，培养探究、合作精神。

2. 通过撰写调研报告，培养学生分析问题、解决问题的能力。

三、任务实施

1. 对班级同学进行分组，每组 4~6 人为宜。

2. 小组内进行调研主题的确立和内容的讨论。

3. 小组内进行问卷的讨论、设计、调研、撰写等人员的分工。

4. 对调查结果展开讨论，形成报告。

5. 选派一名代表发言汇报，要求主题突出，简明扼要，语言表达清晰流畅。

6. 教师适时指导。

7. 时间：1 周。

四、成果考核

1. 调查报告，1500 字左右，并制作 PPT。

2. 教师根据学生表现、调研报告及汇报情况计分，纳入平时成绩。

项目四　旅游市场

学习目标

通过本项目学习，你应该能达到：

［知识目标］1. 理解旅游市场的概念，了解我国旅游市场竞争中存在的问题。

2. 掌握旅游市场划分的意义和划分方法。

3. 熟悉国际客源分布情况、客流规律及我国国际客源情况。

［能力目标］1. 能够运用不同的市场细分方法对旅游市场进行细分。

2. 能够分析旅游市场的统计数据，判断我国旅游市场的发展趋势。

［实训目标］调研本市旅游市场发展现状，根据数据分析，判断我国旅游市场发展趋势。

任务一　明确旅游市场的概念及特点

案例导入

2013 年 6 月 25 日，2013 年全国旅游市场工作会议在安徽合肥召开。会议指出，当前，我国已形成世界最大的国内旅游市场，去年首次成为世界第一大出境旅游消费国，并继续保持世界第三大入境旅游接待国地位。今年一季度，国内旅游人数达 9.98 亿人次，同比增长 14.1%，国内旅游收入 7657 亿元，增长 18.4%；今年 1~5 月，我国出境旅游 3792.64 万人次，同比增长 17.3%；入境旅游市场出现波动，1~5 月入境过夜旅游为 2293 万人次，同比下降 4.06%。总的来看，旅游市场总量在增长、结构在优化、效益在提升，旅游市场持续健康发展的基本面没有改变。

资料来源：安徽旅游政务网 2013-06-26

思考：什么是旅游市场？

一、旅游市场的概念

市场是一个商品经济的范畴，凡是存在社会分工和商品交换的地方，就有市场。旅游市场是随着旅游经济活动的产生而产生的。在旅游业和旅游研究中，旅游市场有广义和狭义之分。

广义的旅游市场是指旅游商品交换过程中各种经济活动和经济关系的总和。它以旅游经营者生产、销售旅游路线和与此相关的食、住、行、游、购、娱为商品交换对象，反映的是旅游活动中各种产品和劳务的关系，是解决旅游观光活动中供求矛盾的一种经济活动。

狭义的旅游市场是指一定时期内，某一地区中存在的对旅游产品具有支付能力的现实和潜在的购买者。简言之，狭义的旅游市场就是指旅游客源市场。根据狭义旅游市场定义可知，旅游市场的形成必须具备四个要素，即旅游者、旅游购买力、旅游购买欲望和旅游购买权利。

旅游者：他们具有需要、期望，这些人为购买旅游产品创造基本条件和机遇。

购买力：具备能够实现愿望的能力，即存在对旅游产品的现实需求。

购买欲望：具备对产品的需求。

购买的权利，对于个人来说，权利在个人；而在组织内部，这种决定权利是由一个人、若干人或集体来掌握，对购买就有不同的影响。

二、旅游市场的特点

（一）旅游需求的整体性

有两层意思。一是旅游市场的整体性是由全球范围的旅游需求与旅游供给所决定的，有全球性的特征。市场对产品的选择有全球性的自由，不受地域、政治、民族局限等的限制。与传统产品消费心理不同的是，它是“求异”而非“趋同”。地球上局部地区的战争、瘟疫、灾害等因素影响到全球旅游市场的格局。二是旅游需求是对旅游产品和服务的整体需求。一旦某一环节甚至细节出了问题，就会影响整体形象。因此旅游市场的供给者必须要保证硬软件统一、档次标准统一。

（二）旅游市场的异地性

旅游市场一般在旅游生产地之外，即旅游客源地和旅游产品的生产地在空间上是分离的。旅游者必须到旅游供给地消费，从而引起旅游者从旅游需求地向旅游供给地运动。旅游市场的异地性特点在国际旅游市场上表现得尤为明显。旅游市场的这一特点要求旅游经营者必须认真研究和采取有效的经营战略和策略，形成适应市场需求的旅游供给，促使旅游者向特定的旅游供给地流动，这种旅游市场的异地性也称为旅游需求的指向性。

（三）旅游市场的高弹性

旅游市场的影响因素变量大，结构变化也大。旅游业作为一种综合性社会经济现象，它影响和被影响的因素几乎涉及整个社会的方方面面。许多社会因素都可能对旅游需求以及旅游地产生很大的影响。而且这种影响常常是全球关联的作用。战争、政治风波、治安、民族歧视、经济水平、海关手续、出入境制度、汇率；旅游基本服务价格；客源地和旅游地的语言、文化、习俗等，都可能导致旅游市场的关联性的波动甚至变局。这些既可能引起旅游流向的变化，也可能引起市场结构的变化，还可能引起消费结构的变化。

三、旅游市场的功能

旅游市场是伴随着群体性旅游活动和旅游经营活动的产生而产生的，它反过来又推动了旅游活动的全面展开，促进旅游活动的进一步完善。旅游市场在社会经济运行中的地位与作用主要表现在以下几个方面：

（一）交换功能

旅游市场是连接旅游产品生产者和旅游需求者的纽带。通常旅游市场上有许多不同的旅游产品生产者和需求者。旅游产品生产者通过市场为自己的产品找到买者，旅游产品需求者通过市场选择并购买自己感兴趣的旅游产品，因而旅游市场是实现旅游产品供给者和需求者之间交换的桥梁，把旅游需求和供给衔接起来，解决了供求间的矛盾，更好地满足旅游者的需求，促进旅游经济的发展。

（二）调节功能

旅游市场首先是调节旅游供求平衡的重要杠杆。在旅游市场上，当供求双方出现矛盾时，旅游经济活动就会受到影响，引起市场竞争加剧和价格波动，于是就要通过市场竞争机制和价格机制的作用调节生产和消费，使供求重新趋于平衡。其次，旅游市场对旅游经济的调节作用还体现在通过市场调节，可以实现整个旅游业按比例配置各种资源，进一步实现社会经济资源的优化配置，使旅游部门和企业根据市场需求和供求状况合理分配劳动。旅游企业则可以根据市场供求状况调节自己经营的旅游产品和产品结构、投资结构以适应旅游者的需求，获得较高的效益。

（三）信息交流功能

在市场经济条件下，旅游者的经济活动是通过市场动态变化表现出来的。旅游市场通过自身传递信息，为旅游目的地国家或地区制定旅游业发展规划和经济决策提供依据。作为旅游企业，一方面将旅游产品信息传递给市场；另一方面根据市场反馈的信息和市场供求状况调整旅游产品价格，组织生产适销对路的旅游产品，市场信息是旅游企业进行经营决策的依据。作为旅游者，一方面将需求信息传送到市场，为旅游产品生产经营者开发旅游产品提供依据；另一方面也从旅游市场上获取经济信息，指导、调整和变更旅游需求。总之，旅游市场通过信息传导，成为旅游经济活动的“晴雨表”，综合反映着旅游经济的发展状况。

（四）检验评价功能

旅游市场还可以检验旅游企业及其产品质量的优劣，推动旅游企业改善经营管理，提高服务质量。旅游者在决定是否对旅游产品进行购买之前，在旅游市场上必然要对旅游费用、食宿、交通、景点做种种选择，只有适合旅游者需求的产品，他们才会购买。旅游市场就成了检验旅游企业经营者管理的一面镜子。旅游者通过市场提供的客观标准，去评价与检验企业的市场经营活动，促使旅游企业不断地提高经营管理水平和服务质量，降低成本，生产出物美价廉、满足人们需要的旅游产品。

任务二　了解世界旅游市场

案例导入

近日，世界旅游组织（UNWTO）发布最新《2015全球旅游报告》（*UNWTO Tourism Highlights* 2015 *Edition*）。报告显示，世界旅游组织非常关注新兴目的地，经济体和目的地使用频度增加，中国元素继续成为关注焦点。2014年全球国际游客到访量达到11.33亿人次，国际旅游花费达12450亿美元。以下是部分要点：

◆ 全球越来越多的目的地，开始重视旅游并在旅游中投入资金用于发展，旅游已经成为创造就业和创业、出口创收以及拉动基础设施建设的关键驱动力。

◆ 在过去60年中，旅游经历了持续扩张和多元变化，已经成为全球经济中最大和增长最快的行业。许多新兴目的地已经成为继欧洲、北美等传统热门目的地之外的新宠。

◆ 尽管偶遇震荡，旅游整体增长未受重大中断和影响。全球国际游客到访量从1950年的2500万人次，到1980年达到2.78亿人次，到1995年达到5.27亿人次，到

2014 年达到 11.33 亿人次。全球范围内旅游目的地的国际旅游花费在 1950 年为 20 亿美元，1980 年增加到 1040 亿美元，1995 年增长至 4150 亿美元，在 2014 年达到 12450 亿美元。

思考：世界旅游市场的格局在发生着怎样的变化？

一、全球国际旅游客流的基本状况

自第二次世界大战结束以后，世界旅游业发展十分迅速，旅游市场规模也不断扩大，全球的国际旅游除 20 世纪 80 年代因全球性经济危机和 21 世纪初全球经济持续疲软、局部政治动荡等因素的影响，出现了一定程度的衰退外，均保持着快速增长的势头。1950 年，世界国际旅游人数仅为 2530 万人次，国际旅游收入约为 214 亿美元；到 2005 年，世界国际旅游人数达到 8.6 亿人次，国际旅游收入达到 6820 亿美元，年增长分别为 65%和 11.2%，2007 年国际旅游收入达到 10284 亿美元，其中还不包括国际交通费用，2008 年受金融危机影响，略有减少。2009 年旅游业收入约占全球 GDP 总量的 9.3%，超过同期世界经济增长速度。全球范围内旅游业就业人数 2.1 亿，占全球就业人数的 7.4%。世界旅游组织预测显示，在未来几年里，国际旅游业将保持良好的发展势头。2020 年全球国际旅游消费收入将达到 2 万亿美元，届时旅游人数将达到世界总人口的 3.5%。

二、全球国际旅游客流分布格局

（一）全球国际旅游客流的地理分布情况

首先欧洲不但是世界上国际旅游的中心接待地区，而且也是最重要的国际旅游客源地。其次，美洲也是世界上国际旅游的重要客源地。在产生客源方面居第三位的是东亚和太平洋地区。中东地区各国虽然在经济上较富裕，但由于人口基数小，加之居民的旅游传统问题，所以在客源市场中占有的比例不大。旅游最发达的国家是美国、西班牙、法国、意大利、德国、英国、日本、沙特阿拉伯、奥地利、荷兰、挪威、加拿大、瑞典、瑞士、科威特、澳大利亚、委内瑞拉、丹麦、比利时、墨西哥等国家。这些国家的国际旅游支出，大约占世界国际旅游支出总额的 78%。

目前世界上有 160 多个国家和地区经营国际旅游业，其中 18 个经济发达国家（美国、法国、英国、加拿大、比利时、荷兰、日本、意大利、德国、奥地利、西班牙、瑞士、瑞典、澳大利亚、挪威、丹麦、爱尔兰、芬兰）不仅产生了国际旅游客源总数的 90%，而且其中 80%的国际旅游客源也主要流向这 18 个国家。尽管自 20 世纪 60 年代以来，国际旅游客流开始从发达国家向发展中国家扩展，使国际旅游客流的地理分布发生了一定的变化，但并没有从根本上改变国际旅游客流的总体发展趋势，目前及今后国际旅游客流的主流仍然相对集中于发达国家。

（二）全球国际旅游客流的空间移动规律

第一，在全世界国际旅游中，近距离的出国旅游，特别是前往邻国的国际旅游，一直占据绝对比重。以旅游人数计算，这种近距离出国旅游约占全世界国际旅游人数的80%。以20世纪80年代上半期全世界国际旅游人数的分布情况为例，美洲出国旅游者中有70%是在美洲地区各旅游目的地旅游，前往区外目的地的只有30%。在东亚和太平洋地区（包括东南亚国家在内），出国旅游人数总计的75%是在本地区内的旅游目的国游览，去区外目的地旅游的人数仅占25%。在欧洲的比例则分别为79%和21%。

第二，在流动态势上，特别是就远程国际旅游而言，从20世纪50年代至今，欧、美一直是世界上最重要的国际旅游客源地和目的地，并且这两个地区彼此互为重要客源地和目的地。无论是在旅游人数上，还是在消费额上，这两个地区一直都占据着主导地位。因此，它们之间的客流也是国际远程旅游中最主要的客流。随着亚太地区社会经济的不断发展，该地区在世界国际旅游中的位置逐步提高。20世纪70年代中期以来亚太地区国际旅游不断迅速发展的趋势及80年代中期以来欧美地区出国旅游市场中远程旅游趋于增加的倾向都说明，在21世纪全世界国际旅游中必将形成欧、美和亚太地区三足鼎立的主要格局。

虽然说，国际旅游业的发展已经由快速发展走向缓慢增长，但世界旅游市场仍拥有相当大的发展潜力和广阔空间。在未来几年里国际旅游业将保持良好的发展势头，届时，国际旅游人口将占世界总人口的3.5%，欧洲将继续保持世界最大的旅游目的地的地位，但是其国际旅游年增长率（3.1%）将低于世界旅游年增长率。东亚太地区也将成为世界第二大国际旅游目的地，中国将成为最大的国际旅游目的地国家，与此同时，也将成为第四大旅游客源国。

任务三　关注中国旅游市场

案例导入

“十二五”期间，国内旅游和出境旅游保持快速增长态势，入境旅游受多重因素影响持续低迷。2015年，国内旅游人数达到39.90亿人次，成为全球最大的国内旅游市场。入境旅游约 1.33 亿人次，出境旅游约 1.2 亿人次。旅游直接就业 2798 万人，旅游直接和间接就业 7911 万人，占全国就业总人口的 10.2%。

资料来源：发改委网站 2016-03-10

思考：我国入境旅游市场受到哪些因素影响出现了持续低迷状态？

一、我国入境旅游市场

（一）我国入境旅游市场概况

随着全球经济的快速发展，人们的生活水平不断提高，因而旅游消费成为越来越多人的选择。我国有着几千年的历史文化和丰富的旅游资源，随着时间的推移打上了时代的烙印，不仅是国人的骄傲，而且成为更多外国人所追寻的旅游胜地，因而我国的入境旅游市场比较乐观。

改革开放之后，我国入境旅游规模有了明显的发展。在我国历年来接待的海外旅游者中，港澳台同胞一直占据 80%以上，外国人占到 10%~15%，华侨占比则较少。港澳台同胞的旅游人数总数虽然很大，但其中包含大量的探亲访友型游客。这些游客中大部分不经我国旅游部门及其他任何企业或部门接待，因此对国内旅游经济没有太大的实际意义。

20 世纪 70 年代后期，中国恢复在联合国的合法席位和中美等国关系走向正常化。自此以后，中国与西方国家的旅游组织发生联系，自费和散客旅游者逐步增多。随着我国改革开放的不断深入和经济的持续向好。据《中国入境旅游发展年度报告 2015》显示，2014 年中国接待入境游客 12849.83 万人次，同比下降 0.45%。2014 年中国接待入境过夜游客 5562.20 万人次，同比下降 0.11%。市场规模总量位居世界第四，仅次于法国、美国和西班牙。

（二）我国入境旅游市场特征

1. 客源特征

近年来，我国入境旅游市场发展前景较好，入境旅游游客人数呈现持续上升的趋势，带动我国经济的更好发展。通过对入境游客的调查分析，这些游客主要来自亚、欧和北美三洲，其中以亚洲游人最多，占据 60%，而欧洲、北美和其他地区游人所占比例中，欧洲仅次于亚洲，约占 30%。随着我国经济水平的快速提高，大力发展旅游业，使得旅游市场更为广阔，由此而吸引越来越多的外国人入境旅游。除了来自亚、欧和北美三洲的游客，大洋洲和非洲游客数量呈现小幅度增长的趋势。因此，我国可以尝试开拓大洋洲、非洲等新兴的市场。

有关调查显示，我国入境旅游游客的国别均与我国有着密切的联系，或地理位置邻近，或两国交际密切等。韩国来华旅游人数较多，在过去的五年间，人数增长速度惊人，高达7倍。日本仅次于韩国。俄罗斯与我国比较邻近以及美国和我国有着更多的外交往来，但这两个国家来华旅游人数虽然较多，却比韩国、日本来华人数相对较少。总之，从国别分析的角度，可以将入境旅游游客国别分为四类，即韩国、日本、俄罗斯和美国、其他地区。

2. 年龄特征

我国入境旅游人数逐年增多，表明我国入境旅游市场正在不断发展和壮大，对我国经济更好发展发挥着积极的促进作用。相关调查显示，年龄在25~44岁的入境旅游游人数较多，45~64岁的游人数位居其次，而其他年龄段人数相对较少。由此可见，我国入境旅游市场主要以青年人和中年人为主。近年来，我国入境旅游市场虽然小幅壮大，但是仍然以青年人和中年人为主，而青少年和老年人较少。所以，入境旅游的青少年市场和老年市场具有较大的开发潜力，我国旅游业可以由此切入。

3. 动机特征

入境旅游游客都有着一定的旅游动机，但是每个人的动机是不同的。有关调查显示，观光休闲是入境旅游者的重要动机，会议和商务等出游动机仅次于观光休闲。由此可见，我国旅游业要想吸引更多的入境旅游者，必须在观光休闲类型为主的基础上，发展更为吸引人的旅游行业，以开拓更广阔的旅游市场。

4. 目的地特征

我国入境旅游游客选择的目的地大致可以分为四类：一是以广东省为主；二是以北京市为主；三是以江浙、上海市和福建省为主；四是以其他省份为主。首先，广东省是我国入境旅游最发达的省份之一，入境旅游业带动广东省经济的快速发展，其具有优越的地理、经济和文化环境是入境旅游市场最发达的主要因素。其次，北京市是仅次于广东省的入境旅游发达地区。北京是我国首都城市，是经济、政治、文化相互融合和碰撞的重要地区，因而更具吸引力。再次，江浙等南方地区有着丰富的旅游资源，受到许多入境游客的青睐。最后，其他省份都具有各自不同的优势，并吸引着入境游客。

二、我国国内旅游市场

（一）我国国内旅游市场概况

20世纪90年代中期以来，随着我国经济的快速发展以及居民可支配收入的增加，我国居民出游人数及出游率增长较快。从1994年到2015年，国内旅游人数从5.12亿人次，增长到39.90亿人次，增长了6.81倍；国内旅游收入从1023.15亿元，增长到34195.00亿元，增长了32.42倍。预计到2020年国内游人数达73.50亿人次，旅游收入接近7万亿元（见表4-1）。

表4-1 1978~2015年国内旅游人数与旅游收入统计

年份	旅游人数（亿人次）	比上年增长（%）	国内旅游收入（亿元）	比上年增长（%）
1994	5.12	27.18	1023.15	18.15
1995	6.13	10.10	1375.17	34.14
1996	6.14	1.16	1638.14	19.11
1997	6.14	0.18	2112.17	29.10
1998	6.19	7.18	2391.12	13.12
1999	7.12	3.10	2831.10	18.14
2000	7.14	3.15	317.10	12.11
2001	7.18	5.13	3552.10	10.19
2002	8.78	12.01	3878.36	10.11
2003	8.70	-0.90	3442.27	-11.20
2004	11.02	8.00	4710.70	36.80
2005	12.12	10.00	286.00	12.20
2006	13.94	15.00	6229.74	17.90
2007	16.10	15.50	7770.61	24.70
2008	17.12	6.33	8749.30	12.59
2009	19.02	11.10	10200.00	16.40
2010	21.50	13.00	11500.00	13.00
2011	26.00	12.00	19000.00	21.00
2012	29.60	12.10	22700.00	17.60
2013	33.00	11.60	26000.00	14.00
2014	36.11	9.42	30312.00	15.40
2015	39.90	10.50	34195.00	13.10

资料来源：根据《中国旅游统计年鉴》整理。

在旅游人数不断增长的同时，国内旅游人均消费增速有抬头之势，国内旅游人均消费水平进入回升通道。1994年到2015年，人均旅游消费从195.30元增加到13260元，增长了66.89倍。尽管我国人均旅游消费的增长较快，但整体消费水平与发达国家相比还处于较低水平，目前我国国内旅游的增长方式主要还是依靠旅游人数的拉动，人均旅游消费增长的贡献相对较小，随着居民可支配收入的增长，未来我国国内旅游在保持人数增长的同时，人均旅游消费将会出现更大幅度的增长。

（二）我国国内旅游市场特征

1. 市场规模巨大

我国进入大众旅游消费时代，国内旅游无论是在人数上，还是在旅游消费总额上，都已经远远超过海外来华旅游市场。2011 年，全国国内旅游人数达到 26.41 亿人次，按可比口径，比上年增长 13.2%。其中，城镇居民 16.87 亿人次，农村居民 9.54 亿人次。全国国内旅游收入 19305.39 亿元人民币，按可比口径，比上年增长 23.6%。其中，城镇居民旅游消费 14808.61 亿元，农村居民旅游消费 4496.78 亿元。全国国内旅游出游人均花费 731.00 元。我国已成为世界上最大的国内旅游市场。

2. 城乡差距缩小

我国国内旅游市场中消费水平增长较快，城镇居民一直占据着主导地位，城镇居民参加国内旅游的消费总额高于农村居民。2011 年全国国内旅游收入 19305.39 亿元人民币，比 2010 年增长 13.%。其中，城镇居民旅游消费 14808.61 亿元，农村居民旅游消费 4496.78 亿元。近几年来，随着农村经济条件的改善和消费观念的改变，农村居民外出旅游处于快速增长阶段，农村居民国内旅游出游率逐年上升，农村居民国内旅游消费总额也呈上升趋势，考虑到农村居民庞大的人口基数和农业经济的未来发展，应该说农村居民的旅游市场极有发展潜力。

3. 客流趋向明显

在游客流向方面，一方面形成了“趋高性”特征，如全国各大中城市的旅游者向京流、向沪流、向穗流等。这主要是由于这些“高级别”的特大城市所具有的政治、经济、文化、科技、旅游等中心城市的吸引力以及三大口岸的区位作用所致；另一方面表现为“向丰性”特征，即流向旅游资源丰富、旅游产品具有典型特色的旅游城市。如从全国其他城市流向内陆城市西安、桂林、昆明等旅游流，就具有这种特色。江苏、山东、浙江和四川等省市一直稳居前列，逐渐成为国内旅游发展的龙头。近几年，辽宁、重庆、黑龙江等省市位序提升较显著，国内旅游竞争实力在不断加强，而北京、上海、云南等传统旅游省份在国内旅游方面的地位受到严重挑战，表现出后劲不足。广东、河南、安徽等省份的国内旅游规模位序波动较大，国内旅游发展不稳定，易受环境影响。湖北、江西、吉林、内蒙古和甘肃等省份的国内旅游规模虽增长不快，但还是具有较好的发展势头。西藏、宁夏和青海的国内旅游规模一直落在最后三名。总体来看，虽然国内旅游规模空间分布格局未发生较大变化，但是逐渐显现出重新洗牌的趋势。

4. 个性需求突出

在国内旅游市场上，随着旅游者个性消费需求的增加、消费经验的成熟，以及交通、资讯等旅游相关产品的丰富，游客旅游方式不断变化，团队旅游数量呈下降趋势，散客的数量不断增长，从根据各种目的游客综合分析，散客旅游者在整个旅游市场中占到很大的比重，已经成为旅游市场的主角。

三、我国出境旅游市场

中国作为全球人口数量最多的国家，其庞大的人口基数决定了巨大的旅游需求。在我国经济社会稳定发展，特别是在旅游主管部门对出境旅游一直以来没有采取任何限制性政策的宏观背景下，中国出境旅游市场规模得到突飞猛进的高速发展。从目前的出境人数和出境消费来看，中国已超过德美，拥有全球最大的出境旅游市场。

（一）我国出境旅游市场总体情况

中国旅游市场是由入境旅游、国内旅游和出境旅游三大部分共同组成。在中国旅游业发展初期，中国出境旅游是较为不受重视的部分，发展较为缓慢。但随着改革开放深化发展，社会经济水平进一步提高，中国出境旅游近年来得到了突飞猛进的发展。从横向来看，虽然从绝对量上来说，中国出境旅游市场规模明显低于国内旅游和入境旅游市场规模，以 2013 年为例，出境旅游总人数为 9819 万人次，入境旅游总人数为 12908 万人次，是出境旅游规模的 1.31 倍，国内总人数为 32.62 亿人次，是出境旅游总人数的 33.22 倍。但从纵向来看，我国出境旅游的发展呈现一个持续增长的轨迹。1993 年我国出境旅游总人数为 374 万人次，增长到 2015 年的 1.2 亿人次，年均增长率为 17.75%。2008 年及 2009 年虽受到金融危机以及甲型 H1N1 的影响，出境旅游增速略有下降，但总人数仍呈增长的态势。此后，以年均增长率 20.40%的速度，在 2012 年使我国出境旅游人数达到了 8138.17 万人次，超越德美，成为世界第一大出境旅游市场，并以大约 18%的速度继续增长，2013 年使我国第一大出境旅游市场得到进一步巩固。

总而言之，在中国社会经济稳定快速发展过程中中国出境旅游宏观政策未做限制的背景下，中国庞大的人口基数决定了中国出境旅游市场发展规模潜力巨大，同时也证明中国出境旅游市场只是在规模相对较小的基础上高速发展，是经济快速发展带来的正常发展现象。究其原因，中国经济的高速发展，带动人们收入水平的提高，使得人们有更多的资金支撑他们远距离的出境旅游。而部分先富起来的中国人已把其作为一种休闲生活方式。因此，在一定程度上来说，中国出境旅游的高速发展是中国经济高速发展带动所产生的结果。

（二）我国出境旅游市场特征

1. 空间流向特征

到2013年，与中国政府签订ADS协议的国家与地区超过140个，正式实施开放的旅游目的地达到116个，目的地范围覆盖涉及亚洲、大洋洲、欧洲、非洲与美洲。其中中国与这五大洲正式实施开放目的地的国家或地区分别有32个、10个、37个、19个和18个。中国出境旅游以一匹“黑马”形势，快速吸引全球的关注。

2. 客源特征

在出境旅游市场方面，可以把中国内地各个省份地区分为三类，第一类是北京、广东，这类地区可谓出境游主产客区；第二类是浙江、江苏、山东、辽宁、上海、河北、福建、吉林、湖北、黑龙江、四川、山西，这类地区可算处于后发出境游产客区，拥有一定爆发潜力和实力；第三类是西藏、宁夏、新疆兵团、青海、贵州、广西、重庆、安徽、内蒙古、陕西、河南、江西、新疆、云南、海南、天津、甘肃和湖南，这类地区大部分处于中西部地区，出境游产客能力还有待进一步开发（见表4-2）。从这一分类可知，中国内地各个省市或地区出境游客源市场主要分布集中在东部沿海地区，如北京、广东、浙江、江苏、山东等地。此外，湖北、四川和山西在其他中西部省市中出境游处于优势地位。产生这种东西部省市出境客源差异的原因，很大程度上是中国区域社会经济发展的差异。东部沿海地区的经济水平明显高于中西部，因而，相对其他中西部城市来说，东部地区在支付出境旅游花费时较为宽裕；其次，这种差异，也与人口分布情况有关，东部沿海地区人口密度明显高于中西部省市，因而，相对来说，出境游人口数量在绝对量上要明显高于中西部省市。此外，东部沿海地区对外交通便利，签证办理也较为方便。因此，中国出境旅游客源市场主要集中在东部沿海地区。

表4-2 出境旅游市场分布区域

类别	省市或地区	出境旅游发展特点
第一类	北京、广东	主要出境旅游产客区
第二类	浙江、江苏、山东、辽宁、上海、河北、福建、吉林、湖北、黑龙江、四川、山西	出境旅游产客实力区
第三类	西藏、宁夏、新疆兵团、青海、贵州、广西、重庆、安徽、内蒙古、陕西、河南、江西、新疆、云南、海南、天津、甘肃和湖南	出境旅游待开发区

3. 消费特征

在发展初期，出境消费水平相对较低。这是由于在这段时期，中国出境旅游较其他旅游市场，处于相对弱势的阶段。直到1997年后，开始实施有组织、有计划适度发展出境旅游后，中国出境旅游消费水平得到明显的提高，从 1997 年较高的增长率就可看出，被压抑的出境旅游消费爆发增长。2002 年，中国全面开放出境旅游市场后，除由于 2003 年受“非典”影响略有下降外，中国出境旅游高消费水平一直处于居高不下、逐年上升的趋势。到了 2015 年，我国总花费为 1045 亿美元，年均增长率为 16.70%。虽然中国最近三年的出境旅游消费增速处于下降趋势，但是其增长率仍处于 20%以上，足以见得我国出境旅游消费仍具有发展的空间。

项目小结

本项目阐述了旅游市场的概念、作用和特点。分析了旅游市场细分的意义和方法，介绍了旅游客流的特点和规律，探讨了世界旅游格局、客流分布情况。此外，还从我国的客源市场出发，重点对我国入境旅游市场、国内旅游市场和出境旅游市场进行了分析。总之，我国目前正处于发展旅游业的大好时机，应该抓住机遇，找准市场，寻找更好的发展空间。

案例思考题

共建共享　相融相盛

2016 年 5 月 19 日，首届世界旅游发展大会高峰论坛在北京举行，论坛的主旨演讲中提到：中国旅游业发展起步晚，基础差，但发展快、势头旺。联合国世界旅游组织数据显示，自 2012 年起，中国已连续多年成为世界第一大出境旅游消费国，对全球旅游收入的贡献年均超过 13%。未来 5 年，中国出境旅游将超过 6 亿人次，中国愿与各国各地区加强合作，不断扩大全球国际旅游市场规模。中国愿以游客“安全、便利、舒适”为目标，继续推进放宽签证限制，优化边境旅游政策，简化出入境手续，缩短交通时间，降低旅行成本。

问题：1. 请分析一下，近几年中国出境旅游迅速发展的原因。

2. 为进一步推动我国出境旅游健康发展，应做好哪些配套的工作？

技能训练

一、任务名称

本市旅游客源市场调查

二、任务目标

1. 通过分组讨论调查问卷，完成调研活动，使学生充分了解分析旅游市场的重要意义，使学生掌握制作问卷调查的基本要素和方法，培养探究、合作精神。

2. 通过撰写调研报告，培养学生分析问题、解决问题的能力。

三、任务实施

1. 对班级同学进行分组，每组 4~6 人为宜。

2. 小组内拟定问卷，并讨论问卷发放地点。

3. 小组成员到指定场所进行问卷发放。

4. 对调查结果进行分析，形成报告。

5. 选派一名代表发言汇报，要求主题突出，简明扼要，语言表达清晰流畅。

6. 教师适时指导。

7. 时间：2 周。

四、成果考核

1. 调查报告，写出划分的标准和依据，1500 字左右，并制作 PPT。

2. 教师根据学生表现、调研报告及汇报情况计分，纳入平时成绩。

模块三

多元多样的旅游行业供给

项目五 旅游业

学习目标

通过本项目学习，你应该能达到：

［知识目标］ 1. 掌握旅游业的概念。

2. 熟悉旅游业的构成。

3. 掌握旅游业的特点。

4. 认识旅游业的作用。

［能力目标］ 能够结合实际说出旅游业的特点及作用。

［实训目标］ 能够结合实例明确旅游业所具有的特点。

任务一 了解旅游业的概念及构成

案例导入

都灵是意大利汽车工业的标志，同时是文艺复兴的摇篮，并深受文艺复兴传统的影响。看上去都灵和旅游没什么关系。但是，被它的文化遗产所吸引的旅游者，会被这个城市深深吸引。城市的管理者已经意识到了这个潜在产业的重要性，并主动采取了一些措施发展旅游设施和旅游服务。2000 年“神圣年”活动（罗马大主教的大赦年，50 年一次）是他们发展旅游业的初次尝试。这个主题年活动带来了络绎不绝的朝圣者。现在都灵已经在欧洲文化旅游线路中找到了自己的位置。正在筹建中的横穿阿尔卑斯山的高速铁路也将为都灵的旅游业发展提供便利。都灵旅游办公室的重新设立是一个好的起点，它将在旅游者和居民之间创造更融洽的关系。

资料来源：中国城市发展网

思考：结合此案例，谈谈都灵旅游业是如何发展起来的。

一、旅游业的概念

（一）定义旅游业的意义

（1）定义旅游行业的实际需要

对旅游业进行定义有学术和实际两个方面的需要。

研究需要：一个学科的研究首先要求对着一个学科，有一个标准的学习和研究内容对象的定义中规定的限制定义。

实践的需要：衡量旅游经济活动对地方、国家和全球的社会、经济和环境的影响需要统一口径。因此建立地区之间和统计数据的可比性之间的一致性是一个必不可少的先决条件，而得到这些数据必须要有统一的标准。

（2）定义旅游业的重要性和基本要求

对旅游统计测量的准确性是非常重要的，准确性直接关系到评估旅游业和旅游活动直接、间接和诱发性的经济影响，关系到旅游设施和旅游资源的规划与开发，关系到如何确定旅游者结构并制定相应的评估营销和促销策略，以及识别游客的流向、方法和偏好。

（二）旅游业的定义

旅游业与其他产业不同，旅游产业不是一个单一产业，而是一个产业群，由多种产业组成，具有多样性和分散性。包括景点经营、旅行社、旅馆服务业、餐饮服务业、交通业、娱乐业和其他许许多多的经营行业。这些产业也为当地居民提供服务，因此旅游业的概念和范围存在模糊性和不确定性。大体来讲旅游业的概念有广义和狭义之分。

广义的旅游业是指以旅游资源为凭借，以旅游设施为条件，为人们的旅行游览提供服务，从中取得经济收益的所有行业和部门，包括旅馆业、旅行社业、交通运输业、邮电通信、餐饮、银行、轻工业和商业等。

狭义的旅游业是指为旅游者的旅行游览活动提供服务，且与旅游者的旅游活动最为密切相关的四大部门，即旅行社业、旅游交通业、旅游饭店业和旅游商品业。

二、旅游业的构成

目前国内外对旅游产业构成有许多种不同的观点和看法，可以概括为部门组成说、类型组成说和功能组成说三种。

1. 部门组成说

这是以联合国《国际产业划分标准》为依据，按照从事旅游服务的不同部门的特点，将旅游业划分为住宿接待部门、交通运输部门、旅游业务部门、游览点经营部门、旅游组织部门五大部门。

2. 类型组成说

这是按照直接面向旅游者和间接面向旅游者范围的区别，将旅游产业分为三类：第一类是直接面向旅游者服务并为其提供各种物质产品和服务的行业，包括饭店、餐馆、旅行社、航空公司、地面交通企业、零售商店等；第二类是间接面向旅游者并为旅游者提供服务的行业，包括食品供应商、金融业、洗衣业、旅游出版业、旅游商品制造业等；第三类是间接影响旅游并直接对前两类企业产生影响的行业，包括政府机构、规划设计单位、教育与培训机构、房地产开发商等。

3. 功能组成说

这是按照向旅游者提供旅游产品和服务的功能与程度而划分的两个层次：第一层次是指完全向旅游者提供旅游产品和服务的部门，如旅行社、旅游住宿业、航空运输业和其他旅游服务机构；第二层次是指部分向旅游者提供产品和服务的行业，包括餐饮服务业、文化娱乐业、零售业和地面交通运输等。

本书中关于旅游业的构成，采用《国际产业划分标准》中的划分方法。

三、旅游业的特点

（一）旅游业是综合性的行业

旅游业既包括物质资料生产部门，如农业、工业、建筑业等；又包括一些非物质资料生产部门，如海关、邮电、公安、医疗卫生机构、科技文化教育等。据美国、澳大利亚等国家的统计分析，直接和间接为游客提供服务的工业部门达30余个，涉及108个门类。

（二）旅游业具有经济性

发展旅游业的根本目的是取得经济效益，旅游业本身就是由旅行社业、以饭店为代表的住宿业和交通客运业等众多的以营利为目的并进行独立核算的经济组织构成的。因此，经济性是旅游业最根本的属性，是旅游业的核心和实质。

（三）旅游业是服务性行业

旅游业所提供的服务包括饭店服务（前厅服务、餐饮服务、客房服务）、交通服务、导游服务、代办服务、文化娱乐服务、商业服务等。人们外出旅游除了必要的吃、住等外，花钱购买的主要是服务等非物质的产品。

（四）旅游业是劳动密集型行业

判定一个企业或行业是否属于劳动密集型的标准，是其工资成本在其全部营业成本中所占比例的高低。由于旅游业的产品是以提供劳务为主的旅游服务，同其他行业相比，不存在销售成本或销售成本较少，从而使工资成本在全部营业成本中占据了较大比重。所以旅游业被称为劳动密集型行业，这是国际上所公认的。正因为这样，世界各国都一致把旅游业作为吸纳剩余劳动力的一个重要渠道。

（五）旅游业是敏感性行业

从旅游业内部看，旅游活动的食、住、行、游、购、娱各个环节联系紧密，一个环节出现问题，就会出现一系列连锁反应，造成整个供给失调。

从旅游业外部看，自然的、政治的、经济的和社会的因素，都可能对旅游业产生影响。所以，旅游业具有较强的敏感性。

（六）旅游业具有季节性

一个国家或地区的旅游产业的季节性同该国家或地区的旅游活动的季节性密切相关，并且是由旅游活动的季节性所决定的。而旅游活动的季节性，主要是由旅游目的地的自然条件造成的。旅游目的地的纬度、地势、气候、日月运动等自然条件会引起自然旅游资源的观赏价值，从而形成旅游活动的季节性，造就旅游产业的淡季、旺季和平季。此外各国不同的节假日制度也是形成旅游活动季节性的重要原因。

任务二　认识旅游业的作用

案例导入

目前，国内旅游业已经步入快速发展时期，旅游业作为现代服务业的龙头，将成为拉动第三产业快速发展的战略性支柱产业之一。

旅游业作为第三产业的重点，是现代服务业的重要组成部分，目前我国旅游业增加值占 GDP 的比重超过了 4%，旅游业对经济增长的拉动作用日益明显。数据显示，旅游消费对住宿业的贡献率超过 90%，对民航和铁路客运业的贡献率超过 80%，对文化娱乐业的贡献率超过 50%，对餐饮业和商品零售业的贡献率超过 40%。

资料来源：经济日报 2010-04-07

思考：我国旅游业在整个社会发展中发挥着什么样的作用？

随着社会的发展，旅游业已成为全球经济发展中势头最强劲和规模最大的产业之一，日益凸显它在国民经济中的重要地位。旅游业的发展以整个国民经济发展水平为基础并受其制约，同时又直接或间接地促进国民经济有关部门的发展。旅游业的发展经济、社会效益明显，能够促进我国产业结构调整和优化，为社会提供大量就业机会，提高人们的物质文化生活水平，在增进国际交流的同时促进招商引资，加快社会主义新农村建设步伐，以及促进经济与环境和社会的协调发展。

一、增加资金积累和外汇收入

发展国内旅游业，有助于拓宽货币回笼渠道，加快货币回笼速度，扩大货币回笼量，因此能够加快资金周转，增加资金积累和国民收入，为国际旅游业发展创造了坚实的物质基础和提供了难得的经营管理经验。发展国际旅游业能够增加外汇收入，旅游者必须要来旅游产品生产地进行消费，节省了商品外贸过程中的运输、仓储、保险等费用，降低了换汇成本；旅游出口不受客源国或地区贸易保护的限制，不受关税影响；旅游业创汇方便，无须产品包装、储运和其他繁杂的进出口手续。

二、为社会提供大量就业机会

旅游业是一个综合性经济产业，涉及社会许多相关产业，包括交通、建筑、通信、贸易、餐饮服务、文化娱乐等产业。旅游业也是劳动密集型产业，就业门槛低，就业范围广，就业层次多，吸纳了大量因人口自然增长新增加的劳动力以及因产业结构调整升级从第一、第二产业转移出的大量富余劳动力。旅游的发展可以增加区域内的人流、物流、资金流和信息流的流动，因此发展旅游业能为社会提供大量的就业机会。根据加拿大学者的系统模型理论，旅游业收入每增加 3 万美元，就将增加 1 个直接就业机会和 2. 5 个间接就业机会。世界旅游组织研究报告也指出，旅游业每增加一个从业人员，相关行业就增加 5 个就业机会。

三、促进我国产业结构调整和优化

在我国，巩固第一产业、提高第二产业、发展第三产业是经济结构调整的总体部署和思路。旅游业是一个综合性产业，具有十分突出的关联带动作用，发挥着带动其他产业发展的核心作用，不仅直接给航空、交通、饭店、餐饮服务、商业网点、景区等带来了客源和市场，而且间接地带动和影响了农村和城市建设、加工制造、文化体育等行业的发展。旅游业发展将增加旅游业在第三产业中的比重，有利于第三产业内部结构的调整；同时还增加了第三产业在整个国民经济中的比重，加快第一、二、三产业之间结构的调整，促进我国国民经济健康发展。新时期我国产业结构调整的成功有赖于旅游业的快速发展。

四、提高人们的物质文化生活水平

一方面，由于大量本地居民从事旅游业或相关行业，个人和家庭的收入大大增加；另一方面，旅游业发展促进了设施建设和环境改善，居民的生活质量不断提高，生活环境不断改善。大量旅游者的来访和城市市民的大量出游，开拓了眼界，丰富了地理、文史和风俗民情等知识，提高了对生活的要求。旅游业的发展往往会带来城市居民素质和文化素养的提高。旅游作为一种实践活动，其发展能满足人民群众日益增长的文化需要，对弘扬民族文化、提高国民文明素质都将发挥积极的作用。

五、加快社会主义新农村建设步伐

国家旅游局2006年的旅游宣传主题为“2006中国乡村游”，并且提出了“新农村、新旅游、新体验、新风尚”的鲜明口号。这为我国乡村旅游的发展带来了新的机遇。乡村旅游点所聘用的服务人员主要来自家庭成员和当地居民，在经营旅游服务的同时积极推销花卉、花果农作物产品，既降低了经营风险，又增加了农作物附加效益。在开发乡村旅游的同时，将会加快小城镇建设步伐，积极进行“村村通”道路建设和旅游区内道路建设，以及村社环境整治活动。以农家乐为主的乡村旅游对于拓宽农民增收渠道、增加农民就业机会和提升农村精神文明发挥了重要作用，促进了农民向非农领域转化，加快了传统的农村种植经济向服务经济转变，推动了社会主义新农村建设进程。

六、改善投资环境，促进招商引资

许多外国投资者都是通过旅游来认识中国、了解中国的投资环境以及丰富的旅游资源和潜在的旅游市场的。旅游的宣传效应率为1：8，即1个旅游者对当地的印象可影响8个人。旅游业一般不受贸易壁垒干扰和出口配额的限制。因此，国际上普遍认为旅游业是最优秀的出口产业。发展旅游业可带来大量的人流、物流、信息流、资金流，大量的企业家、专家和学者通过旅游带来了最新的技术、信息和先进的经营管理理念，有利于我们低成本地学习和借鉴别人有用的东西，加快观念更新，促进本地区扩大对外开放及与国际接轨。据不完全统计，1978年至今，全国利用外资进行旅游开发建设的资金已超过200亿美元，其中150亿美元用于旅游饭店建设，20亿美元进行旅游景观建设。

项目小结

旅游业，国际上称为旅游产业，是以旅游资源为凭借、以旅游设施为条件，专门或者主要从事招徕、接待游客，为其提供交通、游览、住宿、餐饮、购物、文娱六个环节的综合性行业。旅游业具有综合性、经济性、服务性、劳动密集性、敏感性、季节性等特点。它对积累资金、扩大就业、优化产业结构、提高人们物质生活水平、加快社会主义新农村建设及改善投资环境等有着重要意义。

案例思考题

地上宝藏

提到大同，人们首先想到的是煤，丰富的煤炭资源让人们忽略了大同的另一张城市名片：历史文化名城。1982年，国务院公布首批全国24座历史文化名城，大同名列其中。作为一座历史文化名城，所蕴藏的人文和旅游宝藏，从短期效益来看，可能比不上地下的煤炭，但如果着眼长远，这地上的宝藏比地下的宝藏更大有文章可做。为此，大同从2001年起开始大力发展旅游业。

随着旅游业的不断发展，大同旅游基础设施和环境大为改观，旅游市场更加健康、有序、安全，旅游项目开发势头强劲，旅游规划和管理走上了科学化、规范化、制度化的轨道，旅游宣传促销力度明显加大，市场化运作程度不断提高，大同的知名度和美誉度得到提升，为把大同建设成山西省中心旅游城市和中国北方旅游胜地奠定了基础。

问题：结合案例说说发展旅游业将对地区发展产生哪些影响。

技能训练

一、任务名称

认识旅游业的特点

二、任务目标

1. 明确旅游业所具有的特点。
2. 通过分组的方式，收集新闻资料，以实例来证实旅游业所具有的一系列特点。

三、任务实施

1. 对班级学生进行分组，每组5~7人。
2. 分组进行新闻资料收集。
3. 以新闻实例来证实旅游业所具有的一系列特点，并形成文字报告。
4. 小组派代表上台发言，结合新闻资料，阐述旅游业的特点。
5. 教师适时指导。
6. 时间：1周。

四、成果考核

1. 关于旅游业特点的文字报告。
2. 教师根据本小组学生的文字报告及汇报情况打分，计入平时成绩。

项目六　旅游景区

学习目标

通过本项目学习，你应该能达到：

［知识目标］1. 掌握旅游景区的概念。

2. 了解旅游景区发展的历史。

3. 熟悉各类景区的简况。

4. 了解A级景区的评定。

5. 了解景区未来发展的趋势。

［能力目标］能结合实际说出各类景区的区别。

［实训目标］通过调查所在市的旅游景区，能够按照资源类型对其进行分类。

任务一　掌握旅游景区的概念

案例导入

中山陵是中国近代伟大的民主革命先行者孙中山先生的陵寝，中山陵及其附属纪念建筑群，面积8万余平方米。中山陵自1926年春动工，至1929年夏建成，1961年成为首批全国重点文物保护单位，2006年列为首批国家重点风景名胜区和国家5A级旅游景区。

中山陵各建筑在形体组合、色彩运用、材料表现和细部处理上均取得极好的效果，音乐台、光华亭、流徽榭、仰止亭、藏经楼、行健亭、永丰社、永慕庐、中山书院等建筑众星捧月般环绕在陵墓周围，构成中山陵景区的主要景观，色调和谐统一更增强了庄严的气氛，既有深刻的含义，又有宏伟的气势，且均为建筑名家之杰作，有着极高的艺术价值，被誉为“中国近代建筑史上第一陵”。

思考：什么样的地方可以称为旅游景区？

资料来源：百度百科

一、旅游景区的定义

（一）国外对旅游景区的定义

国外更多地采用旅游吸引物（Tourist Attraction）这个概念来代表旅游景区概念，强调“磁性”含义。比如 Medlik 把旅游吸引物定义为：为游览公众提供娱乐、消遣与教育而设计的有管理的永久性资源。旅游吸引物是旅游产品的要素，它吸引游客，决定游客选择旅游的地点，一般分为地点吸引物（Site Attractions）和事件吸引物（Event Attractions）。地点吸引物是这个地方本身就是吸引游客前往游览的主要诱因，如气候、历史文物、名胜风景等；事件吸引物是指节庆活动、体育盛会、商业贸易交流会等。另一种分类法是自然吸引物与人造吸引物，海滩和古镇就是这种分类的实例。

在英美大学旅游专业中对旅游景区的定义都不是非常严格的，基本上可分为广义和狭义两大类：广义的旅游景区几乎等同于旅游目的地；而狭义的旅游景区则是一个吸引游客休闲和游览的经营实体（见表 6-1）。（参见《旅游景区管理（第三版）》，作者张凌云，2009 年 9 月）

表 6-1　沃尔什·赫伦对景区特征的描述

沃尔什·赫伦对景区特征的描述
吸引旅游者和当地居民来访，并为达到此目的而经营
提供愉快经历和消遣方式
尽量发挥景区潜力
按景区特点管理，使顾客满足
提供相应水准的设施和服务
收取或不收取门票费

（二）我国对旅游景区的定义

我国国家质量技术监督局 1999 年发布的国家标准把旅游景区定义为经县级以上（含县级）行政管理部门批准成立，有统一管理机构，范围明确，以旅游及其相关活动为主要功能或主要功能之一的空间或地域。该标准中旅游区（点）是指具有参观游览、休闲度假、康乐健身等功能，具备相应旅游服务设施并提供相应旅游服务的独立管理区。该管理区应有统一的经营管理机构和明确的地域范围，包括风景区、文博院馆、寺庙观堂、旅游度假区、自然保护区、主题公园、森林公园、地质公园、游乐园、动物园、植物园，以及工业、农业、经贸、科教、军事、体育、文化艺术等各类旅游区（点）。

由此，我们可以发现，凡是符合以下要求的具有较为明确范围边界和一定空间尺度的场所、设施或活动项目者，都可以称为旅游景区：

（1）以吸引游客为目的，包括本地的一日游游客和旅游者，根据游客接待情况进行管理的。

（2）为游客提供一种消磨闲暇时间或度假的方式，为他们提供一种快乐、愉悦和审美的体验。

（3）开发游客对这种体验的追求，满足这种潜在的市场需求。

（4）以满足游客的需求为管理宗旨，并提供相应的设施和服务。

二、旅游景区相关概念

与景区有关的概念有旅游目的地、风景名胜区和风景旅游区。

（一）旅游目的地

Webster 辞典把目的地定义为“旅途的终点（the place set for the end of a journey，or to which something is sent；place or point aimed at）”。旅游目的地是一个为消费者提供一个完整体验的旅游产品综合体。旅游目的地是一个感性概念，它为游客提供一个旅游产品和服务的合成品，一个组合的体验经历。Buhalis 认为旅游目的地由 6“A”构成：旅游吸引物（Attractions）；交通（Accessibilities）；上层设施与服务（Amenities，构成旅游六要素的设施与服务）；包价服务（Available Package）；活动（Activities）；基础服务（Ancillary Services）。Buhalis 把旅游目的地分为城市、海滨、山地、乡村、真实的国家和世外桃源（Unique-exotic-exclusive）。一般来说，旅游目的地是一个独立的地理区域，如国家、城市、区域或景区。

通常地说，旅游目的地往往具有以下四大功能：

吸引性——有旅游景区或旅游吸引物；

舒适性——提供与旅游活动直接相关的永久性的或者临时性的住宿设施，以及餐饮、娱乐、商业零售等其他配套设施；

可达性——提供方便、快捷的区际、区内交通；

辅助服务——提供当地社区服务，如信息查询、银行、邮政、医疗、治安、法律援助。

由此可见，旅游目的地要比旅游景区的功能完善得多，空间尺度也要大得多，旅游目的地一般是一个较大的地理区域，如一个国家、一个海岛和一座城市等，而旅游景区只是旅游目的地的核心部分。

（二）风景名胜区

风景名胜区是指具有观赏、文化或者科学价值，自然景观、人文景观比较集中，环境优美，可供人们游览或者进行科学、文化活动的区域。风景名胜区是经政府审定命名的风景名胜资源集中的地域，其功能是保护生态、生物多样性与环境；发展旅游事业，丰富文化生活；开展科研和文化教育，促进社会进步；通过合理开发，发挥经济效益和社会效益。

（三）风景旅游区

风景旅游区介于旅游目的地和风景名胜区之间，以原生的、自然赋存或历史遗存的景观为载体，向大众旅游者提供旅游观光对象物。它应当包括向大众游客开放的风景名胜区、森林公园、历史文化名城（镇）、自然保护区、主题公园等，原则上不包括游乐园、室内博物馆、美术馆等旅游区。

任务二 了解景区发展简史

案例导入

1999 年，陕西省考古研究所石兴邦等专家经过考古研究，断定陕西省岐山县古卷阿是中国有文字记载以来最早的风景游览区遗址。

古卷阿（周公庙）位于周代发祥地，现在陕西省岐山县城西北 5~7 公里的凤凰山南麓，总面积 61 万多平方米。“卷阿”音“全窝”，卷意曲，阿是指大陵。因此处背靠相传“凤鸣岐山”的凤鸣岗，形似簸箕状如倒“凹”字，故称卷阿。

早在 6000 多年前，卷阿一带就有先民傍山临泉而居，凤凰是姬姓周族崇拜的神鸟，古卷阿附近至今还有许多与凤凰有关的地名和遗址，如凤凰山、凤鸣岗、凤山楼等。据《竹书纪年》载，周成王率文武群臣到卷阿宴歌游乐，当时周成王的叔父召康公也前来并赋诗一首，即载于《诗经》的名篇《卷阿》。

资料来源：http：//www. sina. com. cn

思考：我国景区发展至今经历了怎样的发展历程？

一、旅游景区的发展历史

（一）古代时期

旅游景区的早期发展历史可以在古希腊历史学家希罗多德的作品中读到。早期的休闲旅游可追溯到4000年前的古埃及。建于公元前27世纪至公元前26世纪的埃及金字塔和狮身人面像（斯芬克司）可能是世界上最早的一批旅游景区（点）；3000年前，埃及人就曾举办过多种宗教节庆活动，参加者不仅有虔诚的宗教徒，也有观光客，其情形在本质上与现在的旅游并无太大差别；公元前6世纪，巴比伦曾建过一座“文物博物馆”向公众开放过；罗马人在公元前4世纪就有了导游手册，主要介绍雅典、斯巴达和特洛伊；公元前3世纪，希腊人开始外出旅行，主要目的是洗矿泉浴、参加集会和竞技体育（巴台农神庙）。

埃及、希腊和罗马时代是人造景观最早发展的一个时期。当时的文化活动给西亚、北非和地中海沿岸遗留了一大批珍贵的物质和非物质的文化遗产。公元前3世纪，腓尼基旅行家昂蒂帕克总结出了他所认为的“世界七大奇迹”，包括：

A. 埃及金字塔和狮身人面像

B. 巴比伦空中花园

C. 古希腊哈利卡纳苏的摩索拉斯陵墓

D. 古希腊奥林匹亚的宙斯神像

E. 罗得港的太阳神像

F. 埃及亚历山大港的法罗斯岛灯塔

G. 以弗所的阿耳特弥斯神庙（也称戴安娜神庙），当时属希腊，现在土耳其境内

可惜的是，“世界七大奇迹”中除了金字塔还存世以外，其余六处均已毁灭，个别文物的残部被收藏在大英博物馆内。

（二）中世纪

14世纪的旅游指南为中世纪的朝圣者提供了各地区的详细方位，同时教会还为朝圣信徒们开具证明信，以免在东道国遭受流浪罪指控而被捕。现代各国使用的护照就是由这种证明信演变而来的。中世纪的欧洲兴起了宗教旅游，这被认为是早期的大众旅游，朝圣地成了主要的旅游目的地和景区。

罗马帝国时期，温泉疗养地已经出现，如罗马皇帝曾到巴登—巴登温泉疗养。后来出现了巴斯和巴克斯顿温泉度假地，其后这些温泉度假地由保健中心演变为游乐和游览中心。比利时的斯帕（SPA）度假地则建成于14世纪，因有一处富含铁质能治疗疾病的矿泉而著名，斯帕的本意即矿泉。

（三）近代时期

17~18世纪，人们对健康的关注刺激了以两种特殊类型景点为基础的旅游发展，一种是矿物质温泉疗养地，另一种是海滨浴场。

同时代还有一种以景区为目标的旅游活动——大旅游（Grand Tour）。大旅游是文艺

复兴运动时期，追求自由、渴望知识的产物。参加活动的年轻人往往要在一位导师的陪同下，花三年多的时间游遍欧洲各大文化中心。这种旅游类似于今天的教育和修学旅游，多数人前往巴黎、威尼斯和佛罗伦萨等地。19 世纪工业化进程和铁路系统的发展，刺激了中产阶级的旅游需求，为娱乐而旅游的观念取代了为教育而旅游，成为人们前往欧洲大陆访问的主要动机。

在近代旅游景区发展史上最有意义的是始于 1851 年在英国伦敦海德公园举办的万国博览会。这次博览会完成了从低级阶段初级产品的简单交易向工业时代的技术交流和文明成果展示的重大转变，伦敦博览会因之被确认为首届世界博览会。

1889 年巴黎世博会期间建成的埃菲尔铁塔成了巴黎引以为豪的著名标志性景区和地标，成为旅游者必去的景区。1893 年在芝加哥召开了纪念哥伦布的世界博览会，在这次交易会上一些经营游乐园设备和从事游乐园设计的商家首次亮相，标志着游乐园业进入了黄金时代。后来游乐园开始以机械设备来满足游客的刺激体验。

（四）现代时期

1955 年 7 月美国人华特 · 迪士尼在洛杉矶的阿纳海姆的一片柑橘园上建造了迪士尼乐园，宣告了人造景观中的新成员——主题乐园时代的来临。以迪士尼乐园为代表的体验型主题乐园的出现，标志着以戏剧化、舞台化的理念建造的旅游景区可以让游客体验新奇刺激并进入亦真亦幻的梦幻世界。

华特 · 迪士尼在旅游景区发展史上的作用可与托马斯 · 库克在旅行社业中的作用相提并论。可以预料，利用虚拟现实制造技术，可以满足旅游者的各种体验，这将是旅游景区（点）未来发展的主要方向之一。

知识拓展

华特 · 迪士尼

华特 · 迪士尼（一译沃尔特 · 迪斯尼）（Walt Disney），美国著名动画大师、企业家、导演、制片人、编剧、配音演员、卡通设计者，举世闻名的迪士尼公司创始人。一位备受美国人民热爱和怀念的长者。他获得了 56 个奥斯卡奖提名和 7 个艾美奖。华特 · 迪士尼是世界上获得奥斯卡奖最多的人。

1928 年 3 月，华特开始了第一部米奇系列动画《飞机迷》（*Plane Crazy*）的制作。随后又制作了第二部《飞奔的高卓人》（*Gallopin Gaucho*）。由于这两部动画的反响很有限，当时有声电影又刚刚兴起，因此华特决定用帕特里克 · 鲍尔斯研究出的方法来给第三部米奇系列动画《威利汽船》（*Steamboat Willie*）配音，创作出了世界上第一部有声动画。华特还创建了世界上第一座迪士尼主题乐园。

二、我国景区发展历史

我国景区的发展相对较为滞后，1954 年，我国优先发展入境旅游，旅游景区在事业接待功能中起步。改革开放以后，随着国内旅游的起步，旅游景区从事业接待型向经济经营型出现了转变。1978 年中国的旅游业开始发展，至今旅游景区开发大体上形成了三个阶段。

（一）自然开发阶段

这是一个自然的开发状态，从开发模式上可以分为两种。

第一种模式是自发式，就是普遍开发、遍地开花。由此在某种程度上造成了相当一批旅游开发项目近距离重复建设，也形成了很多没有特色的、失败的项目。发生这种现象的客观原因主要是旅游开发初期的盲目性，在旅游发展早期，这是一个躲不开的阶段，有一个市场发育的阶段性问题。大家初期对旅游不太了解，之后发现旅游是个聚宝盆，所以有什么就想干什么，近距离重复建设，自己给自己制造竞争。这种情况现在仍然时有发生。

第二种模式是模仿式，就是人家干什么我学着干什么。这种情况更严重，往往是没有资源也要干，然而模仿性的东西多了必然会导致失败。全国第一个人造主题公园是 1984 年河北正定建造的全国第一个西游记宫。项目投资 150 万元，开业三个月就全部收回了投资。之后模仿风刮起，全国最多的时候建造了 400 多个西游记宫，掀起了一个百宫大战。最后，400 多个西游记宫基本上都失败了。再例如民族文化村一类的人造景区最多的时候全国有三四十个，现在留下来的，真正成功的恐怕只有两个，就是深圳的民族文化村和昆明的民族文化村。

（二）优势导向阶段

这个阶段形成了一个重点发展的格局，是一个质的飞跃，是对优势的认识，并通过自己的优势，努力形成重点发展的态势。但如何进一步挖掘优势来促进发展？从市场的角度来说，一个企业的成功，并不能代表一类企业的必然成功。另外，某个企业过去的成功也不能意味着未来必然成功，企业发展到一定程度的时候就得更新，需要脱胎换骨，需要创新，也就意味着必须挑战自己，必须否定自己，才可能把下一步走好。当前，在指导区域开发和产业发展上，研究优势，发挥优势，变成了一个主导性的潮流，也是一个历史性的进步。

（三）市场主异阶段

这是一个根本性的转向，从资源主导转向了市场主导，从生产者导向转成了消费者导向。从全国旅游开发来看，真正完成了这个转向的不算太多，但它代表了一个未来的发展趋势。如果习惯于资源主导，并且只强调资源主导的话，事情也未必干得好，因为有一个市场接受程度的问题。即使是一流的东西，市场也可能不接受，所以首先需要研究市场。在旅游行业里，旅游饭店开放得最早，开放意识最强，形成了比较强的市场观念和市场导向。在旅游饭店行业，市场主导消费已经变成了一个普遍的行为。而旅游景区这个行业，严格地说还没有真正形成市场导向和消费者导向。多年以来，旅游景区习惯于吃大锅饭，尤其是一些资源垄断性的景区，更是习惯于在大锅饭之上再加一个垄断性，但是市场竞争越来越激烈，很多旅游景区也逐渐感受到了市场竞争的压力，在这种情况之下就必须要完成这个转向。

从发展过程来看，旅游开发的这三个阶段是一个发展过程，一个历时态的概念，经历了一个又一个时态。但是从现状看，又是一个共时态的概念，就是这三个阶段目前在我国是共同存在的。我国国土面积很大，发展不均衡，大体的现状就是西部地区还处于第一个阶段，即有什么干什么；中部地区进入了第二个阶段，即什么有优势干什么；东部地区，现在已经开始第三个阶段，即市场需要什么就干什么。这就意味着，各种不成熟的开发行为，包括一些破坏性的建设行为现在仍有发生；而且，越是缺乏资金的地方，资金浪费情况越厉害。

任务三　熟悉各类景区简况

案例导入

大峪沟生态旅游景区位于甘肃甘南木耳乡大峪沟，距县城 30 公里，总面积 105214.6 公顷。大峪沟泉流纵横，汇集成四季丰沛的大峪河。河流曲折有致，澄碧甘甜，全长 81 公里，流域处处可见鱼翔浅底，麝鹿啜饮，真是妙趣横生，自然天成。大峪沟生态旅游景区迭山主峰扎伊克嘎海拔 4920 米。沟口海拔 2500 米，相对高差达 2400 米。景区内生物垂直分布差异大，迭山雪线以上为裸岩，以下依次为高山草场、原始森林、低山草甸、灌木、农作物等。大峪沟共有 9 条支沟，依次为桑布沟、阿角小沟、阿角大沟、燕麦沟、扎崖它沟、巴什沟、涅座沟等，分布大峪沟东南，仿佛一把遗落人间的巨型扇子，扇面浓墨重彩，描绘出无数奇山异水。

资料来源：百度百科

思考： 旅游景区有哪些类型？什么是生态旅游景区？

中国旅游、建设、林业、环保行政管理部门出台了一系列的旅游景区开发与管理政策条例，从而形成了一个比较完整的旅游景区管理体系。根据旅游景区的特点分类，我们把景区分为三个部分：①室内和室外景区，如博物馆、画廊、剧院等属于前者；野生动物园、游乐场、自然风景区属于后者。②收费和免费景区。③点景区和线景区，前者指人们出游的目的点，如故宫、张飞庙、黄帝陵等；后者指在人们出游途中沿途观光的景区，如长江三峡、丝绸之路等。

按照邹统钎的研究结论（2003），景区可划分为两类：经济开发型旅游景区、资源保护型旅游景区。经济开发型旅游景区以争取经济利润为目的，基本上采用了现代企业管理模式，在朝着“产权清晰、责权明确、政企分开、管理科学”的现代企业制度发展。以保护为主的旅游景区往往是以公共资源为依托的，景区的目标具有多重性。景区资源的社会文化与环境价值往往超过经济价值，景区资源不可再生。因其公共性，所以在经营上具有明显的排他性与垄断性，政府干预程度较高。

张凌云又将景区分为四个部分，即自然景观、历史人文景观、人造景观和休闲度假区（见表6-2）。

表6-2　景区分类表

类型	代表性景区
自然景观	国家公园、森林公园、地质公园、自然保护区、野生动物园、生态旅游景区等
历史人文景观	文化遗址、博物馆、古建筑、名人故居等
人造景观	主题乐园、微缩景区、海洋馆等
休闲度假区	滨海、滨湖、温泉、滑雪、高尔夫等

在本书中我们采用的是张凌云分类法，主要介绍旅游景区中主要的七个类别：国家公园、生态旅游景区、博物馆、文化遗址、人类聚落与城乡景观、主题公园和度假区。

一、国家公园

（一）国家公园的概念

国家公园（National Park）是自然景区的一种类型。兴起于美国。据1969年由国际自然保护及自然资源联盟提出的定义，它是这样一片比较广大的区域：首先，它有一个或多个生态系统，通常没有或很少受到人类占据及开发的影响，这里的物种具有科学的、教育的或游憩的特定作用，或者这里存在着具有高度美学价值的自然景观；其次，在这里，国家最高管理机构一旦有可能，就会采取措施，在整个范围内阻止或取缔人类的占据和开发并切实尊重这里的生态、地貌或美学实体，以此证明国家公园的设立；最后，到此观光须以游憩、教育及文化陶冶为目的，并得到批准。

我们把国家公园定义为是一个土地所有或地理区域系统，该系统的主要目的就是保护国家或国际生物地理或生态资源的重要性，使其自然进化并最小地受到人类社会的影响。通常国家公园具有以下四个功能：

- 保护环境
- 保护生物多样性
- 公众游憩、繁荣地方经济
- 促进学术研究及国民环境教育

（二）国家公园发展简况

1872 年 3 月 1 日，美国建立世界上第一个国家公园（黄石国家公园），并公布了《黄石公园法案》。之后，国家公园的发展经历了以下历史阶段（见表 6-3）。

表 6-3　国家公园发展简史

年份	发展进程
1872~1933	早期的概念形成阶段。在美国、加拿大、澳大利亚、新西兰等初步推广
1872~1933	国家公园体系的发展阶段。包括三个基本构成部分：具有自然风景价值的公园；具有历史人文价值的公园以及具有娱乐休闲价值和功能的公园
1973~1990	近期发展。更多的人文历史类和娱乐休闲类公园

（三）我国的国家公园发展简况

我国国家公园发展起步较晚，建设与发展仍处于一种迷茫和混沌的状态。众所周知的第一个中国大陆的国家公园是普达措国家公园，然而这是由地方立法机关成立的国家公园。在 2008 年云南省政府工作报告和 2008 年 2 月云南省政府滇西北生物多样性保护工作会议以及后来出台的《关于加强滇西北生物多样性保护的若干意见》都明确提出，云南省要积极探索建设国家公园保护模式。为此，中国国家林业局要求云南省以具备条件的自然保护区为根本，以科学发展观为依托，遵循“保护优先，合理利用”原则，在保护好生物多样性和自然景观的基础上，全面地发挥自然保护区的生态保护、经济发展和社会服务功能，探索出具有中国特色的国家公园，并且批准云南为国家公园建设试点省。由于普达措国家公园是地方立法机关成立的，并不视为官方认定，至此，我国环境保护部和国家旅游局正式宣布建设中国第一个国家公园试点单位——黑龙江汤旺河国家公园。总体来讲，我国国家公园法律制度不完善，是因为管理权不明确，经营模式过于利益化。

我国虽然目前尚未建立真正的国家公园管理体系，但建立了799处自然保护区、942处森林公园和512处风景名胜区，其中有5处被列入世界自然遗产名录，10处加入了国际人与生物圈保护区网，6处被列为国际重要湿地。美国国家公园之父约翰·缪尔（John Muir）说："国家公园不仅是森林及河流的源泉，更是生命的源泉。"2015年的夏天，这股源泉开始在中国汇聚成河，中国国家公园的推进正在各地紧锣密鼓进行。

知识拓展

"国家公园"概念一般以为是由美国艺术家乔治·卡特林（Geoge Catlin）首先提出的。1832年，在去达科他州旅行的路上，他对美国西部大开发对印第安文明、野生动植物和荒原的影响深表忧虑。他写道："它们可以被维护起来，只要政府通过一些维护政策设立一个大公园——一个国家公园，其中有人也有野兽，所有的一切都处于原生状况，体现着自然之美。"1872年，在美国很多仁人志士的努力下，美国国会建成了世界上第一个国家公园——黄石国家公园。

——National Park Service，1998

二、生态旅游景区

（一）生态旅游景区的概念

生态旅游景区是指符合下列这些条件的景区：相对没有受到过度的人类活动干扰的自然区域，为游客提供享受并了解自然（包括与其密切相关的社区文化）的场所。在经营和管理中应最大限度地减少对生态环境和社会文化造成负面影响，并为当地社区提供经济参与机会。生态旅游景区应具有自然性、可持续、责任感、学习性四个核心特质。

2007年由国家环保总局（现中华人民共和国环境保护部）和国家旅游局编制的《国家生态旅游示范区标准（征求意见稿）》（以下简称《标准草案》）对于生态旅游区给出的定义是，以独特的生态资源、自然景观和与之共生的人文生态为依托，以促进旅游者对自然、生态的理解与学习为重要内容，提高对生态环境与社区发展的责任感，形成可持续发展的旅游区域。一般来说，生态旅游景区的物质基础和载体是自然区域，因此，自然旅游景区和自然资源在遵循可持续发展等原则的条件下，都可以开发成为生态旅游景区。但对于以人造生态景观为主要内容的景区是否属于生态旅游景区，旅游学术界的看法并不一致，有的认为，只要景区具有可持续性和学习性两大特点就可以成为生态旅游景区，如城市动物园、植物园、水族馆等景区是对城市居民进行自然和生态知识教育的第二课堂；但也有的学者认为，目前生态旅游已成为一些景区市场营销的形象包装和概念炒作的幌子，真正的生态旅游景区除了可持续性和学习性外，还必须强调场所的自然性和经营管理者的责任感。而上述的有些景区并不符合这些条件，因而不能归为生态旅游景区。

（二）生态旅游景区的特点及分类

1. 特点

任何旅游景区都具有固定的范围、特定的游览内容、综合性的旅游服务和权威的管理机构。生态旅游景区除了上述构成要素外，还具有以下特点：

（1）具有生态美的自然及文化客体

生态旅游景区最大的特点是具有生态美的自然及文化客体。所谓生态美是指由具有旺盛生命力的生物与其环境和谐共生而表现出来的美。生态旅游景区对旅游者的核心吸引力是其自然生态景观，或是具有生态美的人文景观，如传统的农村田园风光、植物园、动物园、古代园林、名山胜水等。因此，具有生态美的自然及文化客体是生态旅游景区与一般旅游景区的最大区别。

（2）具有资源及环境保育措施

生态旅游与传统的旅游类型最大区别是其具有保护性，以旅游可持续发展作为其终极目标。因此生态旅游景区从开发伊始即奉行环境保护的原则，规划设计出一整套资源及环境的保育措施，从旅游者、旅游开发者和当地居民三方面采取相应措施，确保生态旅游景区的可持续发展。

（3）具有区位的郊野性

相对传统旅游景区而言，生态旅游景区大多处于城郊，如国家公园、自然保护区、森林公园等。即便是那些人与自然和谐共建的生态旅游地，如风景名胜区、农村田园风光、生态农业区、民俗风情文化地等也大多远离城区。因此，生态旅游具有郊野性的特点。

（4）具有设施的简朴性

生态旅游强调自然、和谐，在生态旅游景区开发中，避免大兴土木等有损自然景观的做法。所以景区内的所有景观要素，包括旅游设施均应简朴、大方、天然，并且与环境协调。景区内的交通工具必须环保，旅游接待设施尽量简易，取材因地制宜。因此，生态旅游景区旅游设施表现出简朴性的特点。

2. 分类

目前旅游学界对于生态旅游景区也没有一个统一的分类框架，张凌云根据资源本底与实际情况，将其分为七大类型（见表6-4）。

表 6-4 生态旅游景区的类型

类型	具体说明
山地型	以山地环境为主而建设的生态旅游区，适于开展科考、登山、探险、攀岩、观光、漂流、滑雪等活动
森林型	以森林植被及其生境为主而建设的生态旅游区，也包括大面积竹林（竹海）等区域。这类区域适于开展科考、野营、度假、温泉、疗养、科普、徒步等活动
草原型	以草原植被及其生境为主而建设的生态旅游区，也包括草甸类型。这类区域适于开展体育娱乐、民族风情活动等
湿地型	以水生和陆栖生物及其生境共同形成的湿地为主而建设的生态旅游区，主要指内陆湿地和水域生态系统，也包括江河出海口。这类区域适于开展科考、观鸟、垂钓、水上活动等
海洋型	以海洋、海岸生物与其生境为主而建设的生态旅游区，包括海滨、海岛。这类区域适于开展海洋度假、海上运动、潜水、观鲸和欣赏海洋生物等
荒漠型	以沙漠或戈壁生物及其生境为主而建设的生态旅游区，这类区域适于开展观光、探险和科考等活动
人文生态型	在与自然和谐共生基础上形成的，以突出的历史文化等为特色的人文生态旅游区。这类区域主要适于历史、文化、社会学、人类学等学科的综合研究，以及适当的特种旅游项目及活动

三、博物馆

（一）博物馆的概念

现行的博物馆定义是 2001 年 7 月 6 日经西班牙巴塞罗那第 20 次国际博协代表大会修改通过的国际博物馆协会章程第二条，内容如下：

博物馆是一个以研究、教育、欣赏为目的而征集、保护、研究、传播和展出人类及人类环境的物证的、为社会及其发展服务的、向大众开放的、非营利的永久性（固定性）机构。这个定义中，有以下两点需要引起注意。

（1）博物馆上述定义不受任何政体性质、地域特征、职能机构或相关机构收藏藏品的定位等因素的限制而予以适用。

（2）除被指定为“博物馆”的机构外，以下机构具有博物馆资格：

①从事征集、保护和传播人类及人类环境物证的，具有博物馆性质的自然、考古及人类学的历史古迹和遗址；

②拥有并展出动物、植物活标本的机构，如植物园、动物园、水族馆和人工生态园；

③科学中心和天文馆；

④非营利性的艺术展出馆；

⑤自然保护区；

⑥符合前述定义的国际、国家、区域或地方性博物馆组织，负责博物馆管理的政府部门或公共机构；

⑦从事与博物馆和博物馆学相关的文物保护、研究、教育、培训、记录和其他事务的非营利性机构或组织；

⑧从事保护、传承和管理有形与无形遗产（活的遗产和数字创造性活动）的文化中心和其他实体；

⑨执行委员会经征求咨询委员会意见后认为其具有博物馆的部分或全部特征，支持博物馆及博物馆专业职员从事博物馆学研究、教育或培训的其他机构。

根据以上规定，博物馆可以被理解为是一处保护并展示具有一定文化和社会意义的物件的常设机构，其设立目的是研习、教育和审美。

（二）博物馆的功能

1. 保存文化遗产和自然遗产

保存可以说是博物馆最基本的功能。博物馆是自然遗产和文化遗产的最佳保存场所，外国的那些各种国家公园和中国的那些风景名胜游览区实际是露天博物馆。保存这个功能和博物馆的收藏职能密切相关，收藏是目的，保存是结果；收藏是行为，保存是功效。古代宫廷的收藏最初的目的可能不是为了保存，但是客观上保存了文化遗产。在今天，收藏在博物馆来说已经目的明确，就是为了保存人类社会发展及人类环境的见证物，职能和功能统一起来，主、客观达到了和谐。但我们必须明确认识到，中国是文物大国，但不是收藏大国，我们的博物馆馆藏量与西方发达国家的博物馆还无法相比。在资金、技术和人才方面，我们还存在问题，博物馆保存功能的发挥还有很大空间。

2. 提供休闲娱乐

社会发展的标志之一就是所有的享受（无论物质和精神），都由少数的贵族向多数的大众演化，博物馆也如此。最先开放的博物馆仅仅接待那些有身份的贵族游客，到了后来，大众旅游兴起之后，博物馆的参观者身份才大众化、平民化。世界上有千奇百怪的各种博物馆，这些博物馆存在的理由就是它们满足了人们对各种新奇事物探知的诉求。我们都说“真、善、美”是人们精神世界追求的总目标，博物馆就是展示真、善、美的场所。博物馆的休闲娱乐功能和博物馆陈列展览职能密切相关，寓教于乐这个成语应该是博物馆展陈设计的座右铭，也是检验博物馆这方面功效的基本尺度。博物馆的展陈在坚持正确的政治方向前提下必须面向观众，尽力满足人民群众精神文化需求。要注意研究建筑与陈列、内容与形式、设计与制作、管理与服务、观众与环境的和谐统一，力求营造最佳展示效果。博物馆举办展陈的前提是人家要看什么而不是相反，即“我”展陈什么“你”看什么。

3. 辅助教育

大家都说博物馆是学校的第二课堂，也就是说博物馆具有辅助学校教育的作用。这个说法至今仍旧是成立的，但是不完全。博物馆不单单是学校的第二课堂，而且还是家庭教育和社会教育第 N 个课堂。参观博物馆的家庭团体日益增多，让学前幼童体验博物馆已经成为西方国家的一种风气。另外，相当多的成年人不是被“组织”到博物馆参观的，而是自由参观。自由参观的个体化、小众化呈现一种发展的趋势。博物馆教育学的研究重点放到了如何检验博物馆辅助教育功能上，于是博物馆观众研究在各个国家蓬勃发展，博物馆学的研究由“物”的重心转到“人”的重心上来。

4. 信息中心

现代社会是信息社会，网络把世界紧密联系到一起，博物馆数字化的结果就是把博物馆和公众紧密联系起来，扩大了博物馆服务对象，增添了博物馆功能，使博物馆（这里专指数字化博物馆）和数字化档案馆、数字化图书馆并列成为当今的三大信息中心。在互联网上，通过搜索引擎可以搜索到数以百万计的博物馆方面的信息，中文资料和外文资料都有，这极大地丰富了研究视野，为那些对博物馆感兴趣的人提供了方便。人们可以足不出户看世界上那些著名的和不著名的博物馆，可以阅读大量的包括博物馆学在内的各种图文资料。“museum”比以往任何时候都和人们贴近。曾经有人担心博物馆上网会流失观众，但调查表明，数字化的博物馆只能增加人们对博物馆进一步了解而不会减少实际参观的观众量。

（三）博物馆的分类

中国博物馆在 1988 年前都是被划分为专门性博物馆、纪念性博物馆和综合性博物馆三类，国家统计局也是按照这三类博物馆来分别统计公布发展数字的。

中国博物馆事业的主管部门和专家们认为，在现阶段，参照国际上一般使用的分类法，根据中国的实际情况，将中国博物馆划分为历史类、艺术类、科学与技术类、综合类这四种类型是适合的：

（1）历史类博物馆以历史的观点来展示藏品，如中国历史博物馆、中国革命博物馆、西安半坡遗址博物馆、秦始皇兵马俑博物馆、泉州海外交通史博物馆、景德镇陶瓷历史博物馆、北京鲁迅博物馆、韶山毛泽东同志纪念馆、中国共产党第一次全国代表大会会址纪念馆等。

（2）艺术类博物馆主要展示藏品的艺术和美学价值，如故宫博物院、南阳汉画馆、广东民间工艺馆、北京大钟寺古钟博物馆、徐悲鸿纪念馆、天津戏剧博物馆等。

（3）科学与技术类博物馆以分类、发展或生态的方法展示自然界，以立体的方法从宏观或微观方面展示科学成果，如中国地质博物馆、北京自然博物馆、自贡恐龙博物馆、台湾昆虫科学博物馆、中国科学技术馆、柳州白莲洞洞穴科学博物馆等。

（4）综合类博物馆综合展示地方自然、历史、革命史、艺术方面的藏品，如南通博物苑、山东省博物馆、湖南省博物馆、内蒙古自治区博物馆、黑龙江省博物馆、甘肃省博物馆等。

知识拓展

西方博物馆分类

外国博物馆，主要是西方博物馆，一般划分为艺术博物馆、历史博物馆、科学博物馆和特殊博物馆四类。

1. 艺术博物馆，包括绘画、雕刻、装饰艺术、实用艺术和工业艺术博物馆。也有把古物、民俗和原始艺术的博物馆包括进去的。世界著名的艺术博物馆有罗浮宫博物馆、大都会艺术博物馆、国立艾尔米塔什博物馆等。

2. 历史博物馆，包括国家历史、文化历史的博物馆，在考古遗址、历史名胜或古战场上修建起来的博物馆也属于这一类。墨西哥国立人类学博物馆、秘鲁国立人类考古学博物馆是著名的历史类博物馆。

3. 科学博物馆，包括自然历史博物馆。内容涉及天体、植物、动物、矿物、自然科学，实用科学和技术科学的博物馆也属于这一类。英国自然历史博物馆、美国自然历史博物馆、巴黎发现宫等都属此类。

4. 特殊博物馆，包括露天博物馆、儿童博物馆、乡土博物馆，后者的内容涉及这个地区的自然、历史和艺术。著名的有布鲁克林儿童博物馆、斯坎森露天博物馆等。

四、文化遗址

（一）文化遗址的概念

文化遗址是旅游景区中非常重要的组成部分，也是涵盖范围较广、内容较丰富的一类景区。

与自然景区不同的是，文化遗址景区多位于城市，尤其是大城市中和历史古城中，其游客构成中多以海外游客和国内外地旅游者为主，本地居民较少。一般来说，知名度较大的皇家建筑、历史遗迹和古建筑更受海外游客的欢迎；园林、宗教类遗址和新发现的古建筑较受国内和本地游客的欢迎。

（二）文化遗址的分类

文化遗址类景区包括历史文化遗址和历史城镇。

1. 历史文化遗址

历史文化遗址展示包括更完好地展现遗址原貌、复原历史气氛和场景，适当的遗址修复，引导客流方向和路径，景区内的说明、图示和指示，以及其他各种形式的景点解说系统和纪念品销售。历史文化遗址主要分为以下 6 种不同类型：

（1）皇家建筑遗址，如故宫、英国的温莎城堡。

（2）古代建筑或工程遗址，如长城、都江堰。

（3）古代园林遗址，如颐和园、苏州园林。

（4）宗教教堂庙宇洞窟遗址，如云冈石窟、布达拉宫。

（5）考古遗址，如北京人遗址、广汉三星堆遗址。

（6）工业遗产，如英国的蒸汽机车、杭州宋朝官窑遗址。

2. 历史城镇

历史城镇是介于目的地和景区的一种旅游吸引物，规模和范围不能与真正意义上的旅游城市相比，又远远超过了单一景区，管理也介于两者之间。比较著名的此类景区包括法国的枫丹白露、英国的巴斯、以色列的耶路撒冷。

历史城镇与一般旅游城市的区别：人文历史古迹观光是这些历史城镇的主要产业和经济来源，其他功能和行业附属于旅游业或由旅游业的发展延伸出来。保护和对外形象宣传是管理者的管理重点，工作侧重旅游管理及和旅游有关的各方利益的协调。与旅游目的地的管理非常相似，也有入口、信息中心、营销中心、对当地的建筑和基础设施进行统一规划。

历史城镇与一般景区的区别：城镇由多个与城市历史主题一致的景区构成，景区与城镇一般的居民甚或区相互融合，互相为依托。管理上与景区的管理基本一致。

我国分别于 1982 年、1986 年、1994 年先后三批以及 2001 年、2002 年两次公布了我国 101 座历史文化名城。

五、人类聚落与城乡景观

（一）聚落的概念

根据《辞海》的解释，聚落就是村落，是人类居住的地方。根据历史资料介绍，聚落的名称早在《史记》和《汉书》中就有记载。《史记·五帝本纪》有述：“一年而所居为聚。”这是说在一个地方，居留一段时间才能叫聚。又据《汉书·沟洫志》称：“或久无害，稍筑室宅，遂聚落。”这就从另一方面说，人类经过一段时间选择无害宜居之地，构筑室宅，遂成聚落。从上述古籍中，起码可以确认聚落的形成必须具备三个条件——选择合适的地方，筑有室宅，留居一段时间——这就是聚落。人类为了生存，选择适合的自然环境，留居下来，不再流动，更有利于开展农业的耕种，改善生存条件，形成聚落。

现代人文地理学对聚落的概念有相似的解释。现代人文地理学指出“聚落是指人类各种形式的居住场所，在地图上常被称为居民点”。人类聚居的地方包括村落、墟镇、城市，这三者存在着形式上的转变关系。村加上一定规模的市（集市），可以变为墟镇，而墟镇在历史的演绎中，可能蜕变为村，也可能发展扩大为城市。

综上所述，聚落含义有狭义和广义之分，狭义指村落，广义则包括城市、墟镇和村落。我们在这里研究采用聚落广义的含义。在本书中，我们提到的人类聚落与城乡景观的含义是广义的。

（二）聚落的分类

1. 乡村聚落

乡村聚落即村落，是乡村地区人们的居住场所，也是人们进行生产和社会活动的场所。乡村聚落的特点主要呈现以下三点。

（1）聚落的分布、形态等反映了人类活动与自然环境的相互关系。其中平原地区村落密集多呈组团状；山谷中村落多呈条带状（见表6–5）。

表6–5　聚落分布与自然环境的关系

类型	村落分布特点	自然环境特点
洪涝区	高地上	洪涝威胁
干旱地区	水源充足且供水方便的地方	气候干旱，降水稀少，水资源不足

（2）各地区乡村聚落中的房屋建筑，因所处自然环境的差异，以及人们生活习俗、历史文化等方面的差异，在外观及建筑材料上各有特色（见表6–6）。

表 6-6　房屋建筑特色与自然环境的关系

类型	房屋建筑特点	自然环境特点
云南西双版纳傣族民居	竹木搭建而成，往往悬离地面	降水丰富，地面潮湿
沙特阿拉伯乡村民居	墙厚，窗小	白天炎热，昼夜温差大
陕北黄土高原上的“窑洞”	冬暖夏凉	黄土层很厚，气候相对干燥
福建客家土楼	以土作墙，用材节约，坚固、防御性强	冬寒夏热，多雨
南方地区的尖顶屋	墙不厚，窗大	多雨
新疆平顶房	其屋顶可以用来晒庄稼	气候干燥，风沙大
北极因纽特人冰屋	墙体厚实，有利于保持室温	极寒天气
东南亚地区的高架屋	楼上住人，楼下饲养牲畜，通风凉爽	炎热多雨，比较潮湿
毡房、蒙古包	易于拆装，便于游牧	多风沙

（3）由于所处自然条件的差异，人们的生产活动各不相同，生活也各具特色。农村，人们从事耕种耕作，以种植业为主的工作；渔村，从事捕鱼工作和水产养殖工作；林地，从事培育、管理、采伐森林等工作；牧场，从事牧养，以畜牧业为主的工作。

2. 城市聚落

一般先有乡村聚落，后有城市聚落，而商业是城市出现的重要因素。城市聚落的特点主要呈现以下三点：

（1）城市景观与乡村景观有很大不同。在一些大城市，你会看到规模宏大的公共建筑，密集分布的住宅楼群，纵横交错的交通网络，人群熙攘的商业中心，错落有致的园林绿地，还有看不见的地下管道系统等。

（2）城市有大有小，人口有多有少，特色与功能各异。

（3）任何一座城市的功能都不是单一的，而是集多种功能于一体。例如北京中关村是大学、科研单位集中分布地区，从事教育科研工作；王府井大街是商业中心所在地，主要从事商业活动。

表 6-7　乡村与城市的主要差异

对比角度	乡村	城市
自然景观	以农田为主，房屋稀疏	高楼林立，交通网络纵横交错
建筑物（高度、密度等）	低，稀疏	高，密集
公共设施（类型、数量、便利程度等）	类型少、数量少、不够便利	类型多、数量多、非常便利
人口（人口数量、人口密度、职业等）	人口数量少、人口密度小、职业简单，主要从事农业生产活动	人口多、人口密度大，职业复杂，从事商业、工业、服务业等

六、主题公园

（一）主题公园的起源及概念

1. 主题公园的起源

一般认为，主题公园起源于荷兰，后来兴盛于美国。荷兰的一对马都拉家族夫妇，为纪念在第二次世界大战中牺牲的独生子，而兴建了一个微缩荷兰120处风景名胜的公园。此公园开了世界微缩景区的先河。1952年，开业时随即轰动欧洲，成为主题公园的鼻祖。华特·迪士尼在美国加利福尼亚州兴建了世界上第一个现代大型主题公园——迪士尼乐园，于1955年7月17日正式开幕。迪士尼乐园将迪士尼电影场景和动画技巧结合机械设备，将主题贯穿各个游戏项目。由于能够让游客有前所未有的体验，结果随即风靡了美国，再传到全世界各地。

2. 主题公园的概念

在欧美国家，主题公园的定义大致包括以下内容：为旅游者的消遣、娱乐而设计和经营的场所；围绕一个或几个主题有多种吸引物；包括餐饮、购物等服务设施；开展多种主题活动，实行商业性的经营等。国内学者普遍认同的一些主题公园共有特性：一种人工创造物；主题公园必须有一个或几个特定主题；建造的目的是满足游客的休闲娱乐需要；具有综合功能。

综上所述，主题公园是为了旅游者消遣、娱乐而设计和经营的游乐场所，它赋予游乐以某种主题，围绕既定主题来营造游乐的内容和形式，是一个由人创造而成的舞台化的休闲娱乐活动中心。

（二）主题公园的类型

1. 以影视内容为主题的影视类主题公园

它们是把家喻户晓的电影电视的内容改制成一个个可供游乐的项目（Attractions），让游客在熟知影视内容的前提下，身临其境地再次体验影视节目梦幻般的意境，从中得到刺激、快意和奇幻的享受，如美国的迪士尼乐园和环球影城。中国也有影视主题公园，但目前只是一种可接待游客的拍摄景地旅游形态，如横店影视城、无锡唐城、三国城、水浒城等；另一种是以引进影视特技如3D、4D技术及动感电影等技术为主制成游览项目的影视乐园，如长影世纪城。方特欢乐世界以自主知识产权设计制造的电影设备和动画内容制成的游览项目，也可归类于这类主题公园。

2. 主题游乐园

主题游乐园是数量最多、最为普遍的主题公园，以各类大型娱乐设施为主，在景点设置上也包含一定的主题文化，但主要还是以娱乐功能见长。中国最为成功的深圳欢乐谷，比较知名的苏州乐园、杭州乐园、广州长隆欢乐世界、大连发现王国等都属于这一类，还有著名的流动主题公园环球嘉年华，以及已经失败的如江苏的福禄贝尔科幻乐园。

3. 以仿古建筑和历史文化为主题的主题公园

它们大规模地复制了典型的古代建筑和某一特定的场景，重现了当时在这些建筑中发生的故事和人物，供游客身临其境地去感受，时空的差距造成的历史感有很强的感染力和吸引力。它们有的再现仿古建筑和当时的文化生活来供游客体验，如杭州的宋城、西安的大唐芙蓉园、河南开封的清明上河园、北京《红楼梦》的拍摄基地，北京大观园和上海的大观园；有的是再现他国的典型建筑来供游客游玩的，如仿制荷兰古建筑的日本的豪斯顿堡。

4. 以微缩景观为主题的主题公园

微缩景观为主题的意义在于：它把游客最想了解的各国各地的建筑以一定的比例缩小，形成异国他乡的宏观模型和景观来吸引游客。由于该类景观充满了历史文化感和异国风情，又富有精致的制作工艺，还有奇特的比例反差，就像到了传说中的小人国一样，也非常受欢迎。

5. 以民族、民俗文化及其他文化为主题的主题公园

民族、民俗文化是一种宝贵的旅游资源，世界各地以民族、民俗文化作为主题公园内容的现象十分普遍，如北京中华民族园、深圳的中国民俗文化村、云南的云南民族文化村、美国夏威夷的波利尼西亚民俗文化村等。

其他文化类典型的主题公园还有挪威的奥斯陆维格兰人体雕塑公园、韩国的性文化公园、各种雕塑公园等。有人设想要建立“安徒生童话公园”，如成功的话，也应归入此类。

6. 以海洋和动物为主题的主题公园

世界各国各地的海洋公园也是非常受欢迎的主题公园类型，而一般的动物园按照本书遵循的主题公园定义是不在范围内的，但迪士尼世界的迪士尼动物园却开创了主题动物园的先例，故我们也一起把它归于这一类。

世界各国有很多著名的海洋公园，如我国香港的海洋公园，美国圣迭戈和澳大利亚黄金海岸的海洋世界，我国大连的老虎滩海洋公园、极地海洋动物馆，在建的珠海长隆海洋世界等。海洋公园的内容一般由海洋动物展示、表演，水上特技表演，海景观光和各种娱乐性的乘骑类项目构成。

7. 以教育为主兼带娱乐的主题公园

这是指各类有娱乐功能的科技馆、水族馆、教育基地等，如上海的东方绿洲（青少年野营军训基地）、上海科技馆、常州中华恐龙园、天津滨海航母主题公园、沈阳航空博览园以及西北农林科技大学博览园等。近几年出现的“红色旅游”热，也导致了类似“长征主题公园”“红军公园”一类的创意出现，也可以归于这一类。

8. 以工业和农业为主题的主题公园

随着工业旅游和农业旅游的兴起，以工业和农业（包括林、牧、副、渔）为主题的主题公园也开始被倡导、被策划、被建立了。

9. 会展功能衍生的主题公园

还有一种目前已经存在、将来还会出现的主题公园，就是原来著名的会展游览项目，结束后改建成的主题公园。像昆明、沈阳的世界园艺博览园、杭州的世界休闲博览园等。

10. 未来以电玩内容为主题的主题公园

将来还可能出现一种以电玩游戏内容为主题的主题公园。一方面，电玩游戏具有与电影一样的传播特点，即传播广泛，影响面大，内容为人们熟知；另一方面，把电玩虚拟和虚幻的故事变成实景的游玩项目，让游客去真实体验和参与，从中得到另一种刺激、快感和享受，这完全符合主题公园的内容需求和文化特点。

事实上，各类主题公园的内容和形式都有交叉的部分，不可能区分得很清晰。如电影主题公园虽以电影的内容为主要游览项目，但也有许多乘骑类的娱乐项目，说它是游乐园也不是不可以，而它的仿古建筑也一点不比仿古建筑类的主题公园差；仿古建筑类的主题公园和民族、民俗文化类的主题公园也有很多相似之处，只是各自表现的年代背景和文化有些区别。

七、旅游度假区

（一）旅游度假区的定义

对旅游度假区（村）的定义，国内外的学者争议颇多。1973 年，一家日本咨询公司在印度尼西亚巴厘省杜阿岛度假区详尽规划草案中，对旅游度假区的定义提出建议，即“旅游度假区是一个综合性的、高质量的海湾综合体，拥有完备的娱乐和商业设施。其服务对象是那些高消费游客，他们希望可以找到提供多种设施和广泛服务的高质量的饭店和度假环境”。建议中对旅游度假区的性质和某些特征做了较为详尽的归纳，但把旅游度假区限定为海湾综合体有失妥当。我国学者邢铭认为，旅游度假区即指旅游度假开发区，是我国现存七种城市开发区的一种，它是在旅游资源非常丰富的城市（地区）划出一定范围，以旅游、娱乐、度假、休养为主要目的的开发区。虽然有的度假区会演变为城市，但城市化并非所有度假区的必然发展趋势。因而，旅游度假区不一定是城市开发区。国内目前普遍较为认可的旅游度假区定义为：度假区是人们在工作之余，集休息、游玩、娱乐等多方面因素构成的整体旅游区、休闲区。其中囊括了游戏、放松、接近自然等多种形式。度假区一般针对的人群都是具有一定社会地位且有一定财富的人。

（二）旅游度假区的类型

根据所依托的主体资源的不同，绿维创景将度假区分为七大类型：城市型旅游度假区、主题型旅游度假区、温泉型旅游度假区、庄园型旅游度假区、滨海滨湖型旅游度假区、山地型旅游度假区、养老型旅游度假区。

（1）城市型旅游度假区：以所依托城市的人文历史、建筑景观、风土人情以及周边自然地理条件为核心，利用城市的各种商业设施、娱乐休闲设施形成的度假氛围浓厚的度假城市。该种度假区能够很好地将当地居民和外来游客融为一体，是一种将居住功能与度假功能很好衔接的度假城市。

（2）主题型旅游度假区：是以人造主题公园为核心，围绕某一个主题，在丰富的娱乐设施和休闲设施的基础上，附加住宿、餐饮以及其他休闲娱乐内容形成的度假区形式。

（3）温泉型旅游度假区：是以温泉为核心载体，导入文化元素，将温泉的疗养功能与娱乐游戏内容和方式相融合，产生的度假区形式。

（4）庄园型旅游度假区：是以休闲度假为主要目的，综合住宿、餐饮、娱乐、运动等多种功能和配套设施的度假综合体，目前庄园的类型主要包括酒庄、休闲农庄、商务会所、度假庄园等。

（5）滨海滨湖型旅游度假区：是指以海岸、湖泊独特的自然景观为核心吸引物，配套各种住宿、娱乐、餐饮、休闲设施而构成的旅游度假地，包括特有的声音、气味、感觉和景观等。

（6）山地型旅游度假区：是以山地自然景观、山地微环境、山地人文历史、山地特殊资源（如富硒等）为核心，配套各种酒店住宿、娱乐设施、文化休闲、康体养生等产品，形成的一种度假区形式。

（7）养老型旅游度假区：度假时代下，以休闲式养老、候鸟式养老、第二居所式养老为主要形式的度假型养老将成为未来一段时期内中国养生养老的主流形态。绿维创景站在专业度假视角，通过整合养老、地产、旅游三大模块，提出了“度假型养老”模式概念。

任务四 了解A级景区的评定

案例导入

2015年，国家旅游局打破A级评定“终身制”的坚冰，A级景区自此有了退出机制。一些著名景区因不符合评级标准已经被“摘牌”或“降级”了，其中包括首个被摘牌的5A级景区——山海关景区。

A级景区是中国旅游景区渴望得到的“金字招牌”。中国从2005年开始对旅游景区质量等级进行评定，按质量等级由低到高划分为1A~5A共5个等级。2005年起开始实施的《旅游景区质量等级的划分与评定》中，详细地列出了在划分景区等级时需考察的因素，其中包括手机信号、厕所卫生等细节。

资料来源：中国新闻网 2016-04-28

思考： 1. 什么是A级景区？

2. A级景区评定的流程是怎样的？

一、A级景区评定标准的出台

20世纪八九十年代，我国景区发展飞速，数量上不断增加，但随之也出现了一系列问题。比如，我国旅游景区的旅游产品单一，开发建设水平低，文化深度和广度不够，游憩方式科技含量、参与性、趣味性都不高，甚至大部分景区都存在基础设施建设差，游客吃饭难、排队难、找厕所难，卫生条件差，厕所脏、餐厅脏，服务差等问题。这些问题严重阻碍了我国旅游业规范管理服务、提升综合素质、加快与国际水平接轨的步伐，与海内外旅游者日益增长的旅游需求及日益提高的服务要求很不适应，成为旅游投诉的一个重点。

于是，国家旅游局从1996年9月起，开始组织拟定《旅游区（点）质量等级的划分与评定》标准，并于1999年4月16日通过了全国旅游标准化技术委员会的审查，于当年6月14日被国家质量技术监督局正式批准发布，1999年10月1日起正式施行。但随着时代不断发展，旅游市场需求日益多样化，2003年国家旅游局又再次颁布了新的标准——《旅游景区质量等级的划分与评定》（GB/T 17775—2003），并进行了如下修改：①在划分等级中增加5A级景区；②对原1A~4A级旅游景区的划分条件均进行了修订，强化以人为本的服务宗旨，4A级旅游区增加细节性、文化性和特色性要求；③细化了关于资源吸引力和市场影响力方面的划分条件。

5A级景区标准是国家旅游局修订《旅游区（点）质量等级的划分与评定》（GB/T 17775—1999）时增加的内容。自2007年5月22日，国家旅游局在其官方网站发布通知公告，决定批准北京市故宫博物院等66家景区为国家5A级旅游景区后，引发了国内景区争相“升5A”的热潮，截至2014年12月5日，我国共有5A级景区186家。

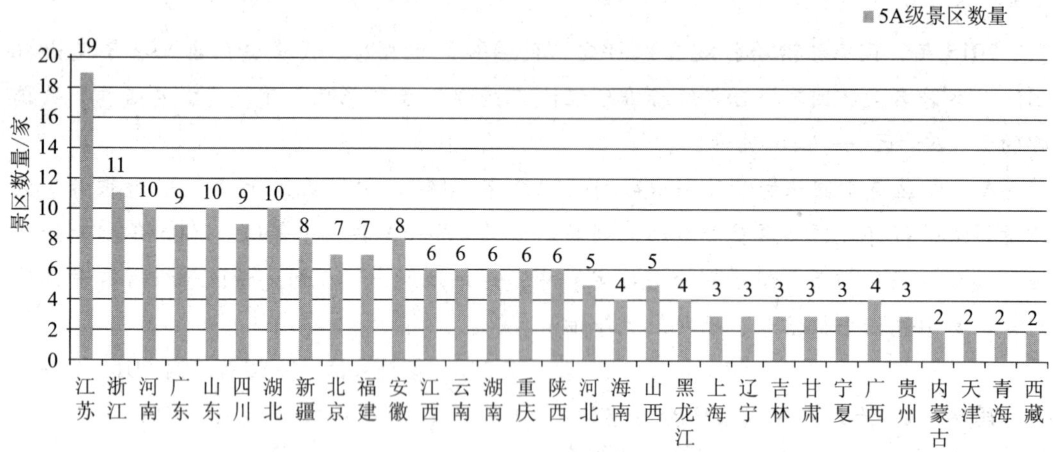

图6-1 我国5A级景区分布（截至2014年12月5日）

二、A级景区评定标准的解读

（一）评价体系

1. 评价依据

现在我国的景区从高到低，划分为5个等级，即1A~5A。旅游景区等级评分主要依据《旅游景区质量等级的划分与评定》（GB/T 17775—2003），并结合细则得分进行综合评定。细则包括三个部分：细则一为服务质量与环境质量评分细则；细则二为景观质量评分细则；细则三为游客意见评分细则。

正式开业从事旅游经营业务1年以上的旅游景区，均可申请参加质量等级评定。被公告为4A级旅游景区至少3年以上的才可以申报5A级旅游景区。3A级及以下景区申报由县区市旅游局负责验收，4A级景区由省旅游局负责验收，5A级景区则需要国家旅游局组织专家复核。国家旅游局规定只有4A级景区，且通过全国旅游景区质量等级评定委员会的景观资源质量评审的，才有资格申报5A级景区，由此可见5A级景区评选有相当的难度。

2. 细则分数标准

与4A级景区相比，5A在细节和质量上的要求更高、更加明确。比如，4A级景区要求年接待旅游者50万人次以上，其中海外游客要达到3万人次以上，而在这一点上5A级景区的要求就是年接待游客60万人次以上，其中海外游客5万人次以上。相对应的，在软件要求上，5A级景区要求更加注重特色性、文化性、突出以游客为中心，强调以人为本。新修订的国家A级旅游景区的评审程序，更加强调5A级景区的景观质量，5A级景区必须具有世界级的旅游资源和一流的景观价值。如果说4A级景区代表的是国家级的风景区，那么5A级景区就代表了世界级的品质。

表6-8 各等级景区细则分数标准

等级	细则一	细则二	细则三
5A	950分	90分	90分
4A	850分	80分	80分
3A	750分	70分	70分
2A	600分	60分	60分
1A	500分	50分	50分

（二）内容解读

依据三个评定细则，A级景区评判标准有9“内”、3“外”，要获得较高的评级，就要做到这几点的“内外兼修”。

1. 9“内”

内部交通：交通设施的完善程度、游览线路或航道的合理和通畅性、交通工具的环境友好程度等。

游览：包括游客中心的功能完善程度、各种引导标识与环境的和谐程度、公众信息资料的特色和丰富程度、导游服务的质量高低、公共信息图形符号的规范性和艺术性、公共休息设施的完善程度等。

旅游安全：包含旅游安全制度是否完善、安全设施是否齐备有效、紧急救援体系是否建立等。

卫生：包括环境是否整洁、场所是否达到相应的卫生标准、公共厕所和垃圾箱的数量和布局是否合理环保、食品卫生是否符合国家规定等。

邮电服务：包括邮政和通信是否通畅、邮政是否能够提供纪念服务以及相关设施与环境的和谐程度等。

旅游购物：包括购物场所布局是否合理、建筑和环境是否和谐、购物场所和从业人员是否得到有效管理、旅游商品种类和特色是否丰富或显著等。

经营管理：包括管理体制和经营机制是否健全有效、管理人员素质状况、企业（管委会）形象及文化状况、员工培训及投诉制度是否健全等。

旅游资源吸引力：对旅游资源的观赏游憩价值、历史文化科学价值、珍稀奇特程度、体量丰度和完整性进行评估。

资源和环境保护：包括空气、噪声、地面水和污水排放等是否达到相应标准，对自然景观和文物古迹的管理，建筑及设施与环境的友好程度等。

2.3 “外”

外部交通：可进入性的好坏。

市场吸引力：对景区的知名度、美誉度、市场辐射力和主题进行评估。

游客抽样调查：对游客的满意度进行调查。其中5A级景区要达到90分，4A级景区达到80分。

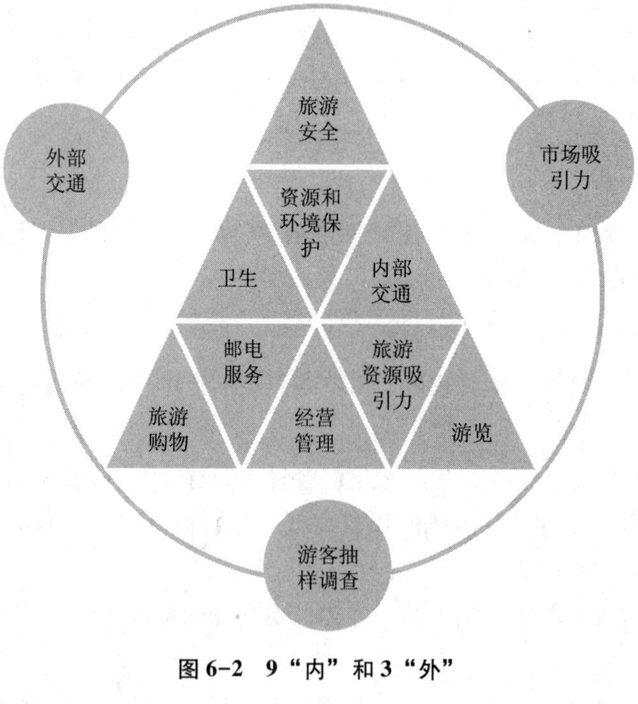

图6-2　9“内”和3“外”

三、A 级景区评定流程

（一）A 级景区评定流程

A 级景区评定流程可以概括为“创建—申请—评定—公告”。

创建：景区按照国家标准和评定细则的要求，制订创建计划，明确责任目标，落实各项创建措施。

申请：景区在创建计划完成后，进行自检；自检结果达到相应等级标准和细则的规定后，填写《旅游景区质量等级评定报告书》，向当地旅游景区质量等级评定机构提出评定申请；经当地旅游景区质量等级评定机构审核同意，向上一级旅游景区质量等级评定机构推荐参加相应质量等级的正式评定。

评定：现场评定工作由负责评定的旅游景区质量等级评定机构委派评定小组承担。评定小组采取明察、暗访、现场检查、资料审核、抽样调查等方式进行评定。

公告：现场评定符合标准的景区，由负责评定的旅游景区质量等级评定机构批准其质量等级，并向社会公告；全国旅游景区质量等级评定委员会适时公告新达标的各级旅游景区名单。

（二）5A 级景区评定流程

被公告为 4A 级三年以上的旅游景区可申报 5A 级旅游景区。5A 级旅游景区由省级旅游景区质量等级评定委员会推荐，全国旅游景区质量等级评定委员会组织评定。

1. 省级机构初评

省级机构对申请创建 5A 级的旅游景区，对照《旅游景区质量等级的划分与评定》国家标准、评定细则进行初评。初评认为景观质量达到 5A 级标准要求、通过创建可能全面达到 5A 级标准的，向国家级旅游景区质量等级评定机构提出景观质量评估申请，提交评估所需材料。评估材料包括景区基本情况、景观质量情况（针对《景观质量评分细则》的每一项打分点，提供具体翔实的文字说明和图片证明）等。

2. 景观质量评估

景区景观质量是创建 5A 级旅游景区的基本入门条件和首要前提。省级旅游景区质量等级评定机构对申报创建 5A 级旅游景区基本情况和景区景观质量核查后，将符合要求的景区推荐至全国旅游景区质量等级评定委员会。全国旅游景区质量等级评定委员会从“景观质量评价专家库”随机抽取专家组成评审组，采取会议审查或现场检查方式，对各地推荐景区的景观质量进行评估。评估采取专家独立打分，以去除最低最高分之后的平均分是否达到 90 分为标准，通过评估的景区，列入创建 5A 预备名单；未通过评估的，85 分到 90 分（不含）的景区，由省级旅游景区质量等级评定机构指导开展景观质量提升工作，至少半年后可再申请评估一次，再次评估通过的，列入创建名单，85 分（不含）以下的景区至少两年后才能重新申请创建。全国旅游景区质量等级评定委员会将每次评估结果及时反馈省级旅游景区质量等级评定机构。

3. 落实创建任务

列入创建 5A 级旅游景区预备名单的创建单位，在省级旅游景区质量等级评定机构的指导下，制定“创建工作方案”和“计划任务书”，经省级旅游景区质量等级评定机构审核同意后，报全国旅游景区质量等级评定委员会备案。景区按照工作方案和计划任务书落实创建工作的主体责任，创建期一般不少于一年。创建单位要严格坚持标准，把握创建节奏，保证创建时间，注重创建过程，将创建过程与创建结果放在同等重要的位置，并将创建工作进展情况按季度报送全国旅游景区质量等级评定委员会。全国旅游景区质量等级评定委员会将根据景区创建工作进展和实际需求，适时选派专家对创建单位进行实地调研指导或情况抽查。

4. 省级初审推荐

经创建单位自查和省级旅游景区质量等级评定机构初步审核，认为已经完成各项创建计划任务、达到 5A 级旅游景区标准的，由省级旅游景区质量等级评定机构向全国旅游景区质量等级评定委员会提交评定申请，报送《旅游景区质量等级评定报告书》、旅游景区服务质量和环境质量情况材料，针对《旅游景区服务质量和环境质量评分细则》每一项打分点，提供具体翔实的文字说明和图片证明、创建计划任务完成情况报告等。省级机构应落实审核监管责任，成熟一家、推荐一家，做到从严按质推荐。

5. 创建资料审核

全国旅游景区质量等级评定机构依据《旅游景区质量等级的划分与评定》和评定细则规定，对旅游景区申报材料进行全面审核，审核重点包括旅游景区名称、范围、管理机构、规章制度、年游客量、电子商务、服务质量与环境质量达标情况，以及景区各项计划任务完成情况。通过审核的景区进入现场评定程序，包括暗访和明察两个环节。

6. 暗访

全国旅游景区质量等级评定机构将“景区现场检查评价专家库”随机抽取专家组成评审组，对景区进行暗访，重点检查景区创建任务计划书完成情况，对其是否具备验收条件进行判断。暗访认为具备验收条件的，可组织进行明察，不具备验收条件的，向景区反馈整改建议并督促整改。评定机构认为有必要的可组织多次暗访。

7. 明察

明察是对旅游景区是否达到标准的全面核查，对景区是否达到标准要求提出最终意见。现场检查工作由检查员负责，全国旅游景区质量等级评定委员会负责组建专业检查员队伍，制定现场检查规范，明确检查员直接责任，并对检查员的相关工作进行监督。首次明察不通过的，景区要重新制订创建工作方案，两次明察不通过的，不再进行验收。

8. 社会公示

全国旅游景区质量等级评定机构对关键性考核结果进行公示，接受社会监督评议。整个过程共进行两次必要公示：一是对列入创建5A级旅游景区预备名单的景区进行公示；二是对通过现场评定的景区进行公示，公示内容包括被检查景区评定得分和评定结果。每次公示的公示期不得少于7个工作日。公示阶段无重大异议或重大投诉的旅游景区通过公示。若出现重大异议或重大投诉等情况，将由全国旅游景区质量等级评定委员会进行调查和核实，做出相应决定。

9. 发布公告

通过公示的景区，由全国旅游景区质量等级评定委员会发布质量等级公告，颁发证书和标牌。

任务五　展望未来景区的发展趋势

案例导入

2016年6月16日，“2016年中国互联网+峰会”在北京隆重举行。腾讯公司与江西省旅发委签订战略合作协议，江西旅游景区迎来新的发展机遇。近几年，三清山做强做大景区自媒体平台，全力打造“互联网+旅游”模式，三清山旅游微信和微博粉丝量都突破了10万大关。信息推送丰富，涵盖旅游动态、网络热点、精彩看点、散文诗词、游记攻略、摄影美图、微电影、动漫等，题材主题风格多样，深受广大游客喜爱和好评。

目前，三清山旅游微信在全国5A级旅游景区微信公众号排行榜稳居前两位，今年上半年，三清山旅游微信共夺得8次全国5A级旅游景区微信公众号排行榜第一，俨然成为三清山景区宣传品牌和特色名片，大大提升了三清山景区的知名度和影响力。

资料来源：光明网 2016-06-18

思考：结合案例谈谈我国景区未来发展趋势如何。

今年是“十三五”开局之年，从2015年开始，国家陆续出台了一系列促进旅游产业发展的政策，旅游产业已经成为国家的战略产业。未来十年，中国旅游产业大有可为，并将成为拉动全球旅游产业的引擎。在此背景下，中国景区未来发展也将呈现五大发展趋势：

一、基建细节化

把旅游基础设施建设作为投资的重要方面，有计划地加强旅游区的基础设施建设，为基础设施和服务设施建设提供好先决条件。细节化，就是杜绝以前的粗放式经营管理，设施建设中既充分考虑到游客的需求，也考虑到整体景观的和谐度。比如景区内的公厕、垃圾箱等除要做到数目、位置、卫生环境达标外，还要做到标识美观化、造型景观化，独特美观，与环境相协调。既要从景观质量、环境质量层面加强景观设施、旅游基础设施的完善和提升，包括加快景区游客服务中心、景区内外旅游道路、导览系统、卫生设施、安全设施等方面的建设，同时也需要从景区消费体系和盈利体系的角度完善相关配套设施，包括餐饮、游乐、住宿接待、购物消费等。此外应提高标准要求，从打造精品景区角度逐步完善景区游憩体系、景观体系、消费体系、安全体系、环保体系、营销传播体系、服务体系、旅游保障体系等，从而使得景区朝着旅游精品方向健康发展。

同时，旅游景区基础设施建设、游憩设施建设、配套设施建设等是 A 级景区验收评估的重点，结合景观质量、环境质量标准，全面完善和提升旅游景区各项基本建设，可为 A 级景区的创建提供分量极重的“砝码”。

二、产品特色化

旅游产品是旅游生产者和旅游经营者为满足游客的需要，在一定地域上生产或开发出来的以供消费的物品或服务，包含核心旅游产品和组合旅游产品。景区只有打造与景观特色景观文化紧密联系的特色文化旅游产品，树立自己的品牌，创造文化旅游精品，最终才能获得高起点、高品位、健康、有序的发展。

旅游产品的特色化包括核心旅游产品的主题化和组合旅游产品的特色化两个方面 。一个景区的旅游产品要想有吸引力，必须要有独特性，甚至是不可替代性，游客才能争相前往。所以在进行产品设计时，一定要突出原生态、本土化、静态与动态兼备、时尚与怀旧相济的独立特色。同时，大力扩展旅游产品结构，给旅客更多的旅游项目选择。继续保持观光度假型旅游产品的发展的同时，深入挖掘文化内涵，挖掘出更多的文化旅游产品，突出主题，不断创新，大力开发专项旅游产品。

三、管理智慧化

数字地球在我们的日常工作和生活中已经如火如荼，以计算机技术和网络化技术应用为主要手段的信息化已成为全球经济的发展趋势。旅游业跨越多个行业，是交通、餐饮、娱乐、住宿、购物等诸多传统服务业的集成，旅游业的智能化、现代化，不仅是自身发展的需要，也会带动其他产业的优化升级。

旅游管理的“智慧化”就是搭建网络互动平台，让游客与网络实时互动，游程安排进入触摸时代。利用移动云计算、互联网等新技术，借助便携的终端上网设备，帮助游客互动体验并及时安排和调整旅游计划，是以一体化的行业信息管理为保障，激励产业创新、促进产业结构升级的重要手段。

智慧旅游正在从一个新概念，变成可感可触的新体验。

四、旅游人本化

无论旅游的目的地是哪里，旅游的主体始终是人，使人有愉悦感和舒适感是旅游目的地各项建设存在的最终目的。基于旅游者的种种心理需求，中国现代旅游业如果缺乏人性化的因素，将会显得空洞、无内涵，从而难以立足于世界旅游市场。因此，旅游人性化的发展趋势是必然的。

旅游的人本化包括自然景观的人性化、景点设计的人本化和旅游交流的以人为本三个方面。不同游客的需求侧重点不同，但他们都有一个共同的需求，就是人性本原的满足。

根据现代行为科学的理论，人的行为取决于动机，旅游者对于景观的青睐行为，正是出于要求得到景观对于人性本原满足的这种动机；景点的人本观是景点如何让旅游者通过观光感受到对人性的关注，或通过对景点的观光使游客感受到对人性的爱护；旅游对于服务提供者来说是一种经济行为，但对于消费者来说是一种文化意义、交流意义、联谊意义的人本行为。一个旅游者到一个陌生的地方，他是带着自己所熟悉的生活方式，来了解一种未知的、至少是陌生的东西。旅游者希望得到的，除了观光上的满足和文化上的收获之外，还有一种感情上的寄托，希望得到旅游地人民的理解，与他们建立友谊，这就是旅游交流人本观念。

五、产业多元化

在旅游业的快速发展过程中，旅游业多元化发展的特征日趋明显，既表现为外延多元化，也表现为内涵多元化和动态多元化。一般来说，旅游产业具有投资规模大、回收期长和经营季节化显著等特征，这给旅游业的经营带来了一定的行业风险。而旅游经营多元化则是可以规避该风险的一个有效措施，同时紧随主业的相关产业多元化有利于景区的做大做强。另外，当前旅游客源市场的多元化，产品的多元化和旅游保障系统的多元化，也从客观上决定了旅游业的多元化，催生了旅游产业的多元化。

在旅游业的快速发展过程中，旅游业基础建设的细节化、旅游产品的特色化、景区管理的智慧化、旅游体验的人性化和产业发展的多元化等特征日趋明显，总体表现为外延的延伸和内涵的凝聚。中国，不仅是一个旅游大国，而且要成为一个旅游强国，其旅游业呈现出全方位、多层次、多样化、新格局的发展态势，并将成为国民经济发展的一个重要组成部分。

项目小结

景区是具有较为明确范围边界和一定空间尺度的场所、设施或活动项目。景区可以分为国家公园、生态旅游景区、博物馆、文化遗址、人类聚落与城乡景观、主题公园和度假区七大类。我国现行的景区等级划分标准为 2003 年颁布的 GB/T 17775—2003《旅游景区质量等级的划分与评定》。该标准将景区从高到低分为 5A～1A 五个等级。随着时代发展，我国景区会出现基建细节化、产品特色化、管理智慧化、旅游人本化、产业多元化等多种趋势。

案例思考题

强迫游客“捐功德”　山海关 5A 级景区被摘牌

2015 年“十一”假期刚过，国家旅游局就公开通报取消山海关景区 5A 级资质。暗访发现，山海关景区存在价格欺诈，强迫游客在功德箱捐款现象普遍；老龙头景区擅自更改门票价格，景区环境和管理水平差等问题。依据国家 5A 级景区标准和评分细则，山海关景区已不具备 5A 级景区条件，并存在严重服务质量问题，全国旅游资源规划开发质量评定委员会决定取消其国家 5A 级景区资质。

自从旅游景区开展 A 级评定十几年来，对 5A 级景区最严厉的处罚是严重警告。此次山海关被摘 5A，是自 2011 年国家旅游局启动对既有星级资质的景区暗访工作以来，第一次取消 5A 级景区资质。

国家旅游局相关负责人表示，5A 级景区是公认的旅游景区的最佳品牌，也是旅游产业发展的重要支撑。国家旅游局对 5A 级景区的管理一直是严格的和动态的。“我们将通过摘牌、警告等手段，督促景区始终坚持以游客为本，不断加强管理，改进服务。”

资料来源：《北京晨报》

问题：很多景区全力以赴争创 5A 级景区，成功后放松懈怠、忽视维护，导致景区质量出现问题。此次山海关景区被摘牌让 5A 级旅游景区有了危机感。请你谈谈景区在晋级为5A级景区后，如何保证其服务和管理水平不下滑。

技能训练

一、任务名称

调查本市旅游景区

二、任务目标

1. 通过调查本市的旅游景区，明确其具体地理位置，并按照资源类型对景区进行归类。

2. 通过本次调查，使学生对本市旅游景区的类型及分布更为清晰。

三、任务实施

1. 对所教班级进行分组，每组5~7人为宜。

2. 小组内进行调查、撰写人员的分工。

3. 以小组为单位，对本市的旅游景区展开调查，明确其具体位置，并按照资源类型对景区进行分类。

4. 将调查结果整理成调研报告。

5. 教师适时指导。

6. 时间：2周。

四、成果考核

1. 设计报告，1500字左右。

2. 教师根据学生表现及调研报告积分，纳入平时成绩。

项目七　旅游饭店

学习目标

通过本项目学习，你应该能达到：

［知识目标］1. 掌握旅游饭店的概念和作用。

2. 了解旅游饭店的发展历史。

3. 熟悉不同类型饭店的特点。

4. 掌握景区的含义和分类。

5. 了解未来饭店发展的趋势。

［能力目标］能清楚描述所在城市旅游饭店的基本情况。

［实训目标］调查所在城市的旅游饭店，了解其类型、分布及特色等。

任务一　掌握旅游饭店的定义及作用

案例导入

白天鹅宾馆坐落在风光旖旎的沙面岛，毗邻三江汇聚的白鹅潭，独特的庭园式设计与周围幽雅的环境融为一体，一条专用引桥把宾馆与市中心连接起来，是商旅人士下榻的绝佳之处。

白天鹅宾馆拥有843间精心设计的客房，无论是标准房、豪华套房还是商务楼层，室内装潢及设计都经过深思熟虑，设备齐全，舒适温馨，处处显示出以客为先的服务风范。位置得天独厚的客房，可以让客人饱览广州市容和珠江美景；别具特色的中西食府，可以提供中、法、日等精美菜肴；多功能国际会议中心是举办各类大小型会议、中西式酒会、餐舞会的理想场所。此外还有健康中心、美容美发中心、商务中心、委托代办、票务中心、豪华车队等配套设施。近年来，白天鹅宾馆把经营管理的发展和高科技成果相结合，使宾馆的服务水平紧跟国际酒店发展的潮流。

思考：白天鹅宾馆可以为宾客提供哪些方面的服务？

一、旅游饭店的概念

饭店的历史源远流长。在古代客栈时期，客栈主要满足外出人们的吃、喝、睡等赖以生存的基本需要。18 世纪后，为方便贵族度假者和上层人物以及公务旅行者，饭店业进入了大饭店时期，这一时期的饭店，规模大，设施豪华、服务正规，讲究礼貌礼仪。20 世纪开始不久，世界上最大的饭店业主斯塔特勒为适应旅行者需要，在饭店的客房里设置了浴室，增加了不少方便客人的服务项目。这也推动了饭店业发展进入了商务饭店时期。“二战”之后，饭店才得到了迅速发展，进入了现代新型饭店时期。

旅游饭店是整个饭店行业中较为重要的一部分。旅游饭店是以旅游接待设施为依托通过向旅游者及所在社区提供住宿、餐饮、娱乐等综合服务来实现经济效益和社会效益的企业。在我国，旅游饭店曾有各种称谓，如饭店、宾馆、酒店、旅馆以及旅社、旅店、客店、客栈等。目前，在我国的饭店业统计中，一般将由国家旅游局授权挂牌的星级饭店，统称为旅游饭店，其他相对价格比较低廉的住宿业，通常被称为社会旅馆。

二、旅游饭店的功能

旅游饭店最基本、最传统的功能就是住宿和餐饮功能。由于游客需求的变化，现代旅游饭店的功能已经日益多样化，主要有：

第一，住宿功能。饭店为游客提供多种客房，包括床位、卫生间和其他生活设施，使游客在旅途中得到很好的休息。

第二，餐饮功能。饭店一般设有不同的餐厅，向旅游者提供包餐、风味餐、自助餐、点菜、小吃、饮料以及酒席、宴会等多种形式的餐饮服务。

第三，商务功能。商务型饭店为商务旅游者从事商务活动提供各种方便快捷的服务。饭店设置商务中心、商务楼层、商务会议室与商务洽谈室，提供传真、国际、国内直拨电话等现代通信设施。当今更是出现了客房商务化的趋势。

第四，度假功能。随着中国度假旅游市场的兴起和不断发展，对度假型饭店的需求日益增长。度假型饭店一般位于风景区内或附近，通常注重提供家庭式环境，客房能适应家庭度假、几代人度假以及独身度假的需要，娱乐设施也很齐备。

第五，会议功能。饭店可以为各种从事商业、贸易展览、科学讲座等客人提供会议、住宿、餐饮和其他相关的设施与服务。饭店内配有大小规格不等的会议室、谈判间、演讲厅、展览厅等，有的饭店还可以举行电视会议。

此外，饭店还具有娱乐健身功能，通信和信息集散功能、文化服务功能等。可见，现代饭店已不仅仅是住宿产业，而是为旅游提供多种服务，具备多种功能的生活产业。

任务二　了解旅游饭店发展的历史

案例导入

客栈为古代酒店的称号，是为了满足人们外出郊游或远行的需要而出现的。设备较简陋的旅馆，有的兼供客商堆货并代办转运。《二十年目睹之怪现状》第二十一回：“船已到了上海，泊了码头，一班挑夫、车夫，与及客栈里的接客伙友，都一哄上船，招揽生意。”鲁迅《伪自由书·〈杀错了人〉异议》：“北京城里，连饭店客栈中，都满布了侦探。”曹禺《北京人》第三幕：“曾思懿：（惨凄凄地）有人说在济南街上碰见他，又有人说在天津一个小客栈看见他。”现在客栈一词已由现实的东西转为聚脚地的代名词，现在网络上的聊天室或讨论区亦有称为客栈。

资料来源：搜狗百科

思考：从古代客栈到现代饭店，我国饭店业经历了怎样的发展历程？

一、世界旅游饭店的发展历程

旅游和商务活动自古有之，饭店餐馆就应运而生。相传欧洲最初的食宿设施约始于古罗马时期，其发展进程经历了所谓古代客栈时期、大饭店时期、商业饭店时期等阶段，其间几经波折起落。第二次世界大战以后，欧美各地随着经济形势和旅游业的不断发展进入了新型饭店时期，并逐步形成了庞大独立的饭店行业。

（一）古代客栈时期

由于社会的需要，为满足外出人们的吃、喝、睡等赖以生存的基本需要，千百年以前就出现了客栈和酒店。至中世纪后期，随着商业的发展，旅行和贸易兴起，外出的传教士、信徒、外交官吏、信使、商人等激增，对客栈的需求量大增。由于当时的交通方式主要是步行、骑马或乘坐驿车，因此，客栈大多设在古道边、车马道路边或是驿站附近。早期的英国客栈是人们聚会并相互交往、交流信息和落脚歇息的地方。最早的客栈设施简陋，仅提供基本食宿，无非是一幢大房子，内有几间房间，每个房间里摆了一些床，旅客们往往挤在一起睡，并没有什么格外的要求，当然，由于服务项目少，服务质量差，也确实没有什么可供消遣。到了15世纪，有些客栈已拥有20~30间客房，有些比较好的客栈设有一个酒窖、一个食品室、一个厨房，为客人提供酒水和食品。还有一些客栈已开始注意周围环境状况，房屋前后辟有花园草坪，客栈内有宴会厅和舞厅等，开始向多功能发展。总的来看，当时的客栈声誉差，被认为是赖以糊口谋生的低级行业。客人在客栈内缺乏安全感，诸如抢劫之类的不法事情时有发生。

（二）大饭店时期

18 世纪后期，随着工业化进程的加快和民众消费水平的提高，为方便贵族度假者和上层人物以及公务旅行者，饭店业有了较大的发展。由于火车、轮船的兴起，已逐渐出现世界上最好的饭店。在纽约，1794 年建成的首都饭店，内有 73 套客房，这在当时无疑是颇具规模的。而堪称第一座现代化饭店的特里蒙特饭店于 1829 年在波士顿落成，为整个新兴的饭店行业确立了标准。该饭店不仅客房多，而且设施设备较为齐全，服务人员亦经过培训，客人有安全感。

19 世纪末 20 世纪初，美国出现了一些豪华饭店。这些饭店崇尚豪华和气派，布置高档的家具摆设，供应精美的食物。大饭店时期的饭店，具有规模大、设施豪华、服务正规、具有一定的接待仪式、讲究一定规格的礼貌礼仪等特点。

（三）商业饭店时期

20 世纪开始不久，当时世界上最大的饭店业主埃尔斯活思·弥尔顿·斯塔特勒为适应旅行者的需要，在斯塔特勒饭店的每套客房都设有浴室，并制定统一的标准来管理他在各地开设的饭店，增加了不少方便客人的服务项目。

20 世纪 20 年代，饭店业得到了迅速发展，美国的大中小城市，纷纷通过各种途径集资兴建现代饭店，而且汽车饭店也在美国各地涌现。到 20 世纪 30 年代，由于经济大萧条，旅游业面临危机，饭店业亦不可避免地陷入困境。在兴旺时期开业的饭店，几乎尽数倒闭，饭店业遭受极大挫折。

商业饭店时期，汽车、火车、飞机等给交通带来很大便利，许多饭店设在城市中心，汽车饭店就设在公路边。这一时期的饭店，设施方便、舒适、清洁、安全。服务虽仍较为简单，但已日渐健全，经营方向开始以客人为中心，饭店的价格也趋向合理。

（四）现代新型饭店时期

第二次世界大战结束后，由于经济繁荣，人们手里有钱，交通工具十分便利，从而引起了对饭店需求的剧增，一度处于困境的饭店业又开始复苏。1950 年后开始出现世界范围的经济发展和人口增长，而工业化的进一步发展增加了大众的可支配收入，为外出旅游和享受饭店、餐馆服务创造了条件。至 20 世纪 50 年代末 60 年代初，旅游业和商务的发展趋势对传统饭店越来越不利，许多新型饭店大批出现。现代新型饭店时期，饭店面向大众旅游市场，许多饭店设在城市中心和旅游胜地，大型汽车饭店设在公路边和机场附近。这个时期，饭店的规模不断扩大，类型多样化，开发了各种类型的住宿设施，服务向综合性发展，饭店不但提供食、住，而且提供旅游、通信、商务、康乐、购物等多种服务，力求尽善尽美，饭店集团占据着越来越大的市场。

二、中国旅游饭店的发展历程

（一）中国古代饭店的形式与发展

1. 古老的旅馆

驿站是一种官方住宿设施，专门接待信使、公务人员和民间的旅行者。从商代中期到清光绪二十二年（1896 年）止，驿站竟长存 2000 余年，这是中国最古老的旅店。

2. 中国早期的迎宾馆

迎宾馆主要是用来接待古代中华各族的代表和外国使节。它也就成为各民族交往和中外往来的窗口。人们从“迎宾馆”这个小小的窗口，可以看到当时政治、经济和文化交流的盛况。

3. 民间旅店和早期城市客店的出现与发展

（1）民间旅店的出现

古人对旅途中休憩食宿处所的泛称是“客栈”，又称为“逆旅”。最早是出现于西周时期，到了战国时期，民间旅店在发达的商业交通的推动下，进一步发展为遍布全国的大规模的旅店业。

（2）早期城市客店的出现与发展

中国古代民间旅店在隋唐时较多地在城市里面出现，但是真正开始兴旺发达是在北宋时期。这个时期的饭店，除了坐落在城市的一定地区以外，还坐落在交通要道和商旅往来的码头附近。旅馆的建筑式样和布局还因地而异，具有浓厚的地方色彩。在接待服务方面，有极其浓厚的民族特色，“宾至如归”是传统的服务宗旨，也是客人衡量旅馆接待服务水平的准绳。

（二）中国近代饭店的兴起与发展

1. 外资经营的西式饭店

1840 年第一次鸦片战争以后，随着一系列不平等条约的签订，西方列强纷纷侵入中国，设立租界地、划分势力范围 ，并在租界地和势力范围兴办银行、邮政、铁路和各种工矿企业，从而导致了西式饭店的出现。

2. 中西结合式饭店

中西结合式饭店不仅在建筑上趋于西化，而且在设备设施、服务项目、经营体制和经营方式上受到西式饭店影响。饭店内高级套间、卫生间、电灯、电话等现代设备，餐厅、高档菜肴应有尽有。饮食上除了中餐以外，还以供应西餐为时尚。

这一时期的饭店，规模大，装饰华丽、设备趋向豪华和舒适，服务日趋讲究文明礼貌、规范化、标准化。

（三）中国现代饭店业的形成与发展

1. 行政事业单位管理阶段（新中国成立后到1978年）

这一时期人民政府对一些老饭店进行整顿和改造，积极筹建新型饭店。我国建设了一批高级饭店宾馆，主要接待外国专家、国际友好人士、爱国华侨、国内因公出差的人员。这一时期的饭店主要为政治、外交政策、侨务政策等服务，实行的是国有化管理制度，管理体制、管理方法、接待程序、环境艺术、经营决策等落后，完全是计划经济管理，致使我国饭店管理长期处于落后局面。1978年我国有相当于星级的饭店137家，客房15000多间。

2. 现代饭店初创阶段（1978年到1983年）

这一时期我国的饭店由事业型管理走向企业型管理。1978年，我国能接待境外人员的饭店只有203座，客房2.3万间，为适应发展，先把政府招待所改成了涉外饭店，尤其是在沿海城市，引进外资兴建饭店。为此国务院专门成立利用外资、侨资筹建旅游涉外饭店领导小组，1979年，合作建造广州白天鹅宾馆的协议签订。第一批正式批准北京长城饭店（8000多万美元），北京的建国饭店（2000多万美元，1980年竣工，1982年营业）。其中，建国饭店是第一家中外合资（中美）饭店，当年盈利150万元，4年还清贷款，为提高管理水平，还请中国香港半岛集团酒店管理集团（这是最早进入中国内地的境外饭店管理集团）进行前台站立式服务的培训。1982年2月，杭州饭店、杭州华侨饭店率先在全国饭店业中，试行岗位责任制和浮动工资制。1983年向全国推广。

当时还有合作酒店，比如南京的状元楼酒店，广州的中国大酒店。

3. 现代饭店稳步发展阶段（1983年到1988年）

这一时期的饭店业由经验型管理走向科学管理。1984年，国务院颁发《推广北京建国饭店经营管理方法的有关事项》，鼓励在全国推广北京建国饭店的科学管理方法。全国掀起了“学习建国”的热潮。1984年上海锦江集团公司成立，中国饭店的集团化进入探索阶段。1984年假日集团登陆中国，1985年雅高集团进入中国。1985年中国第一家中外合作的五星级白天鹅宾馆开业。

知识拓展

半岛酒店

半岛酒店始建于1928年，作为香港历史最为悠久的酒店，从它诞生的第一天起就成为一种象征。75年前甚至唤醒了沉寂的香港九龙半岛，并一度超越大上海十里洋场，成为城中名流风云际会、流亡贵族醉生梦死之所。它观望着香港、经历着香港，更跟随着香港成熟成长。

它就是一部活的历史，作为英资财团在香港的最后颜面，香港第四大财阀——嘉道理家族一个世纪300亿财富的煌煌象征，“半岛酒店”四个字，对于那些喜欢品味历史和文化的商旅过客，本身就意味着上乘之选。所以，它被人亲切地叫作“ThePen”。它的英式下午茶曾经是作家张爱玲的最爱。甚至《倾城之恋》的导演许鞍华把大部分场景给了它。

酒店共有4.8万件纯银餐具，市值100万美元，每天需启动8部打磨机擦拭，令餐具亮丽如新。这些餐具自1925年至今，都是同一个制造商。门童每天为客人拉开雕有一对门神的玻璃大门约4000次，他们身上的全白制服和白帽，自开业以来未换过款式。半岛员工流失率全港最低，共有775个员工，平均2.6位员工服务1位客人，其中有1个员工服务75年，2个员工服务40年，服务达30年的有9个，20年的则有29名，10年以上则有148名。这就是半岛的文化，半岛的竞争力。

4. 现代饭店标准化阶段（1988年到1994年）

这一时期我国饭店业推行星级评定制度，使我国饭店业进入国际化、现代化、规范化管理的新阶段。1988年，经国务院批准，国家旅游局颁布了饭店星级标准，并开始对旅游涉外饭店进行星级评定，1993年，经国家技术监督管理局批准，该饭店星级标准被定为国家标准。

5. 现代饭店集团化阶段（1994年至今）

这一时期我国饭店业逐步向专业化、集团化、集约化经营管理迈进。1994年，经国家旅游局批准，成立了第一批我国自己的饭店管理公司。1996年锦江之星旅店有限公司成立，2002年如家诞生，中国的经济型酒店为中国饭店业的发展指明了道路。

任务三　熟悉各类旅游饭店的特色

案例导入

为了发展旅游业，几年前，西安某旅行社在陕北的山沟里投资建设了一排窑洞旅馆，以期吸引来陕北旅游的游客入住（几乎来壶口瀑布旅游的游客都要经过此处），在每一口窑洞的上方挂上了大红灯笼，在门前还种上了西红柿，窑洞旅馆的大门口还不时有当地农民摆摊卖西瓜等新鲜水果。

来源：刘伟．旅游概论［M］．2版．北京：高等教育出版社

思考：上述案例中的窑洞旅馆属于旅游饭店中的哪一类？

目前，世界各地的饭店有以下几种基本类型：

一、按硬件设施和服务水平划分

（1）豪华（高档）旅游饭店：设施设备优良高级，服务项目齐全，服务水平高，收费价格也高。

（2）较豪华（中档）旅游饭店：设施设备较豪华，服务项目较为齐全，服务水平较高，收费价格适中。

（3）经济型（低档）旅游饭店：设备设施一般，经济适用，硬件投资相对较为经济，收费价格较为便宜。

二、按酒店的规模划分

一般是以旅游饭店的客房数来代表酒店规模大小，主要有：

（1）小型旅游饭店：客房数不超过300间。

（2）中型旅游饭店：客房数300~600间。

（3）大型旅游饭店：客房数在600间以上。

三、按饭店特色及客人特点划分

1. 商务型饭店

（1）位于城市的中心地区。

（2）接待商务客人、旅游客人及出于各种原因做短暂逗留的其他客人。

（3）适应面广，在饭店业中占有较大的比例。

（4）根据细分市场的需求，分为各种等级。

2. 长住型饭店

（1）主要接待住宿时间较长，在当地短期工作或度假的客人或家庭。

（2）饭店与宾客之间签订租约。

（3）建筑布局多采用家庭型，以套房为主，提供厨房设施，宾客自理饮食。

（4）服务亲切、周到、针对性强。

（5）饭店的组织、设施、管理较为简单。

3. 度假型饭店

（1）以接待游乐、度假的宾客为主。

（2）地理位置多在海滨、山区、温泉、海岛、森林等地。

（3）开辟有各种娱乐体育项目。

4. 会议型饭店

（1）主要接待各种会议团体。

（2）通常设在大都市和政治、文化中心，或交通方便的游览胜地。

（3）设置足够的多种规格的会议厅或大的多功能厅。

（4）必须具备各种规格的会议设备。

（5）提供高效率的接待服务。

5. 汽车旅馆

（1）常见于欧美国家公路干线上。

（2）设施、设备较为简单，规模较小。

（3）以接待驾车旅行者为主。

四、按饭店计价方式划分

（1）欧式计价饭店：客房价格不含食品、饮料价格。世界各地绝大多数饭店属于此类。

（2）美式计价饭店：客房价格包含一日三餐费用。

（3）修正美式计价饭店：客房价格包含早餐及午餐或晚餐费用。

（4）欧陆式计价饭店：客房价格包含一份简单的欧陆早餐，即咖啡、面包和果汁。

（5）百慕大计价饭店：客房价格包含美式早餐的费用。

五、按其他标准划分

1. 根据所在地区不同

（1）游览地饭店；（2）城市饭店；（3）过境饭店；（4）机场饭店；（5）车站码头饭店；（6）民宿。

2. 根据营业时间

（1）全年性营业饭店；（2）季节性营业饭店。

3. 按饭店的所有制形式

（1）全民（国有）饭店；（2）集体所有制饭店；（3）合资饭店；（4）外资饭店；（5）饭店联合体；（6）个体饭店（民营饭店）。

4. 以拥有权及管理分类

（1）独立经营饭店：这是个人独资或政府投资委任经理独立经营的饭店。

（2）合作经营的饭店：这是由两个以上投资者合作兴建并联合经营的饭店，利润除还本付息外，按双方或几方投资额，或协议进行分配。

（3）连锁经营的饭店：这是一个总公司以同一个商标在不同的国家和地区拓展其相同的风格或水准来进行经营管理的饭店。

任务四　了解旅游饭店等级的评定

案例导入

阿拉伯塔酒店是世界上建筑高度最高的七星级酒店，开业于 1999 年 12 月，因外形酷似船帆，又称迪拜帆船酒店。酒店建在离沙滩岸边 280 米远的波斯湾内的人工岛上，仅由一条弯曲的道路连接陆地，共有 56 层，321 米高，酒店的顶部设有一个由建筑的边缘伸出的悬臂梁结构的停机坪。

思考：在我国，酒店等级是如何划分的？

饭店等级评定是为了促进旅游业的发展，保护旅游者的利益，便于饭店之间有所比较，按照饭店的建筑设备、规模、服务质量、管理水平，逐渐形成了比较统一的等级标准。

一、国际上的旅游饭店等级制度

为了确立饭店产品和服务的标准，保证饭店产品的质量，各国大都推行了对饭店进行等级评定的工作。目前世界上有数十种饭店等级制度，有的用数字分级，有的用字母分级。各国对饭店具体等级的划分虽然不一，但基本都是以饭店的建筑、装饰、设施、设备及管理、服务水平等情况来划分的。这样，旅游者在住宿时，可以根据饭店不同的等级进行选择。全世界还没有一个通用的酒店评级标准，并且不同国家或地区对酒店等级的评价标准也有不同。现在世界上比较有名的是美国汽车协会用于评价酒店的 AAA 钻石标准和世界一流酒店组织的标准。

美国每年都会公布两份全国最佳酒店名单，一份是由美国的汽车协会（AAA）公布，另一份则由福布斯旅行指南（Forbes Travel Guide）提供。评分的重要依据是暗访人员对酒店整体的感受。区别是，美国汽车协会是由协会组织，并通过 1~5 颗钻石来衡量酒店的级别，而福布斯旅行指南则是由民间的公司组织，并用星级来表示。

世界一流酒店组织（The Leading Hotels Of the World，LHW）于 1928 年成立于瑞士，是世界顶级豪华酒店组织。该组织的总部设在纽约。要申请成为其成员，酒店必须在地理位置、设施设备、装饰环境等方面具备最佳的硬件条件，同时拥有最高的服务水平和现代化的管理技术。LHW 对申请酒店进行全方位的匿名审查和评估，最终形成包括 1500 多项标准的审查报告。成为 LHW 的成员后，酒店还要接受 LHW 的再次视察。

二、我国旅游饭店等级评定标准解读

我国旅游饭店实行星级评定制度。旅游饭店的星级评定，是国际上通行的惯例，始于 20 世纪五六十年代。它是指按照饭店的建筑规模、设备设施、舒适程度、管理服务水平等逐渐形成的比较统一的标准。旅游饭店等级用星的数量和颜色表示。具体分为五个级别，即一星级、二星级、三星级、四星级、五星级（含白金五星级）。星级的高低，标志着饭店的档次。最低为一星级，最高为五星级。星级越高，表示旅游饭店的等级越高。

我国从 1988 年制定并实施《中华人民共和国评定旅游（涉外）酒店星级的规定》以来，经历了 1993 年、1997 年、2003 年、2010 年 4 次修订。

第一次修订，《旅游涉外酒店星级的划分及评定》（GB/T 14308—1993）正式实施，规范了我国旅游酒店的经营，促进了酒店业与国际的接轨。这次酒店的星级标准划分主要是根据酒店的设施、设备和服务项目等方面。

第二次修订，《旅游涉外酒店星级的划分及评定》（GB/T 14308—1997）对一、二星级酒店的标准基本保持不变，对三、四、五星级酒店在总体档次、客人方便程度和舒适程度不降低的前提下，扩大酒店对自身设备设施和服务项目的选择空间，通过增设选择项目，酒店可根据自己的客源市场和其他客观条件，在一个相对较大的选择空间内自行决定投资哪些设施设备，设立哪些服务项目。

第三次修订，是为了适应我国入世的需要，满足不断变化的市场需求。这次修改的主要思路是突出对酒店经营专业化水平的要求，具体是突出强调了酒店管理的规范性、酒店氛围的整体性和酒店产品的舒适性。

第四次修订，是使中国旅游酒店的评定标准更加与国际接轨，更加注重核心产品，弱化配套设施，突出绿色环保理念，体现以人为本的理念。

知识链接

饭店等级表示

1. 字母表示法

许多国家将饭店的等级用英文字母表示，即 A、B、C、D、E 五级，E 为最低级。有的虽然是五级却用 A、B、C、D 四个子目表示，最高级用 A1 或特别豪华级来表示。

2. 数字表示法

用数字表示饭店的等级一般采用最高级豪华表示，继豪华之后由高级到低级依次为 1、2、3、4、5，数越大，档次越低。

三、我国旅游饭店等级评定流程

我国旅游饭店星级评定机构总体实行“分级管理、下放星级标准与星级评定权”措施。国家旅游局设全国旅游星级饭店评定委员会，它是全国星评工作的最高机构，负责全国旅游饭店星评工作、聘任与管理国家级星评员、组织五星级饭店的评定和复核工作、授权并监管地方旅游饭店星级评定机构。各省、自治区、直辖市旅游局设省级旅游星级饭店评定委员会；副省级城市、地级市（地区、州、盟）旅游局设地区旅游星级饭店评定委员会。根据上级星评委的授权开展星评和复核工作。

星级评定遵循企业自愿申报的原则。凡在中华人民共和国境内正式营业 1 年以上的旅游饭店，均可申请星级评定。经评定达到相应星级标准的饭店，由全国旅游饭店星级评定机构颁发相应的星级证书和标志牌。星级标志的有效期为 3 年。

具体评定流程包括：

1. 申请

申请星级的饭店，均须执行《旅游统计调查制度》，承诺履行向全国旅游饭店星级评定机构提供不涉及本饭店商业经营管理数据的义务。

旅游饭店申请星级，应向相应评定权限的旅游饭店星级评定机构递交星级申请材料；申请四星级以上的饭店，应按属地原则逐级递交申请材料。申请材料包括饭店星级申请报告、自查自评情况说明及其他必要的文字和图片资料。

2. 受理

接到饭店星级申请后，相应评定权限的旅游饭店星级评定机构应在核实申请材料的基础上，于 14 天内做出受理与否的答复，对申请四星级以上的饭店，其所在地旅游饭店星级评定机构在逐级递交或转交申请材料时应提交推荐报告或转交报告。

3. 检查

受理申请或接到推荐报告后，相应评定权限的旅游饭店星级评定机构应在一个月内以明察和暗访的方式安排评定检查。检查合格与否，检查员均应提交检查报告，对检查未予通过的饭店，相应星级评定机构应加强指导，待接到饭店整改完成并要求重新检查的报告后，于一个月内再次安排评定检查。对申请四星级以上的饭店，检查分为初检和终检：

（1）初检由相应评定权限的旅游饭店星级评定机构组织，委派检查员以暗访或明察的形式实施检查，并将检查结果及整改意见记录在案，供终检时对照使用；初检合格，方可安排终检；

（2）终检由相应评定权限的旅游饭店星级评定机构组织，委派检查员对照初检结果及整改意见进行全面检查；终检合格，方可提交评审。

4. 评审

接到检查报告后的一个月内，旅游饭店星级评定机构应根据检查员意见对申请星级的饭店进行评审。评审的主要内容有：审定申请资格，核实申请报告，认定本标准的达标情况，查验违规及事故、投诉的处理情况等。

5. 批复

对于评审通过的饭店，旅游饭店星级评定机构应给予评定星级的批复，并授予相应星级的标志和证书。对于经评审认定达不到标准的饭店，旅游饭店星级评定机构不予批复。

任务五 展望未来旅游饭店的发展趋势

案例导入

福建省漳州市的美伦山庄，充分利用酒店内的卡达凯斯教堂和得天独厚的自然环境，设计了具有西班牙异域风情的婚庆产品：从“达利戒指”的爱情见证，到“海誓山盟”的爱情宣誓；从绮丽场景的婚纱摄影，到菜品中部分西式菜点的设计；从婚房的精心布置，到婚庆仪式的别具特色编排，都遵循故事性、趣味性、唯一性原则，让每位宾客充分感受独具特色的婚庆产品魅力。现在，该酒店的西班牙异域风情婚庆产品，配上全程个性化管家式蜜月服务，已成为酒店的主要品牌产品之一。

思考：从美伦山庄的案例可以反映我国旅游饭店什么样的发展趋势？

一、管理更趋智能化

未来旅游饭店都将通过数字化与网络化实现酒店数字信息化服务技术，这就是所谓的智慧酒店。智慧酒店是指利用物联网、云计算、移动互联网等新一代信息技术，通过酒店内各类旅游信息的自动感知、及时传送和数据挖掘分析实现旅游六要素的电子化、信息化和智能化，满足客人个性化需求，并帮助酒店达成开源、节流、增效的目的。“智慧酒店”的建设需要集通信网络、云计算、物联网、“互联网+”等技术于一体的全信息化服务体系作为支撑。如2016年4月21日，新疆首个智慧酒店——乐尚精品酒店建成。客人可以在酒店的任何一处轻松连接免费无线局域网，“云酒管”实现了跨平台应用，让酒店与美团、同程网等在线销售商实时互联，订单自动同步。而微信订房服务，则让客人可以通过手机微信平台享受订房、导航、支付、选房及退房等服务。此外，客人通过手机可以自由控制客房内各种设施，还可以通过电视订购酒店其他服务、了解当地的旅游攻略及资讯。

此外，酒店机器人服务员的使用，也是一个不容小觑的发展趋势。2015年7月杭州南江机器人股份有限公司与开元酒店集团签署战略合作协议，宣布将就智能机器人在酒店行业的应用展开探索与深度合作，这意味着在中国酒店行业，智能机器人服务将真正从概念变为现实。预计将在2016年12月前率先推出实体百事通机器人、前台接待机器人，此系列产品会同步推向各开元酒店，乃至酒店行业，后续酒店智能机器人系列产品将陆续面世。此外，青岛都市118首次引入前厅“智慧入住神器”、北京亚运村丽枫酒店，实现了国内第一次酒店机器人送物服务全流程实地跑通。当然，机器人服务员能否提供人性化服务、个性化的服务，最终取代人类服务员，我们将拭目以待。

二、产品更趋内涵化

开元旅业集团董事长陈妙林曾说过，随着休闲时代来临，酒店行业开始会把高档商务或度假酒店，转向具有文化内涵的精品酒店和符合个人消费的产品，如绍兴的开元大禹、宁波的十七房和盐官古城等，这就是所谓的精品酒店，它具体指那些具有浓郁的当地文化特色和独特历史记忆的酒店，能提供独特、个性化的居住服务，并因其规模小、客房少，可以实现一对一的“管家式服务”。任何一家精品酒店，都非常注重其所提供的服务和产品的差异性、独特性、唯一性。如上海璞丽酒店，这是中国首家定位为“都会桃源”的奢华酒店。它以“茶 SPA”为特色主题，搭配观景的恒温泳池，创造桃源般的度假体验。围绕茶主题，研发丰富多样而又独具疗效的茶叶护理，包括：绿茶净化排毒，白茶平衡舒缓，玫瑰花茶滋润养颜，菊花茶清心静气。又如，丽江悦榕庄的悦榕 SPA 推出一系列由春、夏、秋、冬季节启发的护理疗程，将茶、禅、瑜伽、SPA 等具有鲜明的东南亚风情产品，融入悦榕庄独特的遁世风格文化中，成为精品酒店的标志性代表。

三、运营模式更趋网络化

O2O 微服务，O2O 即 Online To Offline，是指将线下的商务机会与互联网结合，让互联网成为线下交易的前台，这个概念最早来源于美国。近年来，“互联网+酒店”的运营模式兴起，2015 年北京首旅酒店（集团）股份有限公司、阿里旅行·去啊及北京中长石基信息技术股份有限公司签署了战略合作协议，共同开拓酒店及旅游业务市场，此次合作，三方共同推动“互联网+”战略在首旅酒店集团的落地。首旅酒店集团在基础服务方面得到提升，如为酒店提供网络覆盖、电视院线、地图定位等；首旅集团还可共享基础系统软件，如云端 PMS、“客房通”等系统云端共享，借助平台工具，有效提升酒店运营效率。石基信息将协助首旅酒店集团全面推动基于酒店信息管理系统和阿里旅行系统的互联互通。石基信息还将为首旅酒店集团旗下各品牌酒店提供杭州西软 PMS 系统标准模块的首次安装、培训及升级、维护工作，并对酒店进行中央预订系统对接等维护工作。未来，中国酒店发展运营模式必将更趋网络化。

项目小结

旅游饭店是以旅游接待设施为依托通过向旅游者及所在社区提供住宿、餐饮、娱乐等综合服务来实现经济效益和社会效益的企业，其最基本的功能是住宿和餐饮功能。为了方便游客在入住时可以根据饭店的不同等级进行选择，我国饭店实行星级评定制度，具体分为五个级别，即一星级、二星级、三星级、四星级、五星级（含白金五星级）。随着时代发展，我国旅游饭店将出现管理智能化、产品内涵化及运营模式网络化等趋势。

案例思考题

微服务　大智慧

2014 年 11 月，东呈成为首家微信卡包落地的连锁酒店集团，并推出了酒店“微服务”——经过近半年时间，目前已经扩展为包括预留房、秒退房、晚退房、微续住、呼叫清洁阿姨和维修大叔在内的六大微服务项目——消费者通过微信企业号输入或喊出关键字指令，前台都会直接接收信息并迅速响应。微信连接 Wi-Fi 则在 2015 年年初实现落地，在酒店内或附近搜索 Wi-Fi，便可自动连接并进入东呈微信欢迎页面，不再需要向前台询问密码。这项服务不仅可以帮助客人快速连接 Wi-Fi，更可以直接提供微信公众号的“微服务”以及活动优惠，形成一个更大的“轻入口”。例如，360 度全景看房、选房，扫码购物、扫描点评等多个 O2O 体验，构建了以客人为中心的移动互联空间，也逐步构造了完全由客人主导的服务和营销模式，将酒店打造成融合线上、线下的智慧生活平台。

问题： 1. 东呈的“微服务”对酒店经营产生了哪些影响？

2. 东呈的做法反映了我国酒店业的哪种发展趋势？

技能训练

一、任务名称

调查本市旅游饭店

二、任务目标

1. 通过分组的方式，完成本市旅游饭店的调查。
2. 对调查所得的旅游饭店按规模、饭店特色及宾客特点、星级等标准进行分类。

三、任务实施

1. 对班级学生进行分组，每组5~7人。
2. 明确调查要点，旅游饭店的地理位置、规模、饭店特色及宾客特点、星级等。
3. 分组对本市旅游饭店进行调查。
4. 撰写简单的调查报告。
5. 教师适时指导。
6. 时间：2周。

四、成果考核

1. 调查报告。
2. 教师根据本小组学生报告情况打分，计入平时成绩。

项目八　旅游交通

学习目标

通过本项目学习，你应该能达到：

［知识目标］1. 掌握旅游交通的概念及作用。

2. 了解我国旅游交通现状。

3. 了解我国旅游交通未来发展趋势。

［能力目标］能够掌握本省的主要旅游交通要道。

［实训目标］能够掌握华东旅游线的主要旅游交通路线。

任务一　明确旅游交通的概念及作用

案例导入

欧洲空中客车 A380 是世界上最大的客机。它在 2005 年 4 月 27 日进行了首航，在 2007 年 10 月 25 日进行了第一次商业飞行。空中客车 A380 全机身长度双层客舱与四台发动机成为最易辨认的独特外形。空中客车 A380 在单机旅客运力上有无可匹敌的优势。在典型三舱等（头等舱—商务舱—经济舱）布局下可承载 525 名乘客。空中客车 A380 飞机被空中客车公司视为其 21 世纪的“旗舰”产品。A380 在投入服务后，打破波音 747 在远程超大型宽体客机领域统领 35 年的纪录，结束了波音 747 在市场上 30 年的垄断地位，成为载客量最大的民用客机。

思考：交通工具的改进与发展对旅游业发展起到什么作用？

一、旅游交通的概念

由于旅游产品的不可转移性，旅游者在进行旅游活动时，必然要涉及自身空间位置的转移，这就得借助一定的交通工具。通俗地讲，旅游交通是指旅游者利用某种手段和途径，实现从一个地点到达另一个地点的空间转移过程。它既是“抵达目的地的手段，同时也是在目的地内活动往来的手段”。旅游交通作为整个交通运输的一部分，是与整个交通运输体系紧密联系在一起的。如在一个城市的旅游公交专线中，既有旅游者，也有非旅游者，且和普通的公交使用着同样的交通线路，这辆旅游公交车，既可看成是普通交通运输工具，也可看成是旅游交通工具。因此，旅游交通不可能离开整个交通运输体系而单独发展。

二、旅游交通的作用

（一）旅游交通是旅游活动的必要条件

旅游业的产生及发展与交通的发展是紧密联系在一起的。无论古代旅游、近代旅游还是现代旅游，旅游交通都是联系旅游者与旅游对象、客源地与目的地的重要环节，否则，虽有名山胜景，旅游者也只能望而兴叹。发达的旅游交通既能缩短旅途时间、节省旅游费用、扩大旅游的空间范围，又直接影响着旅游活动的规模、形式和内容。

（二）旅游交通是旅游目的地发展的重要保障

旅游目的地在发展过程中首先要解决的问题就是提高旅游目的地的可进入性，即提高旅游者进入旅游目的地的畅通和便利程度。只有旅游者来参观，旅游资源和服务设施才能发挥作用、创造效益。发展旅游交通，就是要实现旅游者“进得来、散得开、出得去”的目标。实践证明，旅游交通条件完善、旅游资源丰富的地区，旅游业往往得到较快的发展，旅游人数逐年增加。相反，在一些旅游交通欠发达或不发达地区，即使拥有丰富独特的旅游资源，旅游者也难以或无法到达，更谈不上旅游活动的顺利开展了。

（三）旅游交通收入是旅游业收入的重要组成部分

旅游者外出旅游必须借助交通工具，并且花在交通上的费用不少。交通费用在全部旅游费用中究竟占有多大比例，这取决于旅游距离的远近和旅游的档次水平。距离越远，在交通上的花销越大。大众旅游者在交通上的花费占总花费的比例要高些，因为交通费很难节省，而住、吃可以尽量节省。据统计，旅游者总花销的30%～40%是用于交通。

任务二 了解各类旅游交通简况

案例导入

香港电车在1904年投入服务，是香港历史最为悠久的交通工具之一。服务的路线从最初的铜锣湾至西环，到现在覆盖整个港岛北部；由单线行车到双程，单层到双层，见证了香港20世纪的发展历程。香港电车不仅是港岛北居民的重要交通工具，也成为外地旅客观光的著名景点。

思考：结合案例说说我们生活中的旅游交通工具有哪些。

一、公路类

汽车的大规模使用，带动了交通基础设施的快速发展，19世纪末至20世纪30年代，全球各个国家都开始对原有的乡村道路进行改建或加铺路面，逐步形成基本道路网。20世纪50年代后，高速公路与干线公路规划开始实施建设，道路交通条件得以大幅改善，为道路运输的发展奠定了良好的基础。

二、铁路类

铁路在旅游交通中主要起到中长途运输作用，是外部交通组织中重要的组织方式之一。

随着我国经济的发展和居民生活节奏的加快，人们对交通工具的便捷性、快速性、舒适性等要求也在不断提高，同时，高速公路网的迅猛发展更使铁路运输面临严峻的挑战。在此巨大的压力下，我国铁路开始探求新的发展出路：通过技术创新和管理手段的提升，实现铁路运输的高速化和重载化。2007年的第六次提速后，我国部分铁路区段的运输时速可达到200公里以上，实现了铁路高速化的跨越性发展，标志着我国开始进入高铁时代。与其他运输方式比较，高速铁路具有明显的优势——运送速度快、准时性高、安全系数高、环境污染小、价格合适。高速铁路是唯一一种能在时间上与飞机相抗衡的交通工具，但是相比航空运输的高价格，铁路运输的票价低很多，使得旅客出行的选择余地变大。

三、水路类

我国是全球水路运输发展比较早的国家之一，公元前2500年便开始制作舟楫，商代制造出帆船；公元前500年左右开凿运河；唐朝向国外输出丝绸及其他货物，开发出海上丝绸之路；1872年，由我国自行研制的蒸汽机船舶开始在内河与海上航行。水路运输具有强大的运载能力、低成本、少投资、少能耗、平均运距长等多项优势，已经成为国内、国际货物运输的重要方式之一。

由于水路运输条件复杂、营运范围受天然航道的限制、航程容易受到自然气象条件的影响，使得运送的准时性和安全性差、经营风险相对于其他运输方式略高，这些固有的不利因素使得水路客运的发展受到限制。因此，并没有大规模地运用于客运，只有在近海岸和内河航道的港口、码头保留了水路客运的功能，例如烟台港—大连港之间的客运航线。相反，水路运输以其独有的优势被广泛应用在远洋货物运输和大宗货物运输上。目前，水路客运基本上被包装成旅游产品，主要负责内河航运与大型邮轮的远洋观光。有了旅游业的发展作为依托，邮轮业在各国迅速兴起，成为新兴产业的重要组成部分。

知识拓展

世界三大邮轮集团公司

1. 皇家加勒比邮轮公司成立于1965年，1988年并购了成立于1986年的埃德米诺邮轮公司，1997年兼并了1989年成立的名人邮轮，正式成为现在为人所熟知的皇家加勒比邮轮公司。发展至今，皇家加勒比旗下共有梦幻、君主、航行者、自由、量子五大系列23艘邮轮。

2. 嘉年华邮轮公司成立于1972年，1988年并购英国老牌P&O公主邮轮公司，1989年又继续并购风星、HAL、Home三家邮轮公司，1992年购买了海运邮轮公司50%的股份，1997年购买了歌诗达邮轮51%的股份，2000年又购买了歌诗达邮轮的剩余股份。经过一系列整合，2003年嘉年华邮轮集团正式成立。公司现在有32条豪华邮轮服务于全球各地。嘉年华庞大的邮轮集团覆盖着美国、澳大利亚、英国、德国、西班牙和意大利六个母体市场，旗下邮轮公司各司其职，提供不一样的服务与线路，有着截然不同的乘客群。市场涵盖奢华、豪华、高级和经济各层面。

3. 丽星邮轮被称为“亚太地区的领导船队”，以推动亚太地区的国际邮轮旅游发展为主要目标，成立于1993年，先后并购了挪威邮轮、美国NCL（NCL America）、东方邮轮及邮轮客运，成为世界第三大联盟旅游公司。航线遍及亚太地区、南北美洲、加勒比海、阿拉斯加、欧洲、地中海、百慕大及南极等地。

四、航空类

我国民航客运的发展始于 1949 年，民用航空局于 11 月 2 日正式成立，拉开了我国民用航空事业发展的序幕。2011 年 10 月，民航总局对所属企业进行了重组，通过联合航空公司与航空服务保障企业，成立了“中国航空集团公司、中国东方航空集团公司、中国南方航空集团公司”三大运输公司和“民航信息集团公司、中国航空油料集团公司、中国航材进出口有限责任公司”三大运输服务保障集团，基本上形成了国营航空集团公司三足鼎立的局面。民航运输工具因其在速度、服务、舒适性上的优势，成为外部交通的主力。

五、非主流交通工具及设施

针对不同的地势与气候，旅游业引进不同的特殊交通工具。特殊交通工具种类多种多样，主要包括游船、马匹、索道等。这些特殊交通工具的使用丰富了景区旅游活动的内容，增强游船主要针对沿海或靠近湖泊的景区，旅游者可以乘船参观海景或陆地无法抵达的岛屿。马匹主要适合对平原景区的游览，旅游者不仅可以观景，还可以体验原始交通工具的神奇。高空索道是景区内最常见的交通工具，能够跨越山河，克服各种复杂地形的阻碍，且兼顾了观光游览的作用。与其他交通方式相比，索道的修建具有破坏植被少、污染小、占地少、加速旅游者周转等优点，是各大风景区输送旅游者最理想的交通工具之一。

任务三　展望未来旅游交通的发展趋势

案例导入

经过近 5 年的建设，新建合肥至福州铁路（简称“合福铁路”）于 2015 年 6 月 28 日正式开通运营。合福铁路纵贯安徽省中南部、江西省东部、福建省东北部地区。北起安徽省合肥市，经安徽省巢湖、铜陵、芜湖、宣城、黄山市，江西省上饶市，福建省南平、宁德市，终至福建省福州市。沿途经过黄山、婺源、三清山、武夷山等风景名胜区，被誉为“最美高铁”。

思考：结合案例说说我国旅游交通未来将呈现什么样的发展趋势。

旅游交通经过了一个不断发展的过程。从古代的轿子、马车 、独木舟，到近代的帆船和现代的轮船、火车、汽车、飞机等，旅游交通工具日益现代化，推动着旅游业的不断发展。随着现代旅游的发展，人们旅行的交通需求越来越高，其基本要求就是“便利、高效、快速、安全、舒适、经济”。目前，世界旅游交通的主要方式有公路、铁路、航空和水运，它们通过相互配合、相互补充、扬长避短，为了促进旅游业的发展而共同创造物质条件。此外，为了满足旅游者某种特殊需求而产生的诸如索道、气球、宇宙飞船等交通运输方式，也是旅游交通不可或缺的组成部分。随着世界旅游业的发展，世界旅游交通有以下趋势。

一、综合交通发展形势已势不可当

就目前国内外的交通发展趋势来看，综合交通的发展形势已经不可逆转。所谓“综合交通”，主要由内部交通系统和外部交通系统两大部分组成，是交通运输系统内各组成部分之间以及交通运输系统与其外部环境之间形成一体化协调发展的状态。对旅游交通的发展，必须在综合交通的宏观视野下进行，研究其交通系统内部的各种关系，包括交通对于旅游、生态、环境以及遗产保护等各方面的功能，才能对实践具有科学的指导意义。

二、旅游交通工具将呈现多元化

首先，公路和航空仍将是旅游交通的骨干。这主要是由于航空交通速度快、安全、可靠性增强，成为国际旅游主要的交通工具。公路交通机动灵活，路面等级不断提高，发展公路网甚至打破国界，加上世界旅游客源的主要发生地欧美各国小汽车普及率高，成为国内和至邻国的中、短距离旅游最重要的旅游交通方式，乘汽车出游的人越来越多。其次，宇航工具将进入旅游交通行列。随着航空航天技术的不断发展，宇航工具将进入旅游交通行列，乘坐最先进的宇宙飞船去太空旅行，将不再是一个神话。美国正在计划举行此项旅游活动，下一世纪将会有更大发展。再次，绿色环保旅游交通将成发展趋势。全球环境污染和气候变化，世界各国强烈呼吁“绿色 GDP”的发展模式，“低碳经济”的提法应运而生。低碳经济几乎涵盖了所有产业领域，也包括旅游产业，具体到低碳旅游交通，指的是以低能耗、低污染、低排放为基础的旅游交通发展模式。如自行车这种旅游交通方式具有健身、节能、不污染环境等优点，还能增强体能、提高人民的意志，费用支出又少，还可边走边游，不受交通车辆开停和时间限制，特别适合短途和近郊旅游，也适合区域旅游，发展前景比较广阔。

三、旅游景观交通渐受重视

未来旅游景观交通的发展将是旅游交通发展中的重要成分，将交通与旅游有机结合为“行路亦观景，观景亦行路”，不仅为旅游者提供了新的旅游兴趣点，也为当地居民提供了新的休闲娱乐方式。旅游景观交通的规划与发展，要与城市建设规划、旅游发展规划保持一致，符合区域旅游的整体发展要求。

项目小结

旅游交通是指旅游者利用某种手段和途径，实现从一个地点到达另一个地点的空间转移过程。它既是抵达目的地的手段，同时也是在目的地内活动往来的手段。旅游交通分为公路、铁路、水路、航空及非主流交通工具等几大类。随着时代的发展，我国旅游交通工具必将在综合交通视角下发展，同时，交通工具也逐渐呈现多元化，景观交通也将逐渐受到重视。

案例思考题

草原之星

冠名“草原之星”的全境旅游专列每年5~10月开行，根据行程不同，分为1条主线、10条支线。专列全部由新型空调列车组成。

“草原之星”内蒙古全境游专列全程往返7134公里，以“魅力青城”呼和浩特为中心，西起大漠边关阿拉善盟额济纳旗，东至魅力边城呼伦贝尔市满洲里，覆盖全区12个盟市36个旅游景区。车厢免费提供时令水果、平板电脑和书刊棋牌等娱乐设施，并全程配备专业随车医生，同时专门为残疾人设置了无障碍通道以及专用卫生间、座椅、卧铺等人性化服务设施。

问题：

1. 什么是旅游专列？
2. 旅游专列与普通列车相比有什么特点？

技能训练

一、任务名称

华东旅游线主要高速公路交通线路绘制

二、任务目标

1. 通过本次训练，了解常规华东旅游线的地域范围。

2. 通过主要高速公路交通线路的绘制，熟悉华东旅游线的交通路线。

三、任务实施

1. 教师带领学生查看地图，明确本次实训作业中所涉及的常规华东旅游线的地域范围，并指定出发城市。

2. 对班级同学进行分组，每组4~6人为宜。

3. 小组内进行资料查找和讨论，整理出从出发地城市开始进行华东旅游会涉及的几条主要高速公路名称及走向。

4. 以小组为单位绘制华东旅游线的简要地图。

5. 在华东旅游线的简图中绘出主要高速公路，并标上名称。

6. 教师适时指导。

7. 时间：1周。

四、成果考核

1. 华东旅游线主要高速公路交通线路图。

2. 教师根据地图绘制的精确及完整程度评分，纳入平时成绩。

项目九　旅游商品

学习目标

通过本项目学习，你应该能达到：

［知识目标］1. 掌握旅游商品的概念。

2. 了解旅游商品的属性特征。

3. 了解旅游商品发展的作用。

［能力目标］能够准确判别旅游商品与普通商品的差别。

［实训目标］能够结合本地区的地域文化，设计一款旅游纪念品。

任务一　了解旅游商品的概念及作用

案例导入

有着“华山天路”之称的西峰索道正式运营。被认为是创举之一的悬崖开砸硐室站房，其工程中所挖出的花岗岩，被悉数保留了下来。随着西峰索道结束了“华山自古一条路”的历史，这些被人视为废品的花岗岩几乎全部被重新利用，其中大部分用来修建金天宫遗址，其余部分被西峰索道的开发者——陕西旅游集团进行了一次旅游纪念品文化创意开发的“试水”。

利用废花岗岩开发出的这批旅游文化纪念品名叫“华山道斧”，每把道斧与寻常斧子大小一致，内嵌青铜，桃木为柄，斧身刻有“与华无极”的秦篆印章，斧子可置于底座上进行陈列。此外，每把斧子摆放在桃木匣中，内含一本古书状的册子“斧说”与一枚钱币。整套纪念品看起来古色古香，寓意深远，有很强的收藏价值。

资料来源：第一旅游网

思考： 1. 什么是旅游纪念品？

2. “华山道斧”的设计成功之处体现在哪些地方？

一、旅游商品的概念

（一）旅游商品的基本内涵

旅游商品包括两个部分：旅游商品和一般性消费品。旅游商品是旅游购物的主要组成部分，其产生的效益也很大。

广义的旅游商品是指为满足旅游者的旅游需求以交换为目的而提供的具有实用价值的有形和无形服务（无形商品）的总和。因此，旅游商品是一个商品集合体的概念，它包括交通商品、餐饮商品、住宿商品、景观商品、购物商品、娱乐商品以及包含在其中的服务类商品。

狭义旅游商品指旅游地商店对游客出售的有形商品。

（二）商品和旅游商品的区别

商品，首先必须是劳动产品。换句话说，如果不是劳动产品就不能称为商品，即旅游商品必须是跟旅游相关的劳动产品。

旅游商品属于商品的一种，作为商品，还必须能用于交换，商品总是与交换分不开的。也就是说，如果不用来交换，即使是劳动产品，也不能叫商品。

商品是为了交换或出卖而生产的劳动物品，是使用价值和价值二重性的统一体。其属性大致有三：商品本身所固有的特性为商品属性；商品的自然属性及有用性为商品的自然属性；价值则为商品的社会属性，可见旅游商品的广泛性。

二、旅游商品的属性特征

（一）实用性

实用性是指商品具有一定的使用价值。旅游者在旅游过程中所购买的纪念品可以是一件有一定使用价值的生活日用品或其他有特殊用途的物品，如一件印有景区标志的文化衫、一件工艺雕饰、一块有特殊图案的挂件等。这些物品，既有实用功能，又因其特定的产地和特殊的工艺、图案或设计而具有纪念意义。

（二）艺术性

在很多情况下，旅游者购买旅游商品是为了作为礼品送人，或作为纪念品、收藏品珍藏。因此，旅游商品应具有较高的艺术性。旅游商品只有具备艺术美，才能给人以审美情趣，才能具有特殊的欣赏价值和收藏价值，才能有市场。

实用性、艺术性是旅游商品的本质属性。旅游商品如果没有实用性，就失去了作为商品的价值；如果没有艺术性，也就不能区别于一般商品。

（三）纪念性

一次旅游就是一次经历。对于旅游者来说，这种经历是难忘的、具有纪念意义的。这种纪念意义既体现在他（她）日后的记忆（回忆），也体现在其旅游时所购买的各种纪念物中。在旅游地购买的饰物、挂件、明信片，甚至在旅游地采集的门票，都可能作为该次旅游的纪念品而被永远珍藏。旅游商品的纪念性价值，主要来自商品的民族特色或地方特色。例如，许多外国女性旅游者常常购买旗袍、绣花鞋等，她们看中的是中国的民族特色。

（四）时代性

旅游是人们追求精神和物质享受的一种消费活动，具有鲜明的时代气息。旅游商品必须适应人们这种消费活动的特点而具有时代性。特别是随着社会的发展，高科技已渗透到生产和生活的方方面面，许多商品显现着高科技的时代印记，不断更新换代。例如，在我国像景泰蓝这样的传统工艺品已经渗透到诸如钥匙扣、指甲刀、水笔、吉祥物等各种日用品。

知识拓展

国家旅游商品研发中心的成立

国家旅游局于2009年11月在义乌市设立“国家旅游商品研发中心”，该中心是由义乌市创意园承建的以旅游商品研发设计为重点，集旅游新产品、新技术的收集展示、信息发布、成果转让、推广应用为一体的开放性平台。义乌作为全球最大小商品批发市场，是旅游商品研发、生产、流通的重要地区，具有“小商品海洋，购物者天堂”的美称，义乌已被国家旅游局命名为“中国优秀旅游城市”、首个国家4A级购物旅游区。国家旅游局在义乌设立“国家旅游商品研发中心”，具有得天独厚的资源和市场优势。同时，义乌市创意园集聚香港、台湾、深圳、上海、杭州等地知名创意设计机构65家，营造了良好的创意氛围，将为国家旅游商品研发中心提供智力支持和人才保证。

三、旅游商品对旅游业发展的作用

旅游商品的开发与营销是整个旅游业的重要组成部分。缺乏旅游商品的旅游目的地，是不成熟的旅游区。一个充满活力、人气旺盛的旅游景区不仅在景点、项目上会给游客带来愉悦，还要在旅游商品的选购方面充分满足消费者的需求，这样才能给旅游业带来更大的经济效益。旅游商品对旅游所产生的影响是巨大的，归纳起来有以下几个方面：

（一）直接影响旅游景区整体层次的提高

拥有丰富多彩、品位上乘的旅游商品的旅游区，在很大程度上会弥补由于其他方面的缺失给游客带来的心理遗憾，对旅游区整体形象的提升起到极大的促进作用。同时，一个旅游区旅游商品的营销状况也直接反映出其经营水平和层次，是广大游客和有关管理部门对其做出评价的重要标准之一。

（二）与旅游区整体经济效益的提高息息相关

据有关研究表明，一般情况下，在旅游业总收入中，商品购物的比例应达到30%以上，在一些旅游业非常发达的国家和地区旅游购物占到旅游消费的50%～60%。如香港的旅游商品销售收入占旅游业总收入的60%以上。可见，要想发展旅游业，就不能不重视旅游商品的开发和营销工作。

（三）有利于突出旅游景区的地区特色和弘扬传统文化

不论是哪一地区的旅游商品，首先要有自己的特色，方能赢得游客的青睐。有些旅游商品（工艺品或艺术品）荟萃了当地民俗文化的精粹，具有鲜明的区域性特色，有些旅游商品甚至成为某一地区文化的象征。从符号学意义看，这些商品的产生不仅有着很深的文化底蕴，而且已成为这一民族和地区的标签或文化符号。因此，大力开发旅游商品对继承和传播民族优秀文化具有重要的意义。

（四）能为当地民众提供一定的就业机会，可直接提高他们的经济收入

通常，制作、经营和销售旅游商品的应该是当地的民众。那些手工作坊匠人、雕刻与缝制能手、特色小吃的生产者、民间艺人是旅游商品生产和制作的主体。民众中蕴藏着大量的此类人才，亟待我们去进一步发现和引导，并通过旅游这一平台将他们引向市场，充分发挥他们的才智和潜力。一旦这一市场培育起来，受益的不仅是旅游景点、景区，同时与旅游商品产供销相关的所有个人和企业都将受益匪浅，这样既能解决部分社会就业问题，又能为地方经济的发展起到积极的推动作用。

任务二　了解旅游商品的文化内涵及存在问题

案例导入

据昆明市旅游购物行业旅游投诉受理站的数据显示，2015年，该站协助游客退货商

品的金额达到2318.7万元，退货处理完成率100%。作为昆明市旅游投诉中心的分站，受理站对旅游购物有关纠纷和投诉进行调解、处理。在去年该站受理的961件投诉中，旅行社协助游客退货379件，金额880.1万元；购物企业直接给游客退货582件，金额1438.6万元。

从退货商品种类来看，翡翠玉石793件、黄龙玉140件、金银器物10件、中草药及制品12件、其他6件。因为“商品质价不符”退货的投诉达到836件，占全部投诉的87%；因“商品质量问题及瑕疵”退货的投诉96件，无理由退货29件。

思考：案例中昆明旅游投诉的原因是什么？

一、旅游商品文化内涵的界定及设计

（一）文化内涵的界定

旅游商品作为文化的载体，每一件都镌刻着旅游者一段难忘的经历，都反映出不同的文化渊源。加强旅游商品的文化性设计，对丰富旅游商品的内涵，提高旅游商品的文化品位，改善旅游商品的内在质量将起到重要作用。

在中国旅游商品中融入中国传统文化和艺术内涵，会使中国旅游商品带有中国特色，显示出个性、差异性，将更符合旅游者的需要。中国传统文化的艺术内涵和商品有机地结合，可以提高旅游商品的档次，引导消费者需求向更高层次发展。对旅游商品的文化内涵的认识可以从以下几个方面展开。

1. 旅游商品或服务层面

从文化营销的角度来说，这一层面上就是推出能满足人们生活质量、推动人类物质文明发展的产品或服务，它是旅游文化观念的物化载体，具有物质性、基础性、易变性的特征，并能引导一种新的、健康的消费观念和消费方式。具体产品设计中，应分五个层次来递进考虑并互相连接。第一，被称为核心产品，它是产品设计的起点和依据。在这里，设计要回答的问题是：旅游者购买这种产品要追求的核心利益是什么？或者，旅游者购买这一产品想要解决一些什么样的问题？第二，依据核心产品或利益设计出实际的基本产品。第三，实际的基本产品的扩大部分，即期望产品，它包括为顾客提供的其所期望的各种服务与利益。第四，附加产品是指超越顾客期望的那部分产品。第五，未来可能的产品，指目前产品的演进方向或可能出现的配套产品。

2. 旅游商品品牌文化层面

品牌有无竞争力，能否成为名牌，并不主要取决于技术物理差异，而在于品牌是否具有丰富的文化内涵。北京景泰蓝、天津泥人张彩塑、无锡惠山泥人、风靡全国的唐装、中国结等就采用了文化创意手法，借助人们早已熟悉和热爱的中国传统文化，赋予品牌一种强烈的文化色彩和情感。同样，以古老的原始宗教文化为背景，在贵州涌现出来的木瓢旅游工艺品，独特而神秘，不仅登上了国内外的博物馆殿堂，也成为近年来深受旅游者青睐的纪念品，赢得了个性化的竞争优势。

3. 旅游商品中的企业文化层面

在旅游商品营销过程中，将当地旅游业优秀的理念文化、制度文化、行为文化、物质文化通过整合借助于旅游商品有效地传达给社会，以塑造良好的企业形象，优良的企业形象反过来又有助于旅游商品各项营销手段与技巧的顺利实施，从而达到促销的目的。

（二）文化内涵的设计

依循文化人类学中研究物质文化的方法和旅游文化特点，我们发现 6 种器物要素的文化特质，可作为旅游商品文化性设计的参考：

（1）题材与制度。它是旅游商品中的文化含义。旅游商品的造型题材来自不同的地区和时代，来自不同的题材器物的制度，这些都反映当时的社会状况和思想意识。例如北京北洋旅游工艺厂设计生产的北京绢人精品仕女系列，在外观造型上就是取材于中国历史文学题材。中国的古钱币外圆内方的外形，就是古代哲学天圆地方宇宙观的反映。

（2）形态。它代表了不同年代、不同旅游地人们的审美意识。旅游商品造型中的有机形态和几何形态，常常蕴含新的含义。比如德国设计的科学性、逻辑性和严谨、理性的造型风格；日本的新颖、灵巧、轻薄玲珑而又充满人情味的特点；意大利设计的优雅与浪漫情调；斯堪的纳维亚设计喜好有机自然形态，富有生命力的意义。

（3）材质。指生产制作旅游商品所用的原材料。不同的文化背景、不同地域材料都是不同的，原材料的选择也因此会形成不同的文化差异，旅游者也可由材料得知旅游商品的特殊意义。越是历史悠久的、传统的商品由“材”而反映出的文化背景就越深厚。比如徽墨、宣纸、歙砚，就是皖南地方特有的天然材质和中国传统徽派儒商文化的反映。

（4）色彩。它所拥有的象征意义，不同文化有相当不同的看法。意大利的民族热情从其用的鲜艳色彩可感受到，色彩除了能表示感觉外，相同的色彩之于不同民族的人具有不同的意义：以黄色为例，东方代表尊贵、优雅；西方基督教则视为耻辱象征。又如红色，西方作为战斗象征牺牲之意；东方则代表吉祥、喜庆之意，因此色彩对不同的地域产生不同的文化观。

（5）功能。即旅游商品的物质功能与精神功能。物质功能指能满足购买者的某种物质方面的需要。精神功能则因民族、价值观念、审美情趣、宗教信仰等文化特征反映出商品给予购物者的精神与情感的享受。

（6）工艺。指旅游商品的加工制作方式。当地制作工艺与异地制作工艺，手工工艺与机械工艺，传统工艺与现代工艺都是不同文化在商品中的折射。例如，获第三届北京旅游商品设计大赛金奖的水晶内雕天坛，就是把中国传统金属工艺同现代水晶加工工艺相结合而创造出来的。

二、旅游商品存在的问题

国外旅游业发展较早，其旅游商品市场也相对成熟和先进，如泰国的购物支出已超过游客全部消费的50%。一般认为，旅游商品收入占整个旅游行业的收入，国际标准是30%，先进标准如香港是60%，而在我国却仅占20%左右。可见，我国旅游商品的市场状况远远落后于国际旅游业的平均发展水平。

（一）旅游商品千篇一律，缺乏纪念意义和地方特色

目前，我国各个旅游景区的旅游商品销售场所普遍出现游客看的人多、购的人少的现象。旅游商品交易相对冷清的主要原因之一，在于旅游商品雷同程度高，每个旅游景区销售的商品都千篇一律，没有个性，更缺乏纪念意义和地方特色。以青岛、三亚等海滨旅游商品为例，以海贝壳、珊瑚为原材料的旅游工艺品比比皆是，而在材质、造型、工艺、设计等方面非常相似，很难发现能体现地方风俗特色的海滨旅游纪念品。再如，我国一些少数民族旅游地区，到处可以见到做工精细的木质日本娃娃，却难觅当地民族卡通造型的雕塑商品。与之相比，欧洲的旅游商品则以资源优势和工艺特色为产品核心，如法国巴黎香水、瑞士军刀、意大利威尼斯面具、奥地利水晶饰品等，各地区的标志性、符号化的旅游商品不可相互替代，对游客具有极大的吸引力。此外，国外旅游商品设计突出文化内涵，具有较高的知识含量和保存价值，能带来令人愉悦的审美情趣和精神满足，如法国巴黎罗浮宫的名画点评画集、意大利佛罗伦萨的奇人趣事书籍等。

（二）旅游商品质量低下，假冒伪劣现象屡见不鲜

国外旅游商品工艺精湛、包装精美，如磁贴、相框、挂盘、摆设等工艺品造型栩栩如生，做工细腻精致，有较强的吸引力。但在我国，各地的旅游商品中随处可见仿冒的文物、劣质的书画、仿制的玉器等，在很大程度上制约了旅游者的购物欲望。我国生产加工外销的精美旅游商品遍布全球，国外销售的旅游商品屡见“Made in China”的标识，这说明粗制滥造的旅游商品充斥国内旅游市场的根本原因在于经营理念问题，而不在于设计理念和生产能力。由于旅游商品消费属于非专业购买，游客缺乏专业知识，投入购物的时间和精力有限，重复购买的可能性相对较低，因此旅游商品企业在短期利益的驱动下，以强卖的推销观念为指导，以牺牲产品质量为代价降低生产经营成本，销售

质量档次低下的旅游商品。这样一来，就大大降低了旅游者旅游购物的满意度，形成了不良的游客口碑传播，制约了我国旅游商品市场的良性发展。

（三）旅游商品销售方式单一，市场秩序混乱

目前，我国旅游商品销售渠道有两种主要形式：一种是设于景区、景点的零售网点，包括旅游景区自办自营和个体承包经营。这类销售渠道方便游客购买，但其主要问题在于自身经营实力有限，购物环境简陋，商品组合简单，缺乏商品开发力度和宣传促销手段。另一种是与旅行社挂靠的旅游商品定点销售商店，兼有国营和私营成分，一般选址在旅游景区附近，经营场所相对较大，购物环境良好，如北京同仁堂、桂林水晶宫、海南兴隆咖啡厂直销部等。这类渠道多为专业商店，商品款式相对齐全，但由于旅游商店本身与地接旅行社、地陪、司机、全陪等多方利益主体参与旅游商品的利润分配，以致旅游商品在成本上大幅度加成，使旅游商品的价格远远偏离价值。另外，此类旅游商品销售渠道中仍然存在定价不规范、销售折扣因人而异的现象。旅游商品市场秩序的混乱使游客感到缺少安全感，影响旅游商品市场的经营业绩。

（四）旅游商品物流体系滞后，配套服务不足

我国部分旅游商品在造型设计、商品包装、物流配送等方面未能充分考虑游客购买的可行性和便利性，从而制约了旅游商品的销售。如新疆、内蒙古的刀剑纪念品，因航运禁制而不得不使游客放弃购买；湖南凤凰的苗族牛角工艺品，因为体积过大、不便携带而导致销路不佳；北京蟠桃、山西杏子等旅游地农产品包装简陋，保鲜技术落后，易在旅游过程中腐烂变质，也影响了游客购买。在配套服务方面，与国外旅游发达国家相比，我国的旅游商品消费支付手段相对单一，银行联网交易成本较高，信贷消费观念尚未形成，不利于开拓旅游商品消费的吸引力和竞争力。另外，旅游商品销售缺乏出口退税体制，对于高档旅游商品，全国甚至全球范围的维修保养服务制度尚未建立，不能满足国内外旅游者对旅游商品的售后服务需求。

知识拓展

2016 中国旅游商品大赛成功举行

2016 中国旅游商品大赛颁奖仪式暨中国旅游商品开发研讨会于 5 月 24 日在浙江义乌隆重举行。本次大赛是由中国旅游协会主办，中国旅游商品与装备分会承办，来自 31 个省市自治区、新疆生产建设兵团和部分旅游商品与装备分会会员单位参赛。本次大赛共有 460 项商品、3300 余件商品参加了比赛。北京市的故宫猫系列，天津市

的津门贡掸，江苏省的灵·气（微型空气净化器），浙江省的多功能折叠袋，山东省的颐莲化妆品系列，广西壮族自治区的恋·石，四川省的成都银花丝生活用品系列，云南省的逸·手工打籽绣系列，西藏自治区的敏珠林藏香，陕西省的自然艺术系列获得金奖。

本届大赛参赛作品的特点是全、大、多：一是全系列，多品种、系列化已成为共识。二是大文化，各地利用特色物产、特色工艺等展现了不同的景区、城市、民族特点。三是多品类，传统工艺、现代技术，各具特色，又融合发展。本届大赛体现的旅游商品趋势是共存、融合、创新；传统与现代、艺术与生活，既有共存又有融合；文化、科技、生活融合发展；创新与设计合力发展。

经过8届的努力，中国旅游商品大赛已成为中国旅游商品发展的风向标，中国旅游商品开发研讨会也对旅游商品的发展起着重要的引导作用。

任务三　掌握旅游商品的分类

案例导入

苏州发绣即以人发在绸或绢上绣制图案，始于唐宋时期。1982年，苏州刺绣研究所绣制的双面发绣台屏《寒山寺》，在薄绢上用棕红、金黄、银灰等各色头发，绣出大殿、回廊、钟楼、松柏等。其中在黄豆粒大小的碑上，两面各嵌以4根4毫米长的头发，上面镌有《枫桥夜泊》诗，为发绣一奇。苏州发绣作品淡雅清隽，永不褪色，耐腐防蚀，便于收藏。

思考：案例中的苏州发绣是属于哪一类旅游商品？

旅游商品是一种特殊商品，其特殊性主要在于它的购买者是旅游者，因此旅游商品的分类标准应区别于一般商品的分类标准，突出旅游者的地位。旅游商品的分类标准应体现旅游商品对旅游者的直接效用，或者说体现旅游者对旅游商品的直接需求的性质。按照旅游者对旅游商品的直接需求可以将旅游商品分为六种类型。

一、旅游景点型

它是以文物古迹、自然风光为题材，为特定旅游景点开发制作的，古文物复制、仿制品等属于这类纪念品，如兵马俑复制仿制品、彩陶复制品、苏州仿古碑帖字画等。此外，介绍风土人情、景点特色、历史沿革、名人诗文、土特产品的专著及游记等书刊、导游图、风光图片、风情画册、书签、明信片等也属于这一类型。

二、事件依托型

它是一种专门为特定事件或活动（如运动会、风筝节）开发的旅游纪念品，如在2010年世界杯足球大赛期间，旅游部门及有关方面向厂商定制了一大批有球赛标志的烟灰缸、烟斗、书包、电子足球游戏机、打火机、T恤衫、纪念币等纪念商品，向游客出售。

三、名优特产品

名优特产品可分为工艺品、土特产品、旅游食品等。工艺品是观赏性、陈设性较强、艺术价值较高的旅游商品，包括雕塑工艺品、织绣工艺品、金属工艺品、漆器工艺品等。①雕塑工艺品，玉器、象牙雕刻、骨刻、石雕、木雕、刻砚及其他各种雕刻工艺。②织绣工艺品，刺绣、织锦、缂丝、抽纱、花边、绒绣、机绣、手工编结、珠绣、地毯等。③编织工艺品，用竹、藤、棕、草、玉米皮、麦秸等原料，编织出造型优美、风格各异的篮、盘、帽、席、包等手工艺品，美观实用。④漆器工艺品，我国漆器主要分布于北京、福建、上海、江苏扬州、四川成都和重庆、山西平遥、贵州大方、甘肃天水、江西宜春、陕西凤翔等地。⑤金属工艺品，我国金属工艺品主要有，景泰蓝、烧瓷、金银器皿、花丝镶嵌、仿古铜器、斑铜、铁画等。⑥花画工艺品，工艺花主要包括绢花、纸花、绒花、羽毛花、塑料花等。工艺画主要有贝雕画、羽毛画、树皮贴画、麦秸贴画、牛角画、软木画、竹帘画、棉花画、彩蛋画、邮票贴画等。⑦美术陶瓷，中国瓷器种类繁多，名品荟萃，诸如景德镇的青花瓷、粉彩瓷和颜色釉瓷，唐山的新彩瓷，浙江的龙泉青瓷等，此外，还有一批古代名窑瓷，如河南的钧瓷、河北的定瓷、陕西的耀窑瓷等。⑧其他工艺品，如扇、伞、料器、内画壶、宫灯、手杖、绒鸟、工艺蜡烛等。

四、名牌产品

指在一国或世界上被消费者普遍认可的商品，它们已成为一个国家或一座城市非常有代表性的商品。如法国的化妆品、日本的电子制品、中国的茶叶、韩国的人参等。这类产品在当地购买具有产地优势、价格优势。

五、旅游日用消耗品

在旅游途中［在各旅游客源地（国）所设车站、码头、机场内的免税店、旅游途中的普通商店］购买的日用消费品，不包括在居住地购买的日常用品。旅游日用消费品是旅游者在旅游活动中所必备的生活日用品，主要满足旅游者在旅游活动中的日常需要，是旅游者外出的必需品。它包括穿着和用品两大类，如各种旅游服装、鞋帽、器械、洗涤用品、化妆用品、娱乐用品等。它不同于一般日用品，要求实用品艺术化，具有纪念意义，带有礼品性质，因此它是实用性与纪念性相结合的商品，以轻工、纺织产品居多。

六、旅游专用品

在旅游居住地购买的旅游专用设备，如帐篷、登山包、服饰、望远镜等。旅游专用品是指具有满足旅游者从事旅游活动专门需要效用的旅游商品，最显著的特点是具有专用性，如旅游专用鞋、服装、望远镜、照相器材、风雨衣、电筒、指南针、游泳用品、各种应急品等。

知识拓展

旅游纪念品

旅游纪念品（Souvenir）一词来源于拉丁语Subenir，其本意是为回忆一次旅游而购买的商品，是纪念特殊时期或经历的事物。过去，旅游纪念品的范围非常狭窄，主要指旅游者在旅游目的地购买的具有浓厚当地特色的土特产品或手工艺品。如今，无论是日常生活用品还是其他产品，只要是游客为纪念的目的而购买的商品都可以称为旅游纪念品，因此旅游纪念品的范围相对来说可以很广。

任务四 关注旅游商品的开发与设计

案例导入

安阳殷墟作为商王朝的都邑，核心价值在于甲骨文。殷墟甲骨文是中国汉字之源，作为殷商文化重要组成部分的甲骨文，伴随着人类历史的发展经历了漫长的岁月。甲骨文是一种美丽的汉字，一个完整的标志，一种独特的图形符号，它兼容了汉字和图画特点，又是一种世界语言。在信息网络文化与其他高科技综合利用和发展的今天，甲骨文不仅在历史、文化、书法篆刻等领域被广泛研究，还常常应用于现代设计之中，如北京奥运会会徽、清华大学美术学院标志等。殷墟甲骨文是一种古老的汉字，是世界文化遗产的组成部分。从甲骨文中我们似乎感受到了殷商时代人们对自然最淳朴、最直接的认识和表达，犹如人的童年时代。安阳殷墟旅游景区围绕这一文化主题，设计了多种类型的旅游商品，主要可分为传统工艺品和现代工业化产品。常见的旅游纪念品为作旧甲骨、甲骨文拓片书、甲骨文工艺画、甲骨文书法等。

思考：安阳殷墟景区旅游商品设计体现了什么理念和要素？

一、旅游商品开发的理念

（一）考虑游客需求

随着体验经济的来临，旅游者的购物需求呈现出多元化的发展趋势，他们对旅游商品的地方特色、文化内涵、纪念意义、美观程度和实用性更加重视。鉴于此，旅游商品的生产经营者必须以旅游者的购物需求为导向，根据旅游者的国籍、地区、民族、年龄、性别、职业、个性心理特征、消费特点和购物偏好等，确定不同的目标市场和顾客群。

（二）展现景区与地方文化

对于旅游者来说，旅游是为了体验当地的异地文化、民俗风情。由于生活方式、思想观念的差异，往往越具有地方特色的商品，越容易吸引游客。因此，在旅游商品中融入地方文化的设计是必不可少的。实践证明，文化品位越高的旅游商品，就越受旅游者的欢迎。因此，利用地域文化提升旅游商品的竞争力具有现实意义。在展现地方文化的同时，需考虑旅游商品设计对景区主题文化的展示，从而发挥景区旅游商品传播景区主题、文化、形象的价值。

（三）体现创新

旅游商品同时也是时尚品，与时代同进步。旅游商品的设计创新是无极限的，创新是生命力，是财富源。旅游商品的创新设计理念主要体现在以下几个方面：旅游商品的功能设计的创新，功能设计要以人为本，从消费者的需要出发，充分体现人性化设计理念；旅游商品形式（材料、造型、包装）的创新，形象的鲜明性是造型独特性的表现，它可以形成独特的个性，不致使自身淹没在同类产品的浩瀚大海之中；旅游商品应尽可能具有时代感，适应于人们的价值取向和生活方式的变革。

（四）重视实用

旅游商品的实用性是指旅游商品具有的日常使用价值。对于许多旅游者来说，购买旅游商品时都是看中了它的日常使用价值，以便作为玩赏和馈赠之用。经过调查发现：纯欣赏的旅游商品对旅游者来说，所激起的购买欲望至少会降低一半，只有将实用性与艺术性巧妙地结合起来，才能吸引更多的购买者，即所谓的“好看”“实用”。对于大多数旅游商品而言，旅游者一般是在旅游过程中消费或携带的，因此，旅游商品应具有轻便性的特征。旅游商品的实用性还要考虑多样化，是指旅游商品的丰富性、可供选择性，能够最大限度地满足不同阶层、不同职业、不同民族、不同年龄、不同性别、不同爱好、不同实际需要、不同经济能力的游客的审美、实用需求。实用性还体现在配套功能的完善性方面，它是旅游商品生产可行性和优质性的重要保证。

二、旅游商品设计要素

（一）题材选择

1. 以消费者的需求为题材

景区商品设计的核心是对旅游者需求的发现、分析、归纳、限定以及选择一定的载体和手段予以开发和推广。景区商品设计的过程是从需求开始，又以商品作为载体将设计师的认识和判断物化的过程，并通过市场渠道将产品转化为商品进入人们的生活中。

2. 以时尚为题材

所谓时尚指的是一种外表行为模式的流传现象。表现在服饰、语言、文艺、宗教等方面的新奇事物往往迅速被人们采用、模仿和推广，表达人们对美的爱好和欣赏，或借此发泄个人内心被压抑的情绪。时尚属于人类行为的文化模式的范畴。时尚可看作习俗的变动形态，习俗可看作时尚的固定形态。由于时代变化，景区商品的款式更新速度增快，景区商品开发必须迎合时代发展，除了集娱乐性、趣味性、教育性于一体之外，时尚已经成为景区商品开发设计中的一大特征。

3. 挖掘本地特色题材

旅游商品要反映当地特色，在题材上可以适当选择与当地的自然景观、历史遗产、资源特色、民俗风情相互结合，使景区商品成为当地文化的缩影，具有纪念和收藏价值。以自然景观为题材的武夷山纪念品设计制作成了武夷山风景风情挂（台）历、武夷山古镇风情书签等，还与邮政部门协作，发行系列武夷山风光明信片、武夷山风光邮票等，还以民情风俗为题材的武夷山纪念品的设计开发武夷山景区民俗系列旅游商品系列，等等。

（二）造型设计

旅游商品造型设计应根据所选题材，结合现代人的生活方式进行设计。目前旅游商品的设计造型主要有吊坠、手镯、手机链、钥匙扣、手表、手帕、扇子、T恤、环保袋、笔筒、拖鞋、烟灰缸、相框、毛巾、筷子、茶具、壁挂、冰箱贴、鼠标垫、杯子、钱包、夜灯、帽子、帆布鞋、壁纸。由于旅游商品有沿途购买的特点，考虑到旅游特性，纪念品的设计不适宜大和重。我国的景区拥有丰富的资源和特色的工艺技能，借鉴旅游发达国家的优秀案例，旅游商品设计造型时，一是要考虑传统工艺品的造型，二是要设计与现代人生活相融合的改良的造型。总之，景区旅游商品造型设计一定要将技术和艺术有机结合。

（三）功能设计

旅游商品的功能就是旅游商品的作用。一般来说，它由纪念性功能、审美性功能和实用性功能三大要素所构成。如果一种旅游商品不仅具备了形体可悦人形象，而且又具备了某种功能，那么它就更能激起人们的购买欲。因此，功能是旅游商品的一个重要特征。景区旅游商品的纪念性功能是旅游商品所具有的所在旅游地的某种特色，而这种文化特色又能引起人们的某种美好回忆。旅游者购买一件纪念品，往往能唤起他们对旅游生活的美好回忆，增加其对生活意义的认识和理解。旅游商品除具有造型艺术美，还具有自然美和社会美。其自然美，如玛瑙的晶莹剔透，红木的天然纹理，动植物天然造型，等等；其社会美，如一件陶瓷精品，是我国8000多年来陶瓷这种社会产品结晶，隐含了悠久的历史文化内涵。特种工艺美术品，主要供观赏和珍藏之用，这种工艺品具有审美价值和艺术价值。有时，旅游者喜欢购买作为礼物的旅游商品，这种商品一旦成为情感的信物，其价值就远不是旅游商品本身的价值所能表示的。总之，纪念性、审美性和实用性是我国旅游商品最基本的功能特征，是我国纪念品对国内外游客具有吸引力的根本所在。因此，紧扣这些审美特征进行旅游商品的开发和生产，就能获得良好的社会效益和经济效益。

（四）设计材料选择

景区旅游商品的材质指的是形成或制作商品的基本原料。旅游商品材质种类多样，包括铜、玉、陶、石、骨、角、牙、竹、木等。随着现代科学技术的迅猛发展，旅游商品的材质突破了传统材质的范围，不断采用新的材质。对于传统浓重的文化主题，要特别尊重传统的材质和传统的工艺。因为这样的材质和工艺才能更原汁原味地反映传统的文化主题。对现代浓重的文化主题或者引入的现代浓重的文化主题，对材质的使用更偏重于创新后的材质，但也不排斥传统的材质反映现代的文化主题。新材质最大的特点是价格低廉、方便和轻携。例如：安阳殷墟旅游商品材料选用软陶、橡胶、树硅胶等化学合成材料替代传统材料。新材料与传统材料相比具有轻便、不易破损、便于清洗等方面的优势。材美工巧是产品制作的基本条件，从工艺到品质是一个追求完美的过程。只有选材精良，把好质量关才是生产者、销售者、管理者的共同利益所在。

三、旅游商品设计的方法

旅游商品设计目前并无系统的、自成体系的设计研究方法，多采用或借鉴现代工业产品设计的原理方法。旅游商品在设计的方法上可分为以下几种。

（一）模仿设计法

包括同类产品的直接模仿及仿生设计的间接模仿。仿制设计法是对已有的特色物品进行仿制而成为旅游商品的开发创新方法。根据旅游商品的模仿物的不同，它又可分为历史文化名人字画的仿制品或微缩品、出土文物的仿制品或微缩品以及著名古建筑或具有典型民族特色的民居的微缩品或残存古遗迹的微缩复原模型。

仿制旅游商品的开发设计必须遵循一定原则，即充分尊重原物原貌，以尽量相近的材料来制作，这样才能收到较好的效果。还必须提到的一类仿制型旅游商品，是对其他省份或地区已有旅游商品在外观和加工工艺上稍作修改或适当加入本地元素而生产出的商品，但因为这类商品过于“大众化”，且牵涉一个相互模仿而导致“百物一面”的问题，因此尽管它的开发设计成本较小，但因吸引力不够，无法带来较高的经济效益。

仿制型的旅游商品一般制作都比较精致，因此价格比较贵，购买这类商品的多为有一定经济实力和文化品位的旅游者。

（二）功能扩散设计法

这种方法在开发设计中，不仅保留其原有功能，还考虑了增加为多功能性旅游商品。具体又分为两种类型。

（1）功能改进：经功能改进后的旅游商品不仅仅是一件具有纪念价值的旅游商品，还可以作为礼品馈赠。它不仅仅是一般意义上的摆设、挂饰，更具有在日常生活中的使用价值。比如少数民族地区特有的民族服装、民族挂饰等，除保留部分典型的民族风格外，稍作改进，使之更生活化、更大众化，成为日常生活中可以穿着的实物。如湘西地区的银饰品、蜡染布或杂染布支撑的衣裙等，不仅在湘西各类风景区可以看到，在各类商场也可以看到。

（2）加工改革：充分利用现有资源及技术，对传统商品在加工上进行改革，加入新的设计理念，使商品焕发新的面貌。如湖南益阳地区竹资源十分丰富，传统的竹编制物主要是席子等生活用品，经技术改进，设计制作了水竹地毯、竹编提包、挂件等新的旅游商品。

我国拥有丰富的民族文化资源，且传统民间工艺实力较为深厚，通过功能扩散开发旅游商品有较大的资源与技术优势。

（三）多因素组合方法

这种方法主要是将日常生活中较为常见且常用的器皿、服饰等，在生产时继续保持其原状，但增加一些特有的民族特色的服饰或以正宗纯粹的民间工艺对其进行加工，使其具有景区、地方特色或传统风格。如昏暗的菊花石、醴陵瓷器，古朴的铜官陶器等都可以进行多因素组合成为湖南新的旅游商品。

（四）题材创新方法

这种方法一般依托于影响较大的国内、国际大型旅游活动，将活动内容及主题融入旅游商品之中，使其变成具有纪念意义的旅游商品。这类旅游商品不仅可以收藏或使用，也可以作为礼品馈赠。移植设计包括原理移植、功能移植、结构移植、材料移植、工艺移植。

知识拓展

旅游商品设计创新的关键点

创新是在满足人的需求的基础上引导人的欲望，亦可称为引导需求。为了使旅游商品全面快速创新发展，旅游商品设计创新需要明确几个关键点。

第一，“客”——要明确商品是为谁设计。旅游商品的设计创新不是为某个单位的领导，也不是为设计者自己，而是为了游客。

第二，“欲”——利用设计创新激发游客欲望，引导需求。这是设计创新最关键的一点。在旅游商品的创新设计中要把游客当作最聪明的人，要通过设计创新讲道理，说出游客的需求，道出游客的欲望，把聪明的设计展现给聪明的人，使游客产生购买的行动。

第三，“链”——旅游商品是一个产业链，要在各个环节实现设计创新。一个商品从研发、生产到销售，只有卖给游客才成为旅游商品。再好的商品不是游客买走就不是旅游商品。因此产品的功能、外观、宣传、销售环节的设计创新同样至关重要。旅游商品的设计创新应是全产业链各环节的设计创新。

第四，“进”——要与时俱进。设计创新要紧紧跟随时代的发展。旅游商品全产业链各个环节的设计创新都需要不断前行，与时俱进。

第五，“遵”，要遵循法律和道德。在旅游商品设计创新时也不能简单地为了部分游客超越了法律和道德，这就是设计创新的“度”。由于游客来自世界各地，所以不仅要遵循设计者所在地区的道德习俗，还要兼顾人类公认的基本道德。有些旅游商品的设计创新是“绝不允许的”，比如说一些违反了法律或道德的旅游商品和服务。

任务五　展望未来旅游商品的发展趋势

案例导入

2016年5月24日，第八届中国国际旅游商品博览会在义乌国际博览中心开幕，来自美国、德国、阿根廷、日本等21个国家和地区以及国内1300多家企业参展。在全国旅游商品大赛作品展区上，挂在模特脖子上的一款四四方方的挂件引起很多人注意。

其实这是一个微型空气净化器，按下开关，可以净化半米范围内的空气。

开发设计这款产品的江苏无锡参展商邹松说，当初设计这款产品，主要是为了让来无锡灵山玩的游客，把当地清新的空气带在身边，带回家。“打开会产生负离子，中和带正离子的污染物，覆盖脸周围部分是没有问题的。”邹松说，这款产品刚开发完成，是首次公开亮相，可通过USB接口充电，一次能用两三天，售价300元左右。

资料来源：《杭州晚报》2016-05-25

思考： 通过上述案例，谈谈未来旅游商品将出现哪些发展趋势。

一、内容向大旅游商品发展

中国的旅游商品在很长一段时期发展缓慢，其主要原因是人们对旅游商品的狭隘理解。由于种种原因，人们误把纪念品、工艺品、农副产品理解为全部旅游商品，而人们生活所需的生活类工业品没有被纳入到旅游商品中，以至于各地开设的旅游商品店主要是旅游纪念品店、工艺品店和农副产品店。

旅游纪念品在旅游商品中的比重逐年下降。旅游工艺品在旅游商品中的比重也属于雷声大雨点小。在一些工业落后地区，旅游工艺品在旅游商品中的占比稍高一些；而在一些大城市和工业发达地区，旅游工艺品在旅游商品中的占比越来越低。游客对“华而不实”的工艺品的兴趣是逐渐降低的，其购买量也逐年下降。尤其在出境游比例扩大后，游客在欧美等发达国家购买的旅游纪念品、工艺品在旅游购物中占比微乎其微。这些出境游客主要购买的是生活类工业品，包括化妆品、服装、鞋、包、电子产品等。

近年来，在国内的旅游商品销售中，生活类工业品在高速增加，在旅游购物中所占的比重也在逐年上升。在一些经济发达地区旅游时，游客购买的生活类工业品在旅游购物中的比重已高达80%。

为了和过去旅游纪念品、工艺品、农副产品为主的传统旅游商品相区别，我们把包含了生活类工业品等的旅游商品称为大旅游商品。

事实上，在大旅游商品做得好的地区，旅游购物在旅游收入中的比重和旅游购物绝对值都是巨大的。为了满足游客的需求，向全品类的大旅游商品发展成为旅游商品发展的必然趋势。

二、功能向生活化方向发展

很长一段时间，在旅游商品的开发上主要强调文化、科技特征。经营者多从文化、科技角度去设计、研发、销售旅游商品，形成了旅游商品市场上貌似新产品很多，但游客购买量却不大的“叫好不叫座”的现象。片面强调文化，结果造成印有景区图案、标志或者著名景观造型的商品比比皆是，而商品的功能反而被忽视。

反观国外的旅游商品，普遍没有明显的文化特征。无论在电子产品上还是在服装、鞋、帽、箱包等上面，很少看到文化符号、景区的名字、图案等。没有文化特征为什么游客喜欢？有人说是因为国外的商品有品牌。在调研中笔者发现，国外没有品牌的、能提高生活品质的商品也被游客大量购买。

为提高生活品质而开发旅游商品，是一个必然的趋势，也是中国旅游商品能够实现快速发展的必然趋势，甚至是中国原创商品能够走出去的必然趋势。

三、销售与“游”深度结合

长期以来，旅游商品销售主要是在专门的旅游购物店或普通商店的自然销售。大多数商店与旅游关联不大，更没有主动与旅游相结合。现在很多商店已经开始与旅游结合来销售旅游商品，包括商店位置的选择，建设特色商业街、特色购物街，针对游客宣传促销等。这些都有力地促进了旅游商品的销售，使人们在旅游的时候得到方便轻松的购物享受。尤其是商业街和商店内外旅游吸引物的出现，使旅游购物店、旅游商业街、旅游购物街呈现景点化趋势。

四、购物点与旅游目的地的建设同步发展

人们一讲到旅游商品销售的地点就谈到景区。其实旅游商品的主要购物地点不是在景区，景区只是旅游目的地中的一部分。旅游商品销售主要在特色商业街、特色购物街和商场、商店，包括工厂店、免税店、保税店等。

很长一段时间，旅游目的地建设很少被提及，人们主要重视旅游酒店和旅游景区的建设，甚至把景区当成了旅游目的地。景区的主要作用是供游客游览。人们在景区里面主要目的是“游”。

旅游目的地的主要作用则包括了旅游的六要素：食、住、行、游、购、娱的服务。旅游目的地是包括旅游景区的一个完整的旅游服务系统，让游客不光是游，还要留下来，在这里住，在这里吃，在这里玩，在这里娱乐，在这里购物，而旅游购物所买到的商品就是旅游商品。所以旅游目的地建设的好坏与旅游购物密切相关。

像中国香港、新加坡等地都是比较成功的旅游目的地。它们将旅游中的各要素融合在一起，让游客在旅游的同时又享受了购物的乐趣。现在旅游目的地的建设逐渐被人们重视，突出旅游目的地特色的旅游商品也大量出现。旅游目的地也越来越重视旅游商品的销售，旅游商品与旅游目的地的建设同步发展的趋势也越来越明显。

五、购物店与互联网融合

传统的旅游购物店都是一些实体店。互联网出现之后，实体店主要是利用互联网做一些宣传，更深的融合比较少。而利用互联网电商开店，直接就能把货物卖给所有人。这些人中的大多数不是在旅游中购买商品，因此也很难把电商的销售计算为旅游购物或旅游商品销售。

现在出现的线上与线下融合的模式，也就是O2O模式，人们在线上浏览选择商品，并在旅游中寻找途径到线下的实体店里确认选择，并在线上付费。这种新的模式对旅游商品的销售将起到很大的促进作用。

随着互联网的发展，出现了微店等，也在尝试进行旅游商品的销售。但是，无论哪种利用互联网的旅游商品销售模式，都要考虑到旅游的特点、游客的需求。

有人提出未来互联网将取代实体店，旅游购物将不存在，这是非常荒唐的。游客在旅游中逛实体店本身就有游的感觉，是一种享受。旅游购物店与互联网不会互相取代，而是融合发展，并成为一种趋势。

旅游商品产业是旅游业中涉及面最广的一个产业，也是旅游业中潜力最大的一个产业，更是一个关乎经济发展的重要产业，对扩大内需、扩大消费有着举足轻重的作用。

只有顺应旅游商品的发展趋势，认真地、勇敢地、实事求是地面对，中国的旅游购物在旅游总收入中的占比才能赶上旅游发达国家水平，中国的旅游业才能成为国民经济的战略性支柱产业。

项目小结

旅游商品是贯穿全旅游产业链研发和推广的过程，在这个过程中要聚焦价值是核心，避免单一的利润追逐。其掘金点分布在整个产业端点之中。

旅游商品的突出特点在于民族性、地方性和纪念性、艺术性。民族性、艺术性是旅游商品的生命力所在。失去民族性、地方性，对旅游者来说，其纪念意义和艺术品位就会大大降低。旅游者正是为了探寻这些异族文化的奥秘而踏上了旅程。随着时代的发展，我国旅游商品在发展上展现出了内容上向大旅游商品发展、功能上向生活化转化、销售与旅游深度结合、购物点与旅游目的地建设同步发展、购物店与互联网融合等诸多新的趋势。

案例思考题

独特的温泉商品

日本被称作温泉王国，日本人也被称作“最喜欢泡澡的民族”。从南到北有2700多座温泉，各地温泉度假村林立。一到节假日，日本人或携妻带子家庭游，或甜蜜情侣二人世界，或老夫老妻夕阳红，把大大小小的温泉旅馆填个水泄不通。

温泉文化渗透了日本人生活的各个方面。利用温泉的独特资源制作美味佳肴，也是有传统的。温泉馒头是用温泉水调制后利用温泉蒸汽蒸出来的豆沙馅甜点，碳酸仙贝则是加了碳酸温泉水后烤出来的薄饼干。箱根温泉的黑鸡蛋，用大涌谷特有的酸性热泥浆蒸煮出来，号称吃一个可增7年寿。

会做生意的日本人还开发了温泉玻璃，混有温泉原料的玻璃乳白色透蓝光，极具魅力。还有专门的“温泉装备”，比方“温泉化妆包”，分5层可以把洗头、洗澡、护肤品和毛巾等分别装入，还附带装零钱、钥匙、小镜子的迷你包。最特别的是包的底部用网状尼龙做成，不怕在温泉浴场浴室淋湿，更不用担心湿毛巾不好放。还有专门的温泉旅行包，上下分成两格，一格用来装毛巾，一格用来装洗浴用品或者旅游鞋，另外还配备一个装潮湿物品的袋子，设计十分贴心。

问题：日本的温泉商品展现了当前旅游商品的哪些发展趋势？

技能训练

一、任务名称

本地旅游纪念品设计

二、任务目标

1. 通过分组的方式，完成本地旅游资源的调查，使学生对于本地的情况有较为深入的了解。

2. 以小组为单位，设计适合当地的旅游商品，培养学生分析及解决问题的实际动手能力。

三、任务实施

1. 对班级学生进行分组，每组5~7人。

2. 分组进行调查，撰写简单的调查报告。

3. 设计适合本地开发的旅游商品。

4. 小组派代表上台发言，描述本小组设计的旅游商品及设计的过程。

5. 教师适时指导。

6. 时间：2周。

四、成果考核

1. 旅游商品的设计稿。

2. 教师根据本小组学生表现及表格、报告情况打分，计入平时成绩。

项目十　旅行社

学习目标

通过本项目学习，你应该能达到：

［知识目标］1. 掌握旅行社的基本业务及设立条件。

2. 了解旅行社发展的简要历史及现状。

3. 熟悉旅行社的产品的种类及设计的流程。

4. 了解旅行社等级划分与评定标准。

5. 了解旅行社发展未来的趋势。

［能力目标］1. 能够简要描述我国旅行社发展的脉络。

2. 能够进行旅行社产品的简单设计。

［实训目标］搜集资料，调查我省旅行社等级评定情况，并指出目前5A级旅行社的分布情况。

任务一　明确旅行社的概念及设立条件

案例导入

2013年4月8日，改造装扮一新的国家4A级善卷风景区蝶舞翩跹，彩旗飘扬，“2013中国宜兴梁祝文化旅游节暨观蝶节”在这里开幕。众多旅行社聚集于此，展开了“中国陶都·陶醉中国”宜兴旅游新景新品新线推介会、梁祝文化研讨会、百对有情人“相约梁祝故里”主题活动、“蝶恋花”——人体彩绘秀、“看宜兴、说善卷、唱梁祝”南京市民梁祝故里才艺大比拼活动。精彩纷呈的活动使宜兴旅游迸发出无限的活力。

本文来源于：无锡新传媒网 2013-04-10

思考：请结合此案例，谈谈旅行社在旅游业发展中的作用。

一、旅行社的内涵

旅行社在不同国家和地区具有不尽相同的含义，而且不同国家和地区的法律对旅行社的性质也有不同的规定，英文专用词汇为“travel service”。

世界旅游组织（WTO）对“旅行社”的定义为：零售代理机构向公众提供关于可能的旅行、居住和相关服务。在国务院2009年1月颁布的《旅行社条例》中规定：旅行社是指从事招徕、组织、接待旅游者等活动，为旅游者提供相关旅游服务，开展国内旅游业务、入境旅游业务或者出境旅游业务的企业法人。

由以上定义可以看出，虽然对于旅行社的定义不同，但都包含了两个共同的特征：提供与旅行有关的服务是旅行社的主要职能；以营利为目的，决定了旅行社的企业性质。

二、旅行社的基本业务

国家旅游局2009年颁布的《旅行社条例实施细则》中规定，旅行社所提供的招徕、组织、接待旅游者的相关旅游服务，主要包括：安排交通服务；安排住宿服务；安排餐饮服务；安排观光游览、休闲度假服务；导游、领队服务；旅游咨询、旅游活动设计服务。旅行社还可以接受委托，提供下列服务：接受旅游者的委托，代订交通客票，代订住宿和代办出境、入境、签证手续等；接受机关、事业单位和社会团体的委托，为其差旅、考察、会议、展览等公务活动代办交通、住宿、餐饮、会务等事务；接受企业委托，为其提供各类商务活动、奖励旅游等，代办交通、住宿、餐饮、会务、观光游览、休闲度假等事务；其他旅游服务。旅行社的基本业务包括：

（一）采购业务

采购业务是旅行社开展设计业务、接待业务和接受委托代办业务的基础。旅行社必须建立广泛的采购网络，与各有关饭店、餐饮等旅游企业建立紧密的往来业务关系，以保证旅游产品和服务在旺季时的供应。很多旅行社都通过批量采购的方式，获得较低的价格，降低采购成本，提高企业的竞争力。

（二）组合设计旅游产品

将采购来的单项旅游产品，进行组合设计，销售给旅游者。旅行社组合设计旅游产品的时候，要考虑不同旅游者的消费标准和需求特点，进行单项旅游产品的组合。一般旅游线路产品的设计，包括食、住、行、游、购、娱等多项旅游服务，满足旅游者在旅游过程中的整体性需要。旅行社也可根据旅游者或者是委托社的要求组合设计旅游线路。

（三）提供旅游咨询

购买旅游产品，选择旅游线路，需要了解旅游线路的价格，旅游线路的特色，饭店、交通、娱乐、购物等产品信息。旅行社作为专业的旅游产品和服务的中间商，可以利用其掌握的大量专业信息为旅游者提供咨询服务，帮助旅游者做出理想的选择。

（四）提供导游服务

导游服务是旅行社提供的关键旅游服务。在旅游过程中，旅行社要派出专职导游人员，为旅游者提供引导游览、景点讲解以及协调旅游活动的服务。导游人员联系、衔接旅游行程中的各个企业，协调解决期间的各种问题，也包括根据旅游者的要求，提供安排会见等个性服务。

（五）委托代办业务

一是代办各种旅行手续。人们外出旅游的过程中，需要办理相关的旅行手续，以保证旅游行程的顺利和便捷。例如，外国人到西藏某些未开放地区旅游，需要办理相关通行证；中国公民出国旅游，需要办理签证等手续。旅行社作为专业的旅游服务经营商，可以为旅游者代办这些烦琐的旅行手续。旅行社为旅游者提供代办的旅行手续主要是办理签证、通行证、行李托运等。二是代理销售旅游产品或服务。旅行社是很多单项旅游产品的销售渠道。旅行社可代理预订饭店客房、代订交通客票、代理汽车租赁，为旅游者购买演出票，代办人身伤害及随身物品的保险等。

（六）其他业务

包括开发新线路时的线路调研考察业务以及外联业务。开发新线路之前，需要派遣经验丰富的工作人员到旅游目的地进行相关情况的考察，以保证线路设计的科学合理。旅行社的外联业务主要包括旅行社产品的营销以及与社区、相关业务单位建立良好的公共关系。

三、旅行社的设立

设立旅行社是开展旅行社业务的前提，是旅行社经营管理的开始。

（一）旅行社的设立条件

1. 有固定的经营场所

经营场所应当符合下列要求：

第一，申请者拥有产权的营业用房，或者申请者租用的、租期不少于 1 年的营业用房；

第二，营业用房应当满足申请者业务经营的需要。

2. 有必要的营业设施

营业设施应当至少包括下列设施、设备：

第一，2 部以上的直线固定电话；

第二，传真机、复印机；

第三，具备与旅游行政管理部门及其他旅游经营者联网条件的计算机。

3. 有不少于 30 万元的注册资本

（二）旅行社的申办程序

1. 准备阶段

申办旅行社要准备的文件包括设立旅行社申请书、可行性研究报告、企业章程、旅行社负责人履历和任职资格证明、验资证明、经营场所证明、经营设备情况证明、旅行社质量保证金承诺书等。

（1）设立旅行社申请书

设立旅行社申请书包括两项内容：向拟设旅行社所在地的工商局申请旅行社企业名称预登记和向所在地旅游管理部门提交旅行社申请书。内容包括设立的旅行社的中英文名称及英文缩写、设立地址、企业形式、出资人、出资额和出资方式、申请人、受理申请部门的全称、申请书名称和申请的时间。

（2）法定代表人履历表及身份证明

旅行社经理、副经理及财务管理人员必须具备相应的学历和工作履历，并且具有在旅游管理部门或旅游企业工作的经历。

（3）企业章程

旅行社章程是规定旅行社的性质、宗旨、任务、成员机构、活动规则和要求的文体，具有法规性和约束力。它向社会公开申明其经营宗旨、资金状况、股东结构、经营规模、经营范围、组织形式和组织机构、议事规则、股东的权利和义务、内部管理原则和发展方向等基本事务，是旅行社一切行为的基本准则，也是规范旅行社决策和经营管理的法律依据。

（4）依法设立的验资机构出具的验资证明

旅行社属于低投入、高风险行业，国家法律为了保证旅游者的权益不至于受到损害，在资金方面，对旅行社申办者做出了明确规定。为此，旅行社申办者必须请求法定验资机构对旅行社的注册资本金和质量保证金进行审验，以检验资本金和质量保证金的真实；并且由审验机构出具验资证明。在我国，法定的验资机构包括经国务院金融主管部门审批设立的各商业银行、会计师事务所、审计师事务所或律师事务所等。

（5）经营场所的证明

经营场所是确保旅行社业务经营活动能够顺利进行的场地，经营场所证明是旅行社申办者向旅游行政管理部门说明拥有独立的经营场地的文字材料 。

（6）营业设施、设备的证明或者说明

营业设施、设备是指旅行社开展旅游业务所必需的办公设备，这些设备必须是旅行社的财产。按照有关规定，申办人应提交传真机、电话机、计算机、业务用车等经营设施、设备的证明。

（7）工商行政管理部门出具的《企业名称预先核准通知书》

在第一项旅行社企业名称预登记完成后，工商行政管理部门出具《企业名称预先核准通知书》。

2. 申办阶段

申办者在准备完上述文件之后，便可以正式向相应的旅游行政管理部门、工商管理部门、税务管理部门提出设立旅行社的申请了。

（1）申请营业许可

申请营业许可是指设立旅行社申请人向相关旅游行政管理部门呈交事先准备好的申请文件。经过旅游行政管理部门审核批准后颁发《旅行社业务经营许可证》，取得经营旅行社业务的权利。

申请旅行社经营许可证的颁发部门为省级（或副省级）旅游局。具体操作流程为：先可以通过网上申请，但须提供一些材料进行扫描后上传：验资证明、企业章程、法定代表人履历表及身份证明、《企业名称预先核准通知书》等；网上申请先通过区（县）、市、省旅游局审核，各单位则会派人上门查看办公营业设备；最后对其核准发证。

（2）办理注册登记

设立旅行社申请人凭旅游行政管理部门核发的《旅行社业务经营许可证》和《外商投资企业批准证书》向具有管辖权的工商行政管理部门办理注册登记手续，申请领取工商营业执照。工商管理部门在收到申请人提交的全部文件后，应在30个工作日内做出核准登记或不予登记的决定。一旦经工商行政管理部门核准登记，就标志着该旅行社正式成立。

（3）办理企业代码登记

旅行社在领取工商营业执照后的30个工作日内，向当地技术监督部门办理企业代码登记，申请企业代码证。

企业代码证的颁发部门为技术监督局。所需材料为：①组织机构代码证申请表；②省工商行政管理局颁发的营业执照副本及复印件；③法定代表人（非法人机构为负责人）身份证明及复印件；④经办人身份证明及复印件；⑤企业公章；⑥验资证明；⑦国有企业、企业分支机构需提供上级主管单位的组织机构代码证书复印件。

（4）办理税务登记

旅行社在领取工商营业执照后的30个工作日内，向当地国税局办理开业税务登记，申请税务登记证。

税务登记证的颁发部门为当地国税局。所需材料为：①税务登记申请表；②营业执照正本、副本；经营许可证正本、副本；③法人代表身份证；④租房协议或房产证；⑤验资证明（以上均为原件及复印件）；⑥企业公章；⑦代理人的身份证原件及复印件等。

（5）银行验资户转为基本户

税务执照登记结束后，旅行社即可以依据营业执照刻制公章，将银行验资户转为基本户，申领发票。银行验资户转为基本户的具体操作流程为：携带营业执照、税务登记证、公章、法人章、财务章等去开户银行办理。至此，旅行社就可以正式进行旅游业务经营活动。

任务二　了解传统旅行社发展简况及现状

案例导入

在国家旅游局2015年10月公布的《关于2014年度全国旅行社统计调查情况的公报》中显示，全国旅行社资产合计为1292.97亿元，同比增长24.35%；其中，负债848.12亿元，同比增长21.65%。

相较之下，在线旅游市场规模则处在迅猛增长阶段。根据中国旅游研究院武汉分院近日发布的《2015中国旅游业发展报告》显示，2014年我国在线旅游市场交易规模达3077.9亿元，较上一年增长38.9%。2015年在线旅游的增长更为迅猛，根据Analysys易观智库产业数据库最新发布的《中国在线旅游市场季度监测报告2015年第二季度》研究显示，2015年第二季度，中国在线旅游市场交易规模达到1061.7亿元人民币，环比增长12.0%，同比增长56.7%。

资料来源：《南方日报》2015-10-21

思考： 什么是在线旅游？它对传统旅行社将产生什么样的影响？

一、传统旅行社的发展简史

（一）国外旅行社发展简史

国外的旅行社发展经历了三个发展阶段，即旅行社发展的初创阶段、成长阶段、高速发展阶段。

1. 初创阶段

1845 年，托马斯·库克在英国的莱斯特正式成立了托马斯·库克旅行社，开始专门从事旅行代理业务，标志着近代旅游业的开始。托马斯·库克成为世界上第一位专职的旅行代理商，被尊称为“世界旅行社之父”。托马斯·库克旅行社成立后，托马斯·库克决心组织一次真正的消遣性的观光旅游。经与铁路公司磋商后，托马斯·库克对外宣布，他的旅行社将于 1845 年 8 月组织一次从莱斯特到利物浦的纯消遣性火车旅行，往返车费一等车厢 14 先令，二等车厢 10 先令。人们争先恐后地购票参加。托马斯·库克为组织好这次旅游，他亲自提前沿线试走一趟，与各地客栈老板商定了旅客的吃住安排，确定了沿途游览观光的地点，然后将其编印成《利物浦之行手册》，分发给旅游者。这是世界上第一本旅游指南。经过托马斯·库克的精心准备，这次莱斯特—利物浦之行非常成功。

在托马斯·库克之后，旅行社为适应人们不断增长的旅游需求，进而在世界各地迅速发展起来。到第一次世界大战前，旅行社得到了更大的发展，美国的运通公司、英国的托马斯·库克公司和以比利时为主的铁路卧车公司成为当时世界旅行社行业的“三大巨头”。这一阶段的总体特征是：旅行社规模小、数量少、经营范围窄，交通工具是火车、轮船。

2. 成长阶段

这一阶段为第一次世界大战结束到第二次世界大战开始前。第一次世界大战后，各国的政治、经济矛盾暂时缓和，旅行社数量增长、规模扩大，旅游活动扩展迅速，旅游产品品种增多，出现大型汽车旅行。

3. 高速发展阶段

第二次世界大战结束后，各国都致力于经济的恢复和发展，战争中的许多军事技术被开发为民用技术，促进了科学技术的进步。如喷气式飞机开始装备到民用航空部门，这种新型交通工具的出现极大地缩短了人们旅途中用于交通方面的时间，也就增加了人们观光游览的时间。同时，由于社会生产力的提高，世界经济得到增长。此时人们的经济收入尤其是可自由支配收入大幅增加，为他们外出旅行提供了经济条件。社会生产力的高速发展还进一步提高了劳动效率，把人们从繁重的体力劳动中解放出来，增强了人们对旅游的需求。同时，很多国家不同程度上实行了带薪假期，这样人们就有可能从事他们所喜爱的旅行、文化、健康、教育等活动。正是由于这些原因，社会化旅游形成了规模化、大众化发展的趋势。第二次世界大战后至 20 世纪 80 年代初的 40 年里，旅行社的业务范围不断扩大，管理水平和服务质量明显提高，产业规模和营业额大幅度增长。

（二）我国旅行社发展简史

中国近代旅游业发源于上海。我国历史上最早的旅行社是爱国人士陈光甫先生于1923年在上海商业储蓄银行设立的旅行部，1927年更名为中国旅行社，现为香港中国旅行社股份有限公司。之后，我国于1949年在厦门成立了华侨旅行社，现为中国旅行社，于1954年在北京成立了中国国际旅行社，于1979年在北京创建了中国青年旅行社，从而建成了我国知名度最高的三大旅行社。从旅行社发展历史来看，中国旅行社业发展起步较晚。并且虽然我国旅行社起步于20世纪20年代，但是直到1978年我国实行对外开放以后才形成具有一定规模的旅行社行业。

我国旅行社行业的发展过程可划分为四个不同的发展阶段。

1. 旅行社业发展的前期：1978年以前

我国实施对外开放以前，仅有中国国旅和中国旅行社及其在各地设立的分支机构。在此阶段，旅行社数量少，从业人员少，旅游活动少，不具备行业规模，但却累积了不少经验，培养了一批人才，为今后旅行社行业的发展打下了基础。

2. 旅行社发展的初期：1978~1989年

这一阶段我国旅行社形成国旅、中旅和青旅三足鼎立的行业垄断的局面。在1985年为加强旅行社行业管理，国务院颁布了《旅行社管理暂行条例》，这是我国旅行社行业的第一部管理法规。

3. 旅行社发展的增长期：1990~1994年

1989年国际国内形势风云变幻的背景下，我国旅行社遇到了自改革开放以来第一次负增长。在旅行社经营者的努力和政府的大力支持下我国国际入境旅游得到恢复和更大的发展。

4. 旅行社的调整时期：1995年至今

国家颁布了一系列管理条例和规定，为我国旅行社行业的进一步发展提供了有力保障。据《中国旅游统计年鉴》显示，到2015年，我国旅行社总数为27621家。随着科技日新月异的发展和普及，一个全新的“网络时代”已经来到。

二、我国传统旅行社存在的问题

（一）内部运作不正规

由于很多地方旅游业尚属于起步阶段，再加上制度不完善，规章不健全，导致刚起步不久的旅行社在团队运作、内部管理上不正规，主要表现如下。

1. 恶性竞争

市场竞争不怕正面冲突就怕背后下黑手，一些地区的旅行社表面和和气气，背后却互相拆台，为了争团不择手段，严重损害了旅行社行业在旅游者心中的形象。值得一提的是，有些刚刚起步的旅行社为了在市场上占有一席之地，故意压低价格，低成本参与竞争，使一些老牌子的旅行社为了拉住客户不得不降价销售，这等于杀鸡取卵，导致旅游市场价格一片混乱。

2. 随意承包

某些旅行社为了抢市场、争地段、打品牌，大肆在各地设立营业部。不可否认，设立营业部的确能够提升旅行社企业的综合实力和整体形象，但《旅行社管理条例》明文规定旅行社与其设立的门市部实行人事、财务、组织活动和导游安排旅游线路和产品的“四个统一”管理，现实中许多旅行社把设立在市区或县城的营业部转包给他人经营，每年定期收取承包费用，使一些根本没有资格能力的人“圆”了当经理的梦，但他们为了把承包费赚到手并且赚钱，必然要想方设法节约团队成本，违约经营，如在同一家旅行社的营业部中同一线路会出现不同的价格。

3. 家族管理

夫妻店、姐妹店、父子店这些在小买卖中经常听到的词汇如今也出现在旅行社的行业当中。开设旅行社投资少，“承包”营业部费用低，使越来越多的家族瞄准旅游市场，准备大干一番。但家族管理的弊端在旅行社的运作管理中显得尤为突出。旅行社本身是一个向游客提供信息咨询，预订，产品推介设计与销售，招徕与接待等服务项目的企业，需要周密的计划和严格的制度，家族管理使得很多计划、制度朝令夕改，无法实施，也容易使内部员工矛盾激化。

（二）市场集中度偏低

行业集中率是最基本的集中度指标，它一般是以产业中最大的 n 个企业（一般为前 4 位或前 8 位）所占市场份额的累计数占整个产业市场总额的比例来表示。截至 2015 年，我国前 4 位的旅行社分别为中国旅行社总社、中国国旅、中青旅及中国康辉旅行社。我国旅行社产业的 1∶R4 值不足 15，远低于国际成熟旅游市场 R4 值的平均水平，并且在逐年下降。由此看来我国旅行社业的市场集中度偏低，属于典型的竞争型市场。

市场集中度偏低，带来的就是激烈的市场竞争。中旅、国旅、青旅、康辉、春秋等品牌旅行社的扩张是惊人的。外商独资旅行社进入中国旅游市场抢占客源，他们企业的文化内涵、大量的旅游团队、丰富的管理经验和高额的薪水使得中小型旅游企业员工垂涎三尺。而品牌社、外资社扩张经营范围，充盈实力，本身也急需大量的人才。如此供求关系也定会令众多不注重养人、留人的中小型企业流失大量的计调、导游、外联；同时，也带走了企业的业务和商业机密。

知识拓展

行业集中率

行业集中率是指该行业的相关市场内前 N 家最大的企业所占市场份额的总和。例如，CR4 是指四个最大的企业占有该相关市场份额。同样，5 个企业集中率（CR5）、8 个企业集中率（CR8）均可以计算出来。但是，集中率的缺点是它没有指出这个行业相关市场中正在运营和竞争的企业的总数。例如，具有同样高达 75%的 CR4 在两个行业份额却可能是不相同的，因为一个行业可能仅有几个企业而另一个行业则可能有许多企业。集中率计算公式：

$$CRn=\sum X_i\ (i=1,\ 2,\ \cdots,\ n)\ \sum X_i\ (i=1,\ 2,\ \cdots,\ N)$$

公式中 CRn 表示产业中规模最大的前 n 个，X_i 是第 i 个企业所占的市场份额，n 是这个行业中企业的总数。

（三）产品同质化严重

纵观我国旅行社的产品、线路可知，我国旅行社产业具有产品同质化的特征。旅游产品同质化是指不同旅游企业销售的旅游产品在质量上相同或相似，以至于旅游者无法辨别不同旅游企业所提供产品的差别。由于我国旅行社的数量过大，产品同质化已无法避免，无法实现产品的差异化，数百家旅行社都经营着同一条旅游线路；同时新线路的开发成本较高，存在着较大的市场风险，开辟后没有专利保障，因此旅行社鲜有开发新线路的行为。

（四）线上旅行社冲击巨大

2015 年 10 月，国家旅游局公布了《关于 2014 年度全国旅行社统计调查情况的公报》（以下简称《公报》）。《公报》显示，全国旅行社资产合计为 1292. 97 亿元，同比增长 24. 35%；其中，负债 848. 12 亿元，同比增长 21. 65%。相较之下，在线旅游市场规模则处在迅猛增长阶段。根据中国旅游研究院武汉分院发布的《2015 中国旅游业发展报告》显示，2014 年我国在线旅游市场交易规模达 3077. 9 亿元，较上一年增长 38. 9%。2015 年在线旅游的增长更为迅猛，根据 Analysys 易观智库产业数据库发布的《中国在线旅游市场季度监测报告 2015 年第 2 季度》研究显示，2015 年第二季度，中国在线旅游市场交易规模达到1061.7亿元人民币，环比增长12.0%，同比增长56.7%。实际上，近年来受在线旅游的冲击，传统旅行社正处在市场份额被挤压、利润缩减的窘境。除此"外患"，"内忧"犹存，传统旅行社的"强制购物""不合理低价"等问题，仍然频现。

任务三　关注线上旅行社的出现及发展

案例导入

在去年收编了艺龙、去哪儿之后，携程曾一度被断言将成为BAT之外的中国互联网第四极。然而，2016年第一季度财报却给了此论调当头一棒——巨亏16亿元，与BAT的高利润相去甚远。

预想中携程系凭借垄断地位提高佣金，提升利润的局面，已经成为空谈。5年前，面对艺龙、去哪儿，携程这艘业界航母就已经在艰难地寻求突破和掉头，结果靠资本力量稳住了岌岌可危的局势。5年后，赖以生存的中国在线旅游环境却发生了根本性变化，PC时代，传统消费时代的高价、高佣金模式虽然拯救了携程，但如今，这一模式在移动互联时代已经没有了市场。

在这种变化之下，吞并了昔日两大竞争对手的携程，面对阿里去啊、新美大这些新对手的崛起，最终并未形成在线旅游行业一家独大的局面，反而渐渐将高毛利的在线旅游做成了巨亏生意。这让曾经意气风发的携程，未来之路布满了荆棘。

思考：什么是在线旅行社？这种业态未来发展前景如何？

一、线上旅行社的概念

（一）线上旅行社和传统旅行社的区别

根据国家旅游局公布的统计报告，截至2015年第四季度，我国正式注册的旅行社总数为27621家，加之承包或开设分社，预计共30万~40万家旅行社机构。其中，相当多数都是"散、弱、差、小"的旅行社，旅游产品是代理别家的，或者是从同行旅游杂志上找的，预订的手法还是传统的，即以电话、传真为主。国家旅游局《2015年中国旅游统计报告》显示游客通过旅行社进入景区的比例从2010年的60%~70%下降至2015年的20%~30%，自由行旅客占景区接待游客的75%。自由行比例攀升与线上旅游服务快速发展和不断成熟密切相关，而且71.2%的自由行游客希望获得一站式的解决方案和完整的旅游产品购买、消费体验。

“线上旅行社”的概念，目前只有一些笼统的说法。有的称为在线旅游服务商（Online Travel Service，OTS），有的称为电子旅行社（Electronic Travel Service，ETS），也有的称为在线旅游预订商。“线上旅行社”的本质是提供“在线”的旅游服务。从旅行社行业的角度看，在线旅游服务商实质上是在线旅游中介服务商，我们认为“在线旅行社（OTA）”这样的经济实体应该符合以下三个基本特征：

（1）旅游产品中间商，即我们通常意义上的旅行社，国外称为“Travel Agency“的企业，通过招徕、组织旅游消费者，获取相应的中介费用或旅游供应商的佣金；旅游产品中间商处于旅游产品生产者与旅游者之间，是专门从事旅游产品交换的中介组织。由于旅游中间商的存在，可以大大减少旅游产品流通过程中的交易次数，节省了旅游产品生产者在产品销售上所花费的时间与精力；便于把旅游产品分销到更远的空间，解决旅游产品生产和旅游产品消费空间上的矛盾；既有利于发挥生产企业在旅游产品生产方面的专长，也有利于发挥旅游中间商在经销方面的特长，还有利于旅游者购买，节省交易成本，从而形成旅游产品生产者和经营者各得其所的“共赢”局面。

（2）应用于互联网技术（包括移动互联网）、通信技术（如呼叫中心）等提供在线的实时（7×24）的服务。例如在线咨询、在线预订、在线支付、在线评论、在线投诉、在线会员管理等。

（3）在线旅游服务的一种服务内容。在线旅游是大概念，在线旅游服务是本质，在线旅游预订是在线旅游服务中的一种服务内容和方式。

（二）线上旅行社的类型

1. 按旅游中间商业务性质划分

（1）旅游批发商

旅游批发商通常指经营包价旅游批发业务的旅行社，旅游批发商在营销渠道中一头联结旅游产品生产者，另一头联结旅游产品零售商。由于旅游批发商的直接客户是旅游零售商，因此以零售商需求为直接导向，根据零售商需要大量购入旅游生产者的产品如景点观光门票、旅游交通运输工具的一定时间的座位票、旅游饭店的客房、餐饮产品等，把它们组合成包价旅游线路，以一定批量并以批发价销售给旅游零售商，再由零售商转卖给最终消费者（游客）。有的旅游批发商很有实力，销售网络遍布世界各地，也有的旅游批发商规模较少只经营特定旅游市场的专项旅游产品如修学旅游、体育旅游等，网点较少。旅游批发商的作用主要有：

①组合旅游产品功能。根据市场需要通过大量购买旅游生产企业的产品，并按日程整合成有吸引力的包价旅游线路，以批量形式销售给旅游零售商，供旅游零售商再转卖。

②分销功能。旅游产品生产企业可借助旅游批发商的营销渠道，实现大规模、远距

离销售。

③分摊风险功能。旅游批发商由于购买的是旅游产品所有权，如果销售不出去，将导致已购买的旅游产品价值的全部损失，所要分担的风险大。要实现从旅游产品到货币的“惊险”跳跃，旅游批发商需准确把握旅游者需求变化。旅游批发商通过市场调研，及时获得准确的市场信息，据此进行批量采购，并把旅游产品组合成适销对路的包价旅游线路。

（2）旅游零售商

旅游零售商是指从事旅游产品零售业务的旅游中间商，其特征是从旅游产品生产企业或旅游批发商处批量代理销售旅游产品，再以零售价格出售给旅游者。旅游零售商是旅游产品营销渠道的最终环节。

旅游零售商处于旅游产品生产者与旅游者之间、旅游批发商与旅游者之间，起着重要的交换媒介作用。其具体作用如下：

①方便购买。旅游零售商网点分布于大中小城市、触角很广，能带给旅游者购买上的便利。

②信息服务。旅游零售商直接面向旅游者，为旅游者购买和出行提供所需要的信息与咨询服务。同时将旅游者的意见和建议、需求变化等市场行情及时反馈给旅游产品生产者和旅游批发商，为他们的生产和经营提供信息导向。

③分配与促销。生产者和批发商可通过旅游零售商星罗棋布的网点进行销售，旅游零售商不购买旅游产品的所有权，而是按销售额的一定比例返还的佣金作为收入，因此旅游零售商会积极进行宣传、展示、推广等促销活动。

2. 根据是否购买旅游产品所有权划分

（1）旅游经销商

旅游经销商是买进旅游产品再转卖出去的旅游中间商，其显著特点是旅游产品所有权在买卖双方之间的转移。经销商通过购买而取得旅游产品所有权，经销商的收入来自一买一卖的差价。旅游经销商由于取得了旅游产品的所有权，因此产品再转卖的所有利益和风险都由其独立享受和承担。旅游经销商基本上是旅游批发商。

（2）旅游代理商

旅游代理商是指受旅游产品生产者或提供者的委托，在委托权限内代理销售生产者或提供者的旅游产品的旅游中间商，其显著特点是旅游代理商不取得旅游产品所有权，收入来自根据代理销售量多少所取得的被代理企业支付的佣金。

旅游代理商不承担因旅游产品销售不出去而产生的价值损失，其代理的积极性高低主要取决于从代理销售中所得到的佣金多少。旅游代理商既可以是旅游批发代理商，也可以是旅游零售代理商。两者之间的区别是旅游批发代理商以批量形式把旅游产品再委托给旅游零售代理商代理销售，而不直接与旅游者打交道；旅游零售代理商则受旅游生产企业或旅游批发商、批发代理商等的委托，代其向旅游者销售旅游产品。

（三）线上旅行社电子商务模式

1. B2B 和 B2C 模式

线上旅行社电子商务主要模式有 B2B（企业对企业）、B2C 模式（企业对消费者）。B2B 是企业与企业之间相关产品和服务采购，交易的信息查询、谈判，合同的签订，票据来往，订单的结算。B2B 多半是合作企业间的交易，对象、范围相对有限；B2C 是企业对消费者，主要功能是提供企业旅游服务的信息咨询和产品的在线预订和销售，B2C 本质上是企业产品和服务的网上直销，利用互联网边际成本低、无时空限制的特点，给企业带来更多的商机。B2C 电子商务深受企业青睐，现有的旅游电子商务绝大多数是这一模式。

2. B2C 旅游电子商务基本内容

B2C 旅游电子商务基本内容主要包括：旅游目的地的宣传营销和客房、机票等旅游产品的预订。在线预订是目前旅游电子商务的主要形式。根据在线旅游预订网站的来源与业务运作特征，在线旅游预订的 B2C 电子商务可划分为两种模式：代理模式、直销模式。

（1）代理模式

这种模式下的在线旅游网站本身并不拥有客房和机票，只是酒店和航空公司的产品代理。从供应链的角度来看，与传统的旅行社代理模式并没有本质上的不同。所不同的是把这一服务从线下搬到了网上。利用网络信息覆盖面大，查询方便，信息获取成本和比较成本相对较低的特点，来获得自己的客户群。这类模式具有代表性的是携程、艺龙、同程，企业收入主要来自酒店、机票、景区、租车、演出门票预订的代理费，由于入市较早，树立起了具有一定知名度的品牌，为后来者制造了很高的入市门槛。这种现象在网络界比较普遍，因为在网上信息的传递成本很低，关键是看谁能把客户吸引来并留住客户，因此网络经济也被人称为吸引力经济。大多数酒店对在线预订网站提供一致的前台现付价格，因此在线旅游服务商在酒店预订方面无法为用户提供太多的价格差异。产品和价格是同质的，品牌作为服务品质的象征成为吸引客源的重要因素。这类在线代理商的劣势在于缺乏强有力的旅行社作为传统资源支撑，经营旅游线路产品的能力较弱。为了实现多元化经营，分散企业风险，在线旅游代理商开始寻求“落地”，通过收购现有旅行社的方式实现与传统旅游业资源的优势互补。2006 年 10 月，携程并购了上海翠明国旅，与传统旅游市场结合的趋势已经显现。

（2）直销模式

自开展旅游在线预订以来，网络代理已经成为酒店非常重要的销售渠道，通过第三方订房网站实现的网上预订成为增长最快的订房渠道，有数据显示，目前国内许多酒店通过这些网络代理预订网站的生意已占到20%。但这种网上订房的代理模式，其佣金一般要占酒店客房租金的10%~20%，并且大量的酒店信息集中在一起，旅客选择的指向性不强。近几年，携程、艺龙、同程、去哪儿等旅行搜索引擎在线旅游产品中间商相继出现，客户通过其网络预订而产生的利润相当可观，这中间有很大一部分利润被预订网站拿走。

考虑到这些因素，具备一定实力的酒店连锁集团开始自建网站，绕过代理一环，自己在网上开展直销业务，面向消费者开展网上直销。酒店集团自建网站如何吸引用户使用，与酒店自身的品牌知名度和服务质量有很大关系。品牌可以吸引顾客的首次到来，好的服务质量则可以吸引客人再次光顾，形成固定的客户群。另外，网站的建设费用和先期的宣传费用也是一个不得不考虑的问题，如果收益不能弥补并超过投入的成本，选择网上代理则是一种比较好的现实选择。对于单体酒店和小规模的酒店集团来说，即使建有独立的网站，由于吸引不了足够的客户，其建设的网站收益也很小。而对于形成规模的酒店连锁集团而言，由于本身拥有大量的固定客户，通过酒店自身的网站不但能够降低顾客的信息搜索成本，提供更加便捷的服务，同时也是一种实力的体现，增强顾客对酒店的认可度，从而吸引更多的客户到来。在开展网上直销方面，全国性的经济型酒店连锁集团取得了不俗的业绩，如家客栈、锦江之星就是其中的典型代表。

但是作为最为“烧钱”的互联网企业之一，在线旅游初期的投入非常巨大。而且携程、同程等在线中间商通过建立全国的酒店、机票产品网络，已经形成了很强的先期优势。任何一家单体酒店都无法与之抗衡。所以，即使有了自己网上直销系统的酒店和机票供应商，还是不得不把自己的产品同时放在上述的中间商的分销系统中。

二、在线旅行社的现状

2006年，在线旅游一派欣欣向荣的景象，携程开始深入商旅管理、自助游等一些新的领域。艺龙紧跟携程，实现连续赢利。我国旅游正在步入在线时代。经过10年发展，我国的在线旅行社呈现出什么状态呢?

（一）赔本也要赚吆喝

截至目前，携程、去哪儿、途牛与艺龙四家上市公司2014年的财报均已发布。财报显示，2014年在线旅游行业分化严重，营业额增长依旧是大规模补贴的结果。为了争夺仅剩的市场份额，OTA纷纷投入巨资进行价格战。相较于其他行业，在线旅游行业进行价格战的方式更加犀利，例如途牛与同程网更是将很多产品降至1元。

虽然从效果上看，价格战对抢占市场具有一定作用，但据相关的数据显示：2014

年，在线旅游企业仅携程盈利，去哪儿亏损最多。疯狂的补贴让众多 OTA 运营的成本持续增大。因此说，在最近几年中，OTA 虽然进入了高速发展的时期，行业格局发生了变化，但发展却并不意味着赢利。

（二）定制游市场还未被开发完全

在资本大量涌入的当前，在线旅游企业实现了市场的细分与整合，中国在线旅游市场已经从过去的探索期与市场启动期过渡到了市场的高速发展时期，当机票与酒店业务逐步发展成熟，旅游行业本身庞大的市场，也越来越让互联网巨头聚集。

此外，传统旅游行业本身存在的很多痛点也是让互联网巨头扎堆的另一个原因。依托于传统旅行社发展的旅游行业受价格机制不透明、效率低与服务体验差的限制，近年来的发展难掩颓势，而以携程为代表的 OTA 平台首先解决了信息不对称、效率与价格的问题，顾客在平台上就能够完成消费、预订、支付与点评，再加上受惠于移动互联网的发展，消费者在线时间的延伸，也进一步为 OTA 的发展提供了市场机遇。

发展机遇由矛盾促成。中国旅游业当前最大的矛盾，就是消费者个性化、多样化的旅行需求不能够实现满足。在当下，很多“80 后”与“90 后”并不愿意随团旅游，千篇一律的旅游线路并不能够满足低年龄层次的需求。因此，在旅行的 2.0 时代中，继续销售打包好的旅游产品，通常是不能够实现线上与线下的融合的。

因而，一方面是企业方提供产品的不足让自助游迅速崛起；另一方面却是 OTA 巨头们进行价格战厮杀，期望用降低毛利率与盈利换取市场份额，在这样的市场环境中，却鲜有 OTA 在营销的过程中兼顾顾客的线下服务体验与数据的深度挖掘。

（三）OTA 要实现真正上线

向定制游市场进行突破的说法已经持续了很多年。然而到现在，绝大多数旅游企业至今也没有找到开展定制游业务的正确切入点。不少 OTA 的 O2O 模式还停留在概念炒作阶段，C 段市场的数据没有实现深入的挖掘，B 端供应链中最重要的组成部分景区没有获得充分的重视，很多优质的资源被闲置也一直为行业所诟病。

而如果由企业实现了对 C 端与 B 端的数据的深入研究，低端市场也可以做定制游服务而不会仅停留在理论阶段。如果能够在运营的过程中量化很多细节，降低成本，应用大数据作为辅助依据让游客在景区中获得更好的旅游体验，定制游也一定能够走下只服务高端人群的神坛。

发展到目前为止，不少 OTA 延揽人才的重要来源依旧是传统旅行社。传统旅行社优秀的从业人员固然有其优点，但线上运营的思维却未必能一天建成。如果管理层持续以传统旅游的思维方式来管理电商企业，那么这样的电商，其实也就是仅仅将门店中的业务搬到了线上而已。

刀耕火种做B2C的旅游电商企业很多，而这些企业，又无一不宣称自己是如假包换的O2O，很多还未“成名”（相对于知名的携程、去哪儿而言）的电商企业在当前的市场环境下，一方面要着手解决网站初建中的很多问题；另一方面也要着手自身品牌的创建，还要承受携程、去哪儿、艺龙、途牛等知名企业的四面围攻，其所面临的压力，可见一斑。开展业务的过程中，它们不光能够看到携程、去哪儿的疯狂，同时也能看到自己心急吃不了热豆腐的现状。对于这样的企业而言，积极地筹措资金，寻求新的运营模式与能不能真正地沉淀下来，才是赢得这场生死存亡突围战的关键。

对很多还不为大众所熟知的旅游电商而言，正视自己的发展现状，才是当前真正积极备战的态度。老牌批发商不可能轻易地将江山送人，他们也在积极地开展线上的业务。当前的竞争，其实根本不是电商与传统旅行社之间的竞争，而是旅游行业中所有坚挺地存在了很多年也沉淀下来了的企业的竞争。

任务四　熟悉旅行社的产品

案例导入

每年暑假来临，以游学旅游为主导的暑期游市场预订便会持续升温。欧洲、美国、澳新等出境长线游咨询、预订进入高峰期。各大旅游公司纷纷推出暑期旅游产品。

众信旅游推出的“中东—极速双园 迪拜公寓套房亲子6日”旅游产品，安排游玩亚斯岛两大主题公园——F1法拉利主题公园，以及拥有世界最大的龙卷风式水道并且提供激光效果的环滑水道的亚斯水上世界公园。

英德法瑞意15日或16日游是今年途牛全新升级的一款一价全含式产品，行程安排游览牛津大学、剑桥大学等名校；同时还安排游览少女峰、罗浮宫、天鹅堡、琉森等热门旅游景点；独家新增德国乐高主题公园、楚格手工工坊以及奔驰博物馆等。

思考：什么是旅行社产品，它是否等同于旅游线路？

一、旅行社产品概述

（一）旅行社产品的概念

“旅游产品”和“旅行社产品”，这是两个不同的概念。虽然它们之间存在着相似的地方，但就其本身的内涵和外延都有着很大的区别。

在《中国旅游业50年》一书中，对“旅游产品”做出的定义是：旅游产品是指旅游经营者凭借一定的旅游资源和旅游设施向旅客提供的满足其在旅游过程中综合需求的服务；从旅游者角度，它是指游客支付一定的金钱、时间和精力后所获得的满足其旅游需求的经过。它是旅游业食、住、行、游、购、娱的综合体，并具有生产和消费的同步性、无形性、整体性及不可转移和不可储存等特点。旅游产品在表现形式上往往以旅游供给者提供给旅游者的旅游线路或旅游活动的形式出现。德国旅游学学者博德波维对旅游产品的认识是：旅游产品是在特定区域内被特定的游客利用的若干旅游设施和服务的总和。它的要素可以分为三类：目的地的资源、目的地的设施以及从住地到目的地的交通。虽然这种认识有一定的局限性，但对于我们了解国外学者对旅游产品的观点能起到非常有益的帮助。

总结以上理论，对旅游产品的定义是：旅游产品是指旅游经营者凭借一定的旅游资源、旅游设施和交通工具等向旅游者提供的满足其在旅游过程中的综合需求和服务的总和，包括了所有旅游企业和单位经营的所有类型的产品。

旅行社产品是旅行社根据市场需求，通过采购并整合景点、交通、住宿、餐饮、购物、娱乐等单项服务产品，并将自己的服务贯穿于其中的、向旅游者提供在旅游活动过程中的全部产品和服务的总称。旅行社产品是旅游产品的一类，并且它是以固化形态的“产品包”的形式出现，将旅行社的各项承诺和服务融入其中。

旅行社产品有很强的服务性质，但又不能简单地理解为等于服务。因为脱离具体的产品而仅仅出售“服务”的例子是不存在的。服务是产品的附属物，它包含在产品中，只有购买了具体的产品才能得到相应的服务。比如，购买了电冰箱，才能享受送货上门或者售后维护的服务。实际上，现代市场营销已经非常重视产品的服务过程。同时，服务依赖于产品而存在。没有产品的存在，服务本身也就抽象化了，“皮之不存，毛将焉附”。不可否认，服务是旅行社产品的最重要功能。而且优质的服务能提升旅行社产品的质量和旅行社的声誉。

旅行社产品最主要的反映形式是“旅游线路”，实际上是旅行社从业人员经过市场调查、筛选、组织、创意策划、服务采购、广告设计等最终生产出来的。当旅游者购买这个“旅游线路”，并在法律上得以承认（发票、合同是有效的），“旅游线路”就以具体化或变成“有形物”而成为“旅行社产品”。其后的接待服务（导游服务、后勤保障等）才开始释放并融入整个过程中。

旅行社产品还是旅行社从各类旅游服务产品供应商那里采购的景点、交通、住宿、餐饮以及其他项目等旅游活动所必需的单项旅游服务产品，并将这些单项产品组合成各种包价旅行社产品，向旅游者出售以获得经营利润。组合和包价产品是旅行社产品中的核心，是旅行社利润的主要来源。但是，随着社会经济活动的不断改变，个性化、时尚化和人性化的需求日臻显现，对旅行社产品提出了更新、更高的要求，产品本身的内涵和外延在不断地丰富和延伸。旅行社产品的单项销售也变得十分重要。

旅行社产品的主要职能之一是提供与旅游活动有关的服务，其产出的主要是服务形态的产品。按照 Chase 对于服务的分类方案——低接触性服务、中接触性服务和高接触性服务，旅行社提供的服务产品属于高接触性服务，因为多数情况下旅游者都自始至终地参与旅行社提供的旅游服务的全过程。所谓高接触性服务是相对于低接触性服务和中接触性服务而存在的一个概念，是指顾客在服务推广的过程中参与其中全部或部分的活动，同时也表示出旅游者对服务的依赖程度，因为在旅游活动中，旅游者或因某种服务的缺失而不能顺利完成这个过程（如语言障碍、道路不熟、习惯不合、安全保障、食宿安排等)。所以，提供旅游服务本身就显得格外重要。

（二）旅行社产品的分类

1. 按照提供的旅游服务内容分类

按照旅行社产品和所包含的内容，可以将旅行社产品分为包价旅游、组合旅游和单项服务。

（1）包价旅游。包价旅游是将各个旅游产品的单项要素（住宿、交通、餐饮、景点等）组合起来，添加旅行社自身提供的服务和附加价值（咨询服务、导游服务、后勤保障、手续办理、保险购置等)，并赋予品牌，形成整体的旅行社产品。包价旅游是旅游者在旅游活动开始之前，将全部或部分旅游费用预付给旅行社，并签订旅游合同。由旅行社根据计划行程，安排食、住、行、游、购、娱等活动。包价旅游又可细分为团体包价旅游、半包价旅游、小包价旅游和零包价旅游。

①团体包价旅游。又称全包价旅游，它包括两层含义：一是团体，即参加旅游的旅游者一般由 10 人或以上的人组成一个旅游团；二是包价，即参加旅游团的旅游者采取一次性预付旅费的方式，将各种相关旅游服务全部委托一家旅行社办理。团体包价旅游的服务项目通常包括依照规定等级提供饭店客房、一日三餐和饮料、固定的市内游览车、翻译导游服务、交通集散地接待服务、每人 20kg 的行李服务、景点门票和文娱活动入场券以及全陪服务。

对于旅行社而言，团体包价旅游预订周期较长，易于操作，而且批量操作可以提高工作效率，降低成本，同时又能获得较高的批量采购折扣。对于旅游者而言，参加团体包价旅游可以获得较优惠的价格，预知旅游费用，一次性购买便可获得全部旅游安排和导游全陪服务，简便、安全，所有这些都是团体包价旅游的优势。但是，由于包价旅游的安排的同一性，即乘坐同一航班、同一游览车，入住同一家酒店，共进相同的餐饮，游览相同的景点，观看相同的节目和时间上的准确性，都意味着旅游者不得不放弃自己的个性，而适应团体的共性。

②半包价旅游。半包价旅游是与全包价旅游相比较而存在的一种产品，它是指在全

包价旅游的基础上，扣除中、晚餐费用的一种包价形式，其目的在于降低旅行社产品的直观价格，提高产品的竞争能力，同时也是为了更好地满足旅游者在用餐方面的不同要求。

③小包价旅游。小包价旅游又称为可选择性旅游，一般在10人以下。它由非选择部分和可选择部分构成。非选择部分包括接送、住房和早餐，旅游费用由旅游者在事前预付；可选择部分包括导游、参观游览、节目观赏和风味餐等，旅游者可根据兴趣、经济情况、时间安排自由选择，费用现付。小包价旅游对旅游者具有经济实惠、明码标价、手续简便、机动灵活、安心可靠等优势。

④零包价旅游。零包价旅游多见于旅游发达国家。参加这种旅游的旅游者必须随团前往和离开旅游目的地，但在旅游目的地的活动是完全自由的，形同散客。因此，零包价旅游又称为"团体进出，分散旅游"。参加零包价旅游的旅游者可以获得团体机票价格的优惠和由旅行社统一办理旅游签证的方便。

（2）组合旅游。组合旅游是一种较为灵活的旅行社产品，又称为"分散进出，团体旅游"。它产生于20世纪80年代，多流行于饭店、交通、旅游服务设施相对发达和旅游景点比较集中的地区，它的主要形式是旅游线路。这种产品的经营者是旅游目的地旅行社，它们根据对旅游客源市场需求的调查和分析，设计出一批固定的旅游线路，通过客源地旅行社的推广、宣传、销售，旅游者按时自行到达旅游目的地，再由目的地旅行社将他们集中起来组成团体，实现旅游活动。组合旅游的特点：一是组合旅游人数不限，改变了过去不足10人不成团的做法；二是组团时间短，旅游者只要办妥手续后，在交通工具许可的情况下即可成行；三是无须全陪跟随，节约成本；四是选择性强，参加旅游团灵活。旅游活动结束后，旅游团体在当地解散，旅游者可自由安排或返回住地。

组合旅游之所以灵活，是因为目的地旅行社把来自各地的零散旅游者会集起来，组成旅游团体，避免了一些旅游客源地旅行社因旅游者人数少，不能单独组团而造成客源浪费的弊病。另外，组合旅游的组团时间短，有利于旅行社在较短的时间内招徕大量的客源。

对于旅游目的地旅行社来说，旅游团的人数越多，边际成本越低，利润也就越大。因此，旅行社应该尽量扩大宣传网，建立广泛的对外销售，以保证有足够的客源。而且，旅行社还必须做好服务采购工作，建立一个高效率、低成本的采购网络，确保旅游服务产品的充分供应。

（3）单项服务。单项旅游产品是旅行社根据旅游者的具体需求而提供的具有个性化色彩的各种有偿服务。旅游者需求的多样性决定了旅行社单项服务的可能性和广泛性。传统的单项服务主要包括导游服务、交通集散地接送服务、代订酒店和交通票据服务、代办签证和旅游保险购置等。

旅行社单项服务的对象十分广泛，除一般零散的旅游者外，一些商务客人也在大量使用这种服务形式。当然，包价旅游团体中个别旅游者的特殊要求也应该视为单项服务。单项服务在旅游业界又称为委托代办业务，旅游者可采取当地委托、联程委托和国际委托等不同方式交由旅行社办理。

在传统的单项服务项目上，现代旅行社的单项服务内容更加丰富。比如，流行于日本、西欧一些国家的 home stay 形式，即学生在假期到其他国家的同龄学生家中吃、住、学习，体验一种生活。家长一般都是委托旅行社安排办理。参加这种活动的家庭也许只有一户，也许有几家不等。另外，现在十分盛行的修学旅游也只需要旅行社安排负责某一些项目，其他均由旅游者本人去实现活动。更加个性化、人性化和国际化的单项旅游服务已经成为旅行社经营的一个亮点而受到重视。为此，许多旅行社还成立了散客部或综合业务部，专门办理单项服务。

2. 按照旅游活动的内容和性质分类

旅行社产品按照旅游者的旅游动机、旅游活动内容和性质可以分为观光型旅游、文化型旅游、商务型旅游、度假型旅游、特种型旅游。

（1）观光型旅游。观光型旅游是一种传统的、最为常见的旅行社产品。它是以游览、观赏自然风光、文物古迹、民族民俗风情和都市风貌为主要内容的旅游活动。传统的观光型旅游以大自然赋予、历史遗存或城乡风光作为游览、观赏对象。

随着人们生活水平的提高和游览经历的丰富，传统的观光型旅游难以满足社会的需求。20 世纪后半叶，一些大型的主题公园、游乐设施、人造“野生动物园”以及用高科技手段开发的新型旅游产品，如海底观光、虚拟太空游览等层出不穷，这类产品不仅丰富了传统的旅行社产品，而且具有较高的观赏价值，深受广大旅游者喜爱。

（2）文化型旅游。文化型旅游是以了解目的地的文化为主要内容的旅游活动。它包括学术考察旅游、艺术欣赏旅游、修学旅游、宗教旅游、寻根和怀旧旅游等。文化型旅游的产品，因其吸引的消费群主要是文化人或需要了解文化的人，所以，在策划架构的时候对文化的特色把握就必须要准确而且厚重。随着旅游者文化素质的提高和游览阅历的丰富，对旅游活动文化品位的要求越来越高，文化内涵也越来越多样化，旅游将成为一种普遍的社会教育活动。比如，我国近年来学校组织的各类“夏令营”“红色旅游”“修学旅游”等，尤其以假期修学旅游为主的针对学生的旅游线路更是丰富多彩。如广东一些旅行社推出的“中国近代史”“伟人孙中山”“黄埔军校”等为题材的历史教育修学线路；以粤北、粤西民间文化和民俗风光为题材的地方文化修学线路；以观光城市建设和现代化企业为内容的现代化教育修学旅游线路以及出国修学旅游等。文化旅游是 21 世纪旅游的一大热点。

旅行社产品的文化因素，要通过其产品所营造的文化氛围、产品实施的各个环节表现出来。一家旅行社虽然规模不大，但其文化类的产品，若从其书卷气的产品名称、以文化产品为主干的产品构成体系中体现出来，却可能有一种大气度。对产品内涵的文化开发，则应是在较深的文化理解的基础上才能进行的一项操作。

（3）商务型旅游。随着世界经济全球化进程的发展，商务型旅游也成为旅行社客源新的增长点。经贸往来的增加，商务交流的频繁，会展业务的推广，奖励旅游的兴起，各类考察活动的展开都为商务型旅游提供了客源和收益的保障。商务型旅游与其他形式的旅游相比，其特点更为显著。第一，旅游频率高。由于商务活动的经常性，而且不受气候、淡旺季影响，需要经常外出。第二，消费水准高。商务旅游者的旅行费用是公司开支，为了生意需要，通常旅游消费的标准比其他类型旅游者高。第三，对旅游设施和服务质量要求高。商务旅游者一般都要求下榻的饭店具有完善的现代化通信设施和便利的交通工具，期望服务人员素质较高，配置高档的娱乐健身设备和会务、金融场所等。相对于旅行社而言，商务旅游是企业利润最新、最重要的来源。

（4）度假型旅游。度假型旅游是指利用假期在一地相对较少流动性进行修养和娱乐的旅游方式。近年来颇受旅游者的青睐，且占据旅游市场不少的份额。度假型旅游的出现同现代社会城市化进程的加快有着密切的关系。一方面，经济的发展使人们的工作、学习和生活节奏加快，激烈的竞争，给人们心理造成压抑；另一方面，大量人口涌入城市，造成居民居住密度增大，城市公共设施负担加重，环境遭到污染，生活质量下降。为了暂时性逃避这种状况，人们选择到那些空旷、优美、静谧的环境中去，充分放松心情和修身养性。人们利用假期到森林、海边、小溪湖畔去度假，使疲劳的身心得到休整。过去传统的度假旅游以享受3S（阳光、海水、沙滩）为主。到了20世纪后半叶，一些经济发达的国家，度假旅游形式发生了变化。如夏季阳光度假、冬季滑雪度假、森林露营度假、豪华邮轮度假、海滨乡村度假、品尝美食度假、体验高尔夫球运动型度假、新婚蜜月度假等不断地兴起。如“马尔代夫蜜月时光”的线路，向游客发出“蜜月请柬”。

度假型旅游虽然也是一种休闲旅游活动，但它不同于观光型旅游。首先，度假旅游者不像观光旅游者那样到处游动，而往往是选择一个较为固定的度假地，在那里住一段时间；其次，度假者多采用散客旅游的方式，一般以家庭和亲朋为单位，而不像观光旅游者那样组成团队进行旅游；最后，度假旅游者的消费水平高，对度假的设施要求是比较舒适。

（5）特种型旅游。特种型旅游和其他旅游方式相比，具有明显的“新、奇、险、少”特征。人类探求自然、亲近自然、战胜自然的激情从来都是暗涌澎湃。对未知的东西，总是抱着一种希望去了解它、去体验它。探险、登山、徒步、自驾车、横渡、穿越丛林、跨越峡谷以至于将来去太空等。这些似乎是人类精神的展现，尤其在现代激烈竞争的经济环境中，人们需要战胜困难的力量，而通过特种旅游活动的实现就能获得这样的信心。

特种型旅游属于运动型旅游，两者的意义不可分割。因此，深受广大青少年和勇敢者的喜爱。我国特种型旅游的开展如雨后春笋，成为旅行社产品的全新热点。旅行社利用人们的好奇心理和寻求新生事物的欲望而设计开发的特种旅游，满足了人们磨炼意志、挑战自我、炫耀价值的心理需求。不过，由于特种型旅游的高风险性、高投入性、单一性和时间性，使得参与的人群面较窄，尤其是前期的准备工作和开发工作难度很大。所以，它的发展还需要一个渐进的过程。但是，特种型旅游的趋势已经显露端倪。

二、旅行社产品的设计

（一）定义

旅游产品设计，是旅游开发最重要的一个环节。一项成功的旅游产品设计需要具备四条标准：定位准确、核心吸引力凸显、游玩方式适应游客需求和投入产出合理。在同样的资源与市场要素的条件下，可以通过旅游产品设计，产生多种多样可能的结果。例如以资源为对象，进行产品设计，其独特的自然资源本身就是观赏对象；以资源为背景，进行产品设计，打造度假村、高尔夫球场等；还可以完全“无中生有”，打造主题公园等。对旅游产品设计而言，最重要的是确定游玩方式，即“玩法”。但它的最高境界是创造全新的生活体验，形成人们向往的生活方式。

旅游产品设计是指按照一定的规则，配置旅游资源和首层服务，把旅游服务加入其中；并以一定的主题、内容、形式和价格表示出来的过程。

设计旅游产品，有一套完整的方法。首先要能够选定旅游地的旅游价值点，这是一个旅游产品的核心竞争物。创新是强势群体发展的必由之路。创新的目的是引领新的旅游消费需求。创新设计由三部分组成：创新主题、创新内容、创新形式。旅游产品的级别设计是按照旅游产品的三级标准、旅游产品的三大组成的量化标准来设计旅游产品，分为初级设计、中级设计和高级设计。三级设计机械地划分是不实际的，现实一定是初、中、高三个级别的不同标准交织在一起的。如此机械地区分的好处，一是便于更清晰地了解和掌握旅游产品设计，二是为将来制定旅游产品设计的评定标准和收费标准奠定基础。

（二）流程

旅游产品的设计是一项技术性工作，产品设计的成功与否主要反映在行程安排、价格和市场认可度等方面。设计旅游产品的流程主要分为以下五个步骤。

1. 市场调研调查

（1）实地考察与调查。对旅游目的地的旅游资源、交通、住宿、餐饮、娱乐、购物等情况进行调查，内容包括价格水平、发展规划、潜力预测及游客评价等，在条件允许的情况下还应该对旅游目的地周边的旅游景区进行考察，比较该旅游线路中景点的优势所在，明确与其他景点的竞争与合作关系。

（2）分析与预测。实地分析旅游线路的可行性；分析预测该旅游线路的价格及其类似产品价格的比较，大体确认旅游者可接受的范围；预测竞争态势。

2. 突出主题，确定旅游线路名称

要确定旅游线路的名称和主题、产品特色、服务和设施等级。确定旅游线路名称应该综合各方面因素，力求体现简约、突出主题、时代感强、富有吸引力。

3. 优化资源，策划旅游线路

旅游线路的始端是第一个旅游目的地，是该线路的第一个节点；终端是最后一个节点，是旅游活动的终结或整个线路的最高潮部分。而途经地是线路中的其他节点，是为主题服务的旅游目的地。策划旅游线路就是从始端到终端以及中间途经地之间的游览顺序在线路上合理布局节点。旅游线路有很多类型如两点往返式旅游线路、单通道式旅游线路、环通道式旅游线路、单枢纽式旅游线路、多枢纽式旅游线路、网络分布式旅游线路。

4. 充实内容，安排活动日程

活动日程是指旅游线路中具体的旅游项目内容、地点及各项行程的时间。活动日程的安排应体现劳逸结合、丰富多彩、节奏感强、高潮迭起的原则。

（1）交通方式的选择应体现“安全、舒适、经济、快捷、高效”的原则。

（2）食宿安排上应遵循经济实惠、环境幽雅、交通便利、物美价廉的原则，进行合理安排。当然旅游者有特殊要求的除外。

（3）合理安排购物和娱乐活动。娱乐活动要丰富多彩、雅俗共赏、健康文明。

5. 总结反馈，修改完善

与计调部、销售部、旅游者等协作修改旅游线路；对旅游线路的相关事项做出备注说明，推出旅游线路；收集整理旅游者反馈的意见，对产品做进一步修改。

三、旅行社产品的筛选

旅行社产品投入市场后，旅行社应对产品进行定期的检查与评价，从中选出畅销及经济效益好的产品和具有发展前景的产品。旅行社评价、筛选产品一般采用四象限评价法或产品生命周期评价法。

四象限评价法又称波士顿矩阵法，是美国波士顿咨询公司在咨询一家造纸企业时提出的一种投资组合分析方法，它应用的市场增长率/占有率矩阵，把企业生产的全部产品和业务作为一个整体进行分析，可用于企业产品组合分析。

本法将企业所有产品从销售增长率和市场占有率角度进行再组合。在坐标图上，以纵轴表示企业销售增长率，横轴表示市场占有率，各以10%和20%作为区分高、低的中点，将坐标图划分为四个象限，依次为“问号（?）”“明星（★）”“现金牛（￥）”“瘦狗（×）”。在使用中，企业可将产品按各自的销售增长率和市场占有率归入不同象限，使企业现有产品组合一目了然，同时便于对处于不同象限的产品做出不同的发展决策。其目的在于通过产品所处不同象限的划分，使企业采取不同决策，以保证其不断地淘汰无发展前景的产品，保持“问号”“明星”“现金牛”产品的合理组合，实现产品及资源分配结构的良性循环（见图 10-1）。

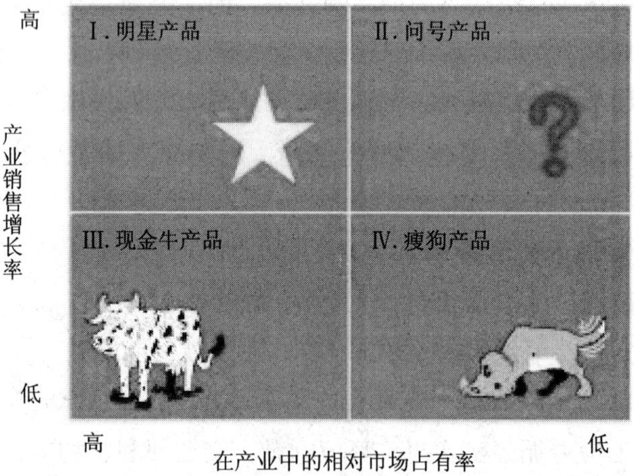

图 10-1　四象限评价图

（1）明星产品（stars）。它是指处于高增长率、高市场占有率象限内的产品群，这类产品可能成为企业的现金牛产品，需要加大投资以支持其迅速发展。采用的发展战略是：积极扩大经济规模和市场机会，以长远利益为目标，提高市场占有率，加强竞争地位。发展战略是明星产品的管理与组织最好采用事业部形式，由对生产技术和销售两方面都很内行的经营者负责。

（2）现金牛产品（cash cow），又称厚利产品。它是指处于低增长率、高市场占有率象限内的产品群，已进入成熟期。其财务特点是销售量大、产品利润率高、负债比率低，可以为企业提供资金，而且由于增长率低，也无须增大投资。因而成为企业回收资金，支持其他产品，尤其是明星产品投资的后盾。对这一象限内的大多数产品，市场占有率的下跌已成不可阻挡之势，因此可采用收获战略，即所投入资源以达到短期收益最大化为限。①把设备投资和其他投资尽量压缩；②采用榨油式方法，争取在短时间内获取更多利润，为其他产品提供资金。对于这一象限内的销售增长率仍有所增长的产品，应进一步进行市场细分，维持现存市场增长率或延缓其下降速度。对于现金牛产品，适合于用事业部制进行管理，其经营者最好是市场营销型人物。

（3）问号产品（question marks）。它是处于高增长率、低市场占有率象限内的产品群。前者说明市场机会大、前景好，而后者则说明在市场营销上存在问题。其财务特点是利润率较低，所需资金不足，负债比率高。例如在产品生命周期中处于引进期、因种种原因未能开拓市场局面的新产品即属此类问题的产品。对问题产品应采取选择性投资战略。即首先确定对该象限中那些经过改进可能会成为明星的产品进行重点投资，提高市场占有率，使之转变成“明星产品”；对其他将来有希望成为明星的产品则在一段时期内采取扶持的对策。因此，对问题产品的改进与扶持方案一般均列入企业长期计划中。对问题产品的管理组织，最好是采取智囊团或项目组织等形式，选拔有规划能力、敢于冒风险、有才干的人负责。

（4）瘦狗产品（dogs），也称衰退类产品。它是处在低增长率、低市场占有率象限内的产品群。其财务特点是利润率低、处于保本或亏损状态，负债比率高，无法为企业带来收益。对这类产品应采用撤退战略：首先应减少批量，逐步撤退，对那些销售增长率和市场占有率均极低的产品应立即淘汰。其次是将剩余资源向其他产品转移。最后是整顿产品系列，最好将瘦狗产品与其他事业部合并，统一管理。

四、产品生命周期评价法

产品生命周期（product life cycle），缩写 PLC，是产品的市场寿命，即一种新产品从开始进入市场到被市场淘汰的整个过程。弗农认为：产品生命是指市场上的营销生命，产品和人的生命一样，要经历形成、成长、成熟、衰退这样的周期。就产品而言，也就是要经历一个开发、引进、成长、成熟、衰退的阶段（见图 10-2）。

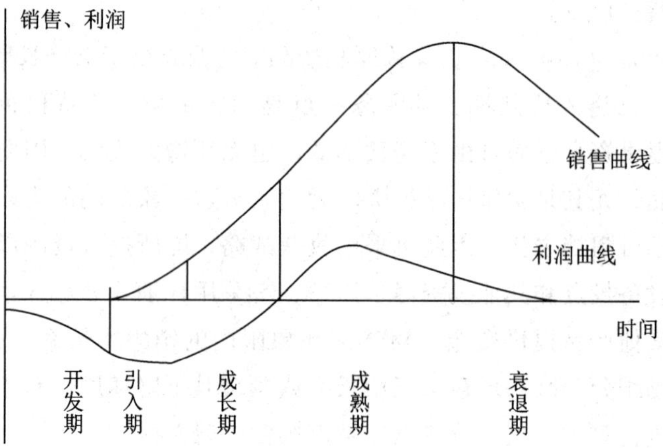

图 10-2　产品生命周期图

（一）引入期

指产品从设计投产直到投入市场进入测试阶段。新产品投入市场，便进入了引入期。此时产品品种少，顾客对产品还不了解，除少数追求新奇的顾客外，几乎无人实际购买该产品。生产者为了扩大销路，不得不投入大量的促销费用，对产品进行宣传推广。该阶段由于生产技术方面的限制，产品生产批量小，制造成本高，广告费用大，产品销售价格偏高，销售量极为有限，企业通常不能获利，反而可能亏损。

可选策略：

（1）高价快速策略。这种策略的形式是：采取高价格的同时，配合大量的宣传推销活动，把新产品推入市场。其目的在于先声夺人，抢先占领市场，并希望在竞争还没有大量出现之前就能收回成本，获得利润。适合采用这种策略的市场环境为：

①必须有很大的潜在市场需求量；

②这种商品的品质特别高，功效又比较特殊，很少有其他商品可以替代。消费者一旦了解这种商品，常常愿意出高价购买；

③企业面临着潜在的竞争对手，想快速地建立良好的品牌形象。

（2）选择渗透战略。这种战略的特点是：在采用高价格的同时，只付出很少的促销努力。高价格的目的在于能够及时收回成本，获取利润；低促销的方法可以减少销售成本。这种策略主要适用于以下情况：

①商品的市场比较固定、明确；

②大部分潜在的消费者已经熟悉该产品，他们愿意出高价购买；

③商品的生产和经营必须有相当的难度和要求，普通企业无法参加竞争，或由于其他原因使潜在的竞争不迫切。

（3）低价快速策略。这种策略的方法是：在采用低价格的同时做出巨大的促销努力。其特点是可以使商品迅速进入市场，有效地限制竞争对手的出现，为企业带来巨大的市场占有率。该策略的适应性很广泛。适合该策略的市场环境是：

①商品有很大的市场容量，企业可望在大量销售的同时逐步降低成本；

②消费者对这种产品不太了解，对价格又十分敏感；

③潜在的竞争比较激烈。

（4）缓慢渗透策略。这种策略的方法是：在新产品进入市场时采取低价格，同时不做大的促销努力。低价格有助于市场快速地接受商品；低促销又能使企业减少费用开支，降低成本，以弥补低价格造成的低利润或者亏损。适合这种策略的市场环境是：

①商品的市场容量大；

②消费者对商品有所了解，同时对价格又十分敏感；

③当前存在某种程度的竞争。

（二）成长期

当产品进入引入期，销售取得成功之后，便进入了成长期。成长期是指产品通过试销效果良好，购买者逐渐接受该产品，产品在市场上站住脚并且打开了销路。这是需求增长阶段，需求量和销售额迅速上升。生产成本大幅度下降，利润迅速增长。与此同时，竞争者看到有利可图，将纷纷进入市场参与竞争，使同类产品供给量增加，价格随之下降，企业利润增长速度逐步减慢，最后达到生命周期利润的最高点。

可选策略：

（1）积极筹措和集中必要的人力、物力和财力，进行基本建设或者技术改造，以利于迅速增加或者扩大生产批量。

（2）改进商品的质量，增加商品的新特色，在商标、包装、款式、规格和定价方面做出改进。

（3）进一步开展市场细分，积极开拓新的市场，创造新的用户，以利于扩大销售。

（4）努力疏通并增加新的流通渠道，扩大产品的销售面。

（5）改变企业的促销重点。例如，在广告宣传上，从介绍产品转为树立形象，以利于进一步提高企业产品在社会上的声誉。

（6）充分利用价格手段。在成长期，虽然市场需求量较大，但在适当时企业可以降低价格，以增加竞争力。当然，降价可能暂时减少企业的利润，但是随着市场份额的扩大，长期利润还可望增加。

（三）成熟期

指产品进入大批量生产并稳定地进入市场销售，经过成长期之后，随着购买产品的人数增多，市场需求趋于饱和。此时，产品普及并日趋标准化，成本低而产量大。销售增长速度缓慢直至转而下降，由于竞争的加剧，导致同类产品生产企业之间不得不在产品质量、花色、规格、包装服务等方面加大投入，在一定程度上增加了成本。

在成熟期中，有的弱势产品应该放弃，以节省费用开发新产品；但是同时也要注意到原来的产品可能还有其发展潜力，有的产品就是由于开发了新用途或者新的功能而重新进入新的生命周期的。因此，企业不应该忽略或者仅仅是消极地防卫产品的衰退。一种优越的攻击往往是最佳的防卫。企业应该系统地考虑市场、产品及营销组合的修正策略。

（1）市场修正策略。即通过努力开发新的市场，来保持和扩大自己的商品市场份额。

①通过努力寻找市场中未被开发的部分，例如，使非使用者转变为使用者；

②通过宣传推广，促使顾客更频繁地使用或每一次使用更多的量，以增加现有顾客的购买量；

③通过市场细分化，努力打入新的市场区划，例如地理、人口、用途的细分；

④赢得竞争者的顾客。

（2）产品改良策略。企业可以通过产品特征的改良，来提高销售量。例如：

①品质改良，即增加产品的功能性效果，如耐用性、可靠性、速度及口味等；

②特性改良，即增加产品的新的特性，如规格大小、重量、材料质量、添加物以及附属品等；

③式样改良，即增加产品美感上的需求。

（3）营销组合调整策略。即企业通过调整营销组合中的某一因素或者多个因素，以刺激销售，例如：

①通过降低售价来加强竞争力；

②改变广告方式以引起消费者的兴趣；

③采用多种促销方式如大型展销、附赠礼品等；

④扩展销售渠道，改进服务方式或者货款结算方式等。

（四）衰退期

是指产品进入了淘汰阶段。随着科技的发展以及消费习惯的改变等原因，产品的销售量和利润持续下降，产品在市场上已经老化，不能适应市场需求，市场上已经有其他性能更好、价格更低的新产品，足以满足消费者的需求。此时成本较高的企业就会由于无利可图而陆续停止生产，该类产品的生命周期也就陆续结束，以致最后完全撤出市场。

（1）维持策略。即企业在目标市场、价格、销售渠道、促销等方面维持现状。由于这一阶段很多企业会选择退出市场，因此，对一些有条件的企业来说，并不一定会减少销售量和利润。使用这一策略的企业可配以商品延长寿命的策略，企业延长产品寿命周期的途径是多方面的，最主要的有以下几种：

①通过价值分析，降低产品成本，以利于进一步降低产品价格；

②通过科学研究，增加产品功能，开辟新的用途；

③加强市场调查研究，开拓新的市场，创造新的内容；

④改进产品设计，以提高产品性能、质量、包装、外观等，从而使产品寿命周期不断实现再循环。

（2）缩减策略。即企业仍然留在原来的目标上继续经营，但是根据市场变动的情况和行业退出障碍水平在规模上做出适当的收缩。如果把所有的营销力量集中到一个或者少数几个细分市场上，以加强这几个细分市场的营销力量，也可以大幅度地降低市场营销的费用，以增加当前的利润。

（3）撤退利润策略。即企业决定放弃经营某种商品以撤出该目标市场。在撤出目标市场时，企业应该主动考虑以下几个问题：

①将进入哪一个新区划，经营哪一种新产品，可以利用以前的哪些资源；

②品牌及生产设备等残余资源如何转让或者出卖；

③保留多少零件存货和服务以便在今后为过去的顾客服务。

任务五　了解旅行社等级划分与评定标准

案例导入

近年来，我国旅游业蓬勃发展，需要旅行社提供旅游服务的环节越来越多。为规范旅游市场秩序，推动旅行社行业规范化、精细化发展，让广大消费者旅游更安全、更便利、更舒心，2015 年 2 月 9 日，国家标准委发布公告，批准发布《旅行社出境旅游服务规范》《旅行社等级划分与评定》《旅行社服务通则》3 项国家标准，引导旅行社更加重视旅游服务质量的提升，不断提高经营管理水平。

资料来源：中国质量新闻网 2015-02-09

思考：《旅行社等级划分与评定》标准出台其意义何在？

一、《旅行社等级划分与评定》标准的出台

（一）标准出台背景

1. 服务标准不统一

《中华人民共和国旅游法》第五十条规定，旅游经营者取得相关质量标准等级的，

其设施和服务不得低于相应标准；未取得质量标准等级的，不得使用相关质量等级的称谓和标识。

作为旅游经营的重要组成部分，旅行社的质量标准等级一直备受关注，因为其直接关系到旅游服务质量优劣。据悉，目前国内有 28 个省份对旅行社进行质量等级划分，并制定相应地方标准。但是，不同地方的旅行社在交接旅游团时，由于旅行社质量标准等级与服务质量存在差异，导致游客可能享受不到规范统一的标准化服务。

2. 等级评价地方标准各异

从旅行社市场看，不少旅行社组织去外地旅游，一般由当地的地接社负责接待，对方支付报酬。但旅行社交接面临的另一大难题是：各地关于旅行社等级评价的地方标准各异，地接社接团后，能否保证之前组团社与游客约定的服务质量，是旅游者的一大担忧。

目前国内有 28 个省份对旅行社进行了质量等级划分，并制定了相应地方标准。但有的地方标准较松，有的地方标准较严，交接时旅游服务质量难以顺畅对接；另一个趋势是，地方旅行社评定有最高等级扩大之势，容易破坏等级评定应遵循的“金字塔”结构，因此有必要出台统一的国家标准。

3. 低价竞争严重

当下在旅游群体中存在一种不科学的消费理念：喜欢低价旅游，价位低就埋单，价位高就不买账，导致服务质量低下，旅行社投诉多发。很多地方的“一日游”就比较典型，由于相互低价竞争，黑车、黑导比较多，加上此类旅游利润空间较小、旅游品牌形象较差，导致不少正规的大型旅行社不愿涉足，所以市场极为混乱。出台统一的旅行社服务评价标准，细分旅游服务市场，不同等级旅行社根据自身级别，提供符合相应标准的服务，有望解决争分旅游“蛋糕”时旅行社乱作一团的问题。

（二）标准出台

2014 年推荐性国家标准《旅行社等级划分与评定》相关工作正式启动。该国家标准从低到高分为 A～5A 级 5 个等级，侧重于旅游服务和满意度评价，而旅行社规模、营收、硬件设施等，也占一部分比重。2015 年 2 月 9 日，国家标准委发布《旅行社等级划分与评定》标准，并于同年 8 月 4 日正式实施。

二、《旅行社等级划分与评定》标准的解读

（一）标准的主要内容

《旅行社等级划分与评定》（以下简称“标准”）标准是我国旅行社行业首个行业

等级划分与评定的国家标准，填补了我国旅行社行业等级标准的空白。

该标准将旅行社等级由低到高划分为 A～AAAAA 五个级别。在满足等级评定基本条件后，对旅行社经营条件、经营业绩、企业管理、服务能力、质量和安全保证、诚信建设与营销推广七个方面进行综合评定，达标后才能获得相应等级称号。

（二）“标准”制定的意义

1. 有力地促进了行业规范发展

旅行社的等级划分上升至国家层面，从某种程度而言，也有利于市场的规范。对于经营者来说，达到质量标准，就会产生一定的品牌效果，对营销有好处，所以会吸引旅行社来争取一个比较高的等级，按照标准来做一些实际性的事情，努力地向标准接近。标准中的硬性条件会引导旅行社做一些提升质量的工作，对于行业的规范化有一定帮助，对维护旅游市场的秩序是有好处的。所以，“标准”为旅行社的经营活动明确了规范指引，为保护旅游者权益提供了参考依据，对有效遏制旅行社市场存在的顽疾恶疾，维护公开、公平、公正的旅游市场秩序具有重大意义。

2. 有力地促进了行业提升服务质量、加强诚信建设

“标准”的制定充分考虑了旅行社行业多样性和轻资产的特点，贯彻了弱化资产评价、加强规范管理和品牌建设的导向，体现了引导行业重视提升服务质量和促进诚信建设的政策导向。对于旅行社行业而言，标准化是规范化的一种体现；对于旅行社来说，为规范化的管理提供一个标准、一个基础。什么样的旅行社是好的旅行社，对于经营者来说，并不十分明晰，有了这个标准以后，对经营者来说就有了一个努力的目标，可以决定做什么等级的旅行社，为成为最好的旅行社提供一个路径。

3. 有力地缓解了旅游消费信息的不对称

“标准”出台后，对于消费者来说，有了选择旅行社的依据。根据旅行社经营的条件和状态，分 5 个 A 级，有没有 A 级，或者有没有评级，都意味着有差别。A 级越高，可信度、品牌信誉就会越强，对于看重质量、看重信誉的消费者来说，选择 A 级高的旅行社可能就是相对理性的选择。同时，该“标准”也将进一步发挥旅游主管部门的引导、服务与监督职能，树立旅行社在市场中的资质等级形象。

4. 有力地推动地方等级标准的贯彻实施

“标准”不仅对地方标准、行业标准起着统领、示范作用，而且将带动地方标准、行业标准的宣贯与实施，逐步构建起完善的旅行社评价体系。

（三）“标准”实施存在的问题

一项国家标准出台后，认证的企业有很多个，很多企业把质量认证当成一个招牌，

可以按照标准花很大工夫，但做完之后是否能长期履行，就是一个问题。国家标准的认证为市场化操作，认证的企业很多，竞争也很激烈，有些企业甚至形成了这样的心态：不去配合作秀，就没有生意。然而本来标准用于规范行业，但很多时候行业只关注标准的品牌价值，就容易发生问题。对于管理者和企业而言，多大程度上把标准真正当成质量标准，而不是仅仅为了品牌和营销来戴一顶帽子，动机是否端正，直接关系到标准实施的成败。真正为了企业的经营，将企业做大做强，提升企业的管理和质量，和仅仅为了拿一个招牌，不做实事，差别是很大的。

另外，评定也要引入复核和退出机制。评定并非终身制，才能不断督促企业进行自我完善。

三、《旅行社等级划分与评定》流程

1. 等级评定的组织

（1）旅行社等级评定工作由旅行社等级评定委员会统筹负责，其责任是制定等级评定的实施办法、检查细则和检查员选择、确定和派遣。旅行社等级评定委员会下设办公室负责日常工作。

（2）旅行社等级评定委员会由旅游行政管理部门、质量技术监督管理部门和旅游行业协会等有关人员组成。

（3）旅行社等级评定检查员由旅行社等级评定委员会选聘。

2. 等级的申请

（1）旅行社申请等级，应向旅行社等级评定委员会递交申请材料。申请材料包括：旅行社等级申请报告，自查自评情况说明，由会计师事务所出具的相关财务审计报告，以及其他必要的文字、图片和音像资料。

（2）提供虚假材料者一经查实将不予受理，且该旅行社在三年内不得申请等级。

3. 受理

接到旅行社等级申请报告后，旅行社等级评定委员会应在核实材料的基础上，于10个工作日内做出是否同意受理的答复。

4. 检查

受理申请报告后，旅行社等级评定委员会应在一个月内以明察和暗访的方式派遣检查员进行评定检查，并提交检查报告。对检查不合格的旅行社，旅行社等级评定委员会应予以告知，进行指导，并于三个月内再次安排评定检查。两次检查不合格的旅行社，自收到正式通知之日起一年以内不得再次申报同等级及以上等级。

5. 评审

接到检查报告后一个月内，旅行社等级评定委员会应根据检查员的意见对申请等级的旅行社进行评审。评审的主要内容包括：审定申请资格；核实申请报告；认定本标准的达标情况；检查违规及事故、投诉的处理情况等。

6. 批复

对于评审通过的旅行社，旅行社等级评定委员会应在报旅游行政管理部门备案后予以评定等级的批复，授予相应的等级标志和证书。对于经评审认定达不到标准的旅行社，旅行社等级评定委员会应予以告知。

7. 标志管理

（1）等级标志使用期限为三年。

（2）品牌加盟和代理机构不得使用其等级标志。

8. 复核及取消

已取得等级的旅行社，如发生重大安全事故，造成恶劣影响，旅行社等级评定委员会在认定后做出降低或取消等级的处理。

（1）对已经评定等级的旅行社，旅行社等级评定委员会应遵照相关标准及附录 A 和附录 B 的规定每两年复核一次。

（2）复核工作由旅行社对照本标准自查自纠，并将自查结果报旅行社等级评定委员会，由旅行社等级评定委员会以明察或暗访的形式安排抽查验收。

（3）对于复核达不到本标准相应等级的旅行社，按以下办法处理：

①旅行社等级评定委员会根据情节轻重给予签发警告通知书、降低和取消等级的处理。

②接到警告通知书的旅行社逾期未整改或在整改后未达标者，旅行社等级评定委员会应降低或取消其等级，并向社会公布。

③被降低或取消等级的旅行社，自降低或取消等级之日起一年内，不予恢复或重新评定等级；一年之后方可再次申请等级。

（4）旅行社接到警告通知书和降低等级的通知后，必须认真整改并在规定期限内将整改情况向旅行社等级评定委员会报告。

（5）提升、降低或取消等级的旅行社，应立即将原等级标志和证书交还旅行社等级评定委员会。

9. 等级的标志和证书

旅行社等级的标牌、证书和证书副本由旅行社等级评定委员会统一制作、核发。旅行社等级标牌应置于旅行社主要营业场所的明显位置。

任务六　展望未来旅行社的发展趋势

案例导入

面对线上旅行商们的来势汹汹，传统旅行社从2008年也开始纷纷引入零售渠道连锁模式。但在线市场的迅猛发展早成定势，2013年10月，国内最大的在线旅行平台去哪儿网宣布拥有超过2亿用户，这个数量已经远超国内OTA的代表携程和艺龙，足以说明以平台为模式的在线旅游企业正在替代传统OTA成为最大的旅游产品分销渠道。

面对传统业务被迅速蚕食，不少业内人士大呼“狼来了”。但面对这匹来势汹涌的“狼”，业界人士依然认为传统旅行社不会被互联网所取代，原因是传统旅行社可以给游客提供舒心和高质量的行程安排，而且在长线交通价格方面仍具有优势。

思考：未来旅行社的发展将出现哪些趋势？

我国现有成千上万家大大小小的旅行社，为我国旅游业在初期阶段的发展立下了汗马功劳，但在运行操作中还存在着盲目性大、竞争力弱等劣势。随着我国旅游业在加入世贸组织后将进一步对外开放，旅行社必将受到前所未有的冲击。现行体制及运作方式远远不能满足竞争的需求。旅行社要生存发展，就必然要迎接适合生存与发展的新潮流。旅行社的发展主要呈现以下几个方面的趋势：

一、旅行社集团化

社会生产力的发展必然要求生产关系有所变革。当前，我国旅行社小型、分散、粗放、低效的小作坊、小企业生产方式必然向着大型、联合、精细、高效的大集群、大企业生产方式转化。这是社会化分工、专业化协作、网络连锁式服务的必然走向，是市场激烈竞争的必然结果，也是适应经济发展规律的必然产物。目前，国内旅游业初步形成旅游企业集团的有国旅、中旅、青旅、招商、光大、山水等，由于观念、体制、行政管理等原因，各集团在人员、物资、职权、职责、利益等方面均没有很好的规范，不同程度地出现了如产权关系不明确、管理不统一、服务规范标准不一致、没有制约因素等问题。但综观世界旅游业发展的趋势，已有部分集团做出了表率，如目前全球最大的专业订房网络UTELL。我国旅行社总的发展趋势是，将由几家超大型的旅行社企业集团把握旅游业的经营、发展方向，由它们通过母公司、分公司、子公司、代理商层层控制，层层激活，充分发挥整体效应、整体优势。在各大旅行社企业集团中，你中有我，我中有你，互相竞争，互相依存，共同繁荣，共同发展。

二、旅行社运作网络化

在日新月异的时代中，要求任何产业的发展都必须以高科技为依托，真正做到准确、高效。因此，旅行社要迅猛发展，就必须使用现代科技作为相互沟通的新工具，全面实行网络化运作，提高工作效率，为客户及合作商提供准确、及时的信息。近年来传统旅行社纷纷吹起“转型”号角，寻求各种突围方法，其中，依托自有线下资源，搭建线上平台，是一些大型旅游企业的“自救之路”。

以上海春秋国际旅行社有限公司为例，其春秋旅游网自开设机票频道以来，成为春航机票第二大分销平台，只有在该网上，才能购买到所有两折以上的超低价春秋航空机票。业界人士分析，这样的转型，其优势在于与同集团下的春秋航空联手。又如芒果网与中旅总社合并，芒果网 CEO 李进岭在媒体上公开表示，芒果网明年将考虑独立上市或与中旅总社整合后打包上市。除此之外，中青旅借助中青旅遨游网发力。据公开数据显示，2015 年第一季度，中青旅遨游网全闭环的营业收入达 63%以上。遨游网销售来自中青旅的线路产品占 75%~80%。2014 年遨游网交易规模达到 11.3 亿元人民币，其中来自 PC 端预订占比达 55%。

另外，在线旅游服务商也在逐步落地。以途牛、悠哉、酷讯、去哪儿等为代表的在线旅游服务商在资本、技术的支持下，迅速地抢占市场份额。截至 2010 年，中国网民达到 4.5 亿，互联网普及率达到 34%，在线旅行预订规模达到 60 亿元且不断增长。

三、旅行社市场专业化

当前，在旅行社市场中，全包价旅游以价格便宜等优势正唱主角。而在未来的发展中，旅行社所面临的市场将更加专业化。随着我国经济的发展，个人收入的增加，人们对旅游有了新的认识，人们更希望通过旅游随心所欲地放飞心灵、陶冶情操，彻底达到休闲的目的。因此，不受束缚的自助式旅游、定制式旅游将成为一种必然趋势，随之而生的小包价专项服务也必将受到青睐，如由旅行社专项代订车票、代订客房、代买旅游景点门票等。旅行社的作用将是充分发挥对外联络的优势，尽可能为旅游者节约时间、金钱，让他们通过徒步旅游等自助方式充分领略大自然的美妙。

四、旅行社产品设计国际化

所谓旅行社产品设计国际化，就好比时装界的“引导潮流”，可以通过设计、包装，得到全世界游客的认可和接受，从而引导旅游业的时尚。旅行社将祖国大江南北的好山好水，规划包装成中外游客均能领略个中风味的产品，其中需要专业的旅游知识，深入了解游客属性，衍生开发设计新线路，使产品设计国际化，这是对旅行社参与国际竞争的要求。例如英国，有一个“绿色英国”的计划，在许多国家走向绿色生态旅游产品包装的同时，他们却开始了使用过去老火车的旅游方式，去探访整个英国的自然景观，这对世界各国的旅游者都是极富吸引力的。而当前我国旅行社在设计产品时就缺乏“大旅游”的概念，仍然处在最初级的游玩设计，没有太多的理念传达给旅游者。

五、旅游项目多元化

在项目开发中，旅行社将联合或单个推出多种专项旅游产品，由体育至美食、由主题至新景点……项目包罗万象，这些必将成为旅行社吸引客源的新亮点之一。另外旅游项目也将由多点转为单点，即明显由早期的“长天数、多省”转为“短天数、单省”的深度定点游程。因为人们不会把旅游活动仅仅安排在春节、国庆这样的大假期，相反，工作之余的休闲、放松将备受青睐。旅行社应充分认识到这部分市场的巨大潜力，积极开发相应的旅游项目。多元化的旅游线路，必然使游客探寻神州美景的意愿及热度愈趋升高，走过大城更想亲炙小镇，游遍名胜还想逛逛乡村。因此，旅游线路也将随之由都市转向乡镇。

项目小结

旅行社、旅游饭店和旅游交通是现代旅游业的三大支柱，其处于核心地位的便是旅行社。旅行社主要进行采购、组织设计旅游产品、提供旅游咨询、提供导游服务等业务。为使旅行社服务更加标准化，国家标准委发布并实施《旅行社等级划分与评定》标准。随着网络技术的普及发展，传统旅行社受到了同程、携程等线上旅行社的巨大冲击。未来我国旅行社也将出现经营集团化、运作网络化、市场专业化、产品设计国际化以及项目多元化等趋势。

案例思考题

强势旅游批发商的华丽转身

2015 年 4 月，包括众信旅游在内的 17 家旅行社发布了一份停止向途牛供货的声明，理由是双方针对低价销售问题存在重大分歧。

与OTA（在线旅行社）打响抢客源大战的不仅有航空公司和酒店集团，传统旅行社和OTA之间的“斗争”也越发激烈。2016年6月7日，众信旅游的线上平台众信旅游悠哉网宣布正式使用金山提供的整体云服务，并宣称将借此获得更高效、灵活、安全的用户体验。这一合作听上去有些“云里雾里”，但其实就是意味着众信旅游打算投入更大的资源用于完善其自己的线上预订平台，而不再甘于仅仅做OTA的供应商。

过去众信旅游更专注于批发业务，但未来的发展策略却有很大改变，对于零售业务，尤其是自有平台的线上零售业务投入会大大加强。

资料来源：http：//sc. stock. cnfol. com/gppdgdzx/20160608/22865479. shtml

问题： 1. 什么是在线旅行社？你所知道的在线旅行社有哪些？

2. 和传统旅行社相比，在线旅行社有哪些优点？

技能训练

一、任务名称

本省旅行社等级划分与评定调查

二、任务目标

1. 了解《旅行社等级划分与评定》国家标准。
2. 掌握本省旅行社等级划分与评定情况。

三、任务实施

1. 带领学生了解《旅行社等级划分与评定国家标准》。
2. 对班级学生进行分组，每组5~7人。
3. 查找资料，搜集本省旅行社等级划分与评定情况，重点找出已被评为5A级的几家旅行社。
4. 分析本省几家5A级旅行社各自在经营上的一些特色。
5. 形成一份关于本省旅行社等级划分与评定的调查报告。
6. 时间：1周。

四、成果考核

1. 本省旅行社等级划分与评定调查报告。
2. 老师根据报告的准确度及详细程度打分，并计入平时成绩。

模块四

不断完善的旅游活动管理

项目十一　旅游组织及旅游利益相关者

学习目标

通过本项目学习，你应该能达到：

［知识目标］1. 了解UNWTO等各类国际旅游组织，对一些与我国关系较密切的国际旅游组织的概况有所把握。

2. 认识国家旅游组织，掌握国家旅游组织的定义，了解国家旅游局的机构设置及其职能。

3. 了解中国旅游协会等各种旅游行业组织的发展近况。

［能力目标］1. 理解国家旅游组织的设置形式及存在差异的原因。

2. 能分析各类行业旅游组织的发展。

［实训目标］1. 使学生充分了解一些重要的旅游组织的发展近况，以及其在我国旅游业发展中所发挥的作用。

2. 通过各种途径的调研，使同学们能够对当前的各种旅游组织发展中所存在的成功与不足之处加以总结，做出相对客观的评价与分析。

任务一　了解国际旅游组织

案例导入

中东地区是旅游业发展最快的地区之一。世界旅游组织的统计显示，1980年至2010年，抵达中东地区的国际旅游者从710万发展到6090万人，这相当于每年的平均增幅达到7.4%，远远高于4.2%的全球平均水平。世界旅游组织估计，中东地区的旅游业将会继续增长，到2030年时入境国际旅游者人数将会突破1.49亿人。

资料来源：联合国新闻网

思考： 1. 世界旅游组织是一种什么样的国际旅游组织？它在世界旅游业的发展中发挥着怎样的作用？

2. 除了UNWTO，世界上还有哪些重要的国际旅游组织？

一、国际旅游组织的概念及作用

国际旅游组织（International Tourism Organization）有狭义和广义之分。狭义的国际旅游组织指其成员来自多个国家，并为多国利益工作和服务的全面涉及旅游事务的组织，例如世界旅游组织（WTO）。广义的国际旅游组织还包括那些工作范围部分地涉及国际旅游事务的国际组织，以及专门涉及旅游事务某些方面的国际性旅游同业组织。

国际旅游组织的出现是旅游业发展到一定阶段的必然产物，同时又是推动旅游业更快、更深入、更规范发展的力量。总的来说，国际旅游组织对旅游业发展的作用和影响表现在以下几个方面：

（1）推动各国政府或旅游主管部门对旅游业相关战略问题做出决策。这一点主要表现在对政府层面的直接影响上。国际旅游组织一般通过定期向各成员政府机构或旅游主管部门提供统计资料、研究报告等形式进行指导和帮助。例如，世界旅游组织对各成员国经常在下列旅游领域里给予咨询和援助：

- 潜在的旅游资源调查，全国发展总体计划（包括财政来源和投资），为国内和国际旅游的发展制定政策、规划和项目；
- 合理利用国土，开发新的旅游景点和旅游产品（如海滩、水上运动、疗养院、登山基地、滑雪场、自然保护区、国家公园、文化旅游等）；
- 旅游宾馆：宾馆的规划、选址、利用与完善，度假村、疗养所、汽车旅馆、宿营地等，以及饭店星级评定制度等；
- 旅游法规，旅游统计，旅游业的预测和数字分析，旅游宣传，旅游市场、市场销售的研究和分析；
- 简化手续和自由经营，消除旅游障碍；
- 市场和促销：根据成员国提供的对市场销售和制定战略规划十分有价值的资料和预测不断地检查和分析世界旅游的发展，并出版一系列期刊和包括大多数旅游客源国和接待国以及旅游其他方面的统计报告。

（2）促进旅游信息的交流和传播。国际旅游组织一般都设有战略情报中心，负责搜集市场的第一手资料，对全球和热点地区进行趋势分析，编写统计报告和出版相关资料，同时对未来发展进行预报和预测，如太平洋亚洲旅行协会通过月刊《动向和趋势》向会员清晰易明地剖析亚太地区旅游业的动向、议题与趋势。

（3）帮助提升和树立旅游目的地形象。国际旅游组织具有广泛的代表性和影响力，各成员政府机构或旅游主管部门在接受国际组织的指导和帮助的同时，可以利用这种代表性和影响力来积极开展目的地营销活动，通过国际组织所发布的权威信息来树立旅游目的地的鲜明形象，提升本国、本地区旅游业的整体水平，扩大在业内的知名度。

（4）推动和促进同行业的跨国合作和协调关系。这一点主要表现在对企业层面的直接影响上。组织内的成员通过沟通和交流信息，共享资源，共同致力于地区旅游业或同行业的进一步发展。例如欧洲旅游委员会在对市场进行调查研究的基础上，组织成员国联合开发潜在的目标市场，吸引世界其他地区的旅游者来欧洲旅游委员会成员国旅游，尤其是吸引美国、加拿大和日本的旅游者；国际航空运输协会明确提出客货运率、服务条款和安全标准等，并力图逐步使全球的空运业务制度趋于统一，积极处理和协调航空公司与旅行社之间的关系，对票价提出建设性的意见。

（5）通过监督与劝告来制止成员为了追求短期的经济利益而进行的破坏性的开发与建设，通过保护旅游资源保证旅游业的可持续发展。例如 WTO 、WTTC 设有专门机构对成员国的旅游发展进行跟踪研究并定期发布报告，对旅游发展中存在的问题给予警告和提出解决措施；强调旅游发展的适度性，建议在旅游产品和旅游服务的长期推销过程中，不仅要有商业意识，而且要具有环境保护意识。WTO 还专门出版了《国家公园和旅游保护区布局指南》《区域规划者指南：适度旅游之发展》《旅游点发展的整体方案》等书籍。

（6）通过举办年会、研讨会、培训班等形式，提高旅游业从业人员水平，在人才层面上为旅游业的进一步发展储备后继力量。众所周知，旅游业发展所面临的最大挑战之一是人才资源，旅游业的发展需要源源不断的、具有不同专业技术知识和创新思想的人才。适当的教育和培训不论是对已经从事旅游工作的人，还是对在企业中负责培训的人，都是一种基本的需要。例如，WTO 为成员国和会员积极提供教育和培训的教师、教材及其他便利条件；它还与珀杜大学宾馆餐饮管理系、索尔邦内大学世界旅游高等研究中心合作举办函授班提供包括文化遗产的保护、通信、调研、旅游经营、市场学等不同形式的教育与培训，与美国、加拿大、意大利、法国、荷兰、英国、澳大利亚、摩洛哥等国高等旅游管理院系合作建立一个全球性的不断扩大的教育培训中心网络。太平洋亚洲旅行协会特地为政府旅游官员设立 EDIT 奖学金计划，每年选派会员单位政府官员赴美国夏威夷旅游执行发展学院进行学习。

（7）引导行业导向。国际旅游组织通过发布分析报告、提供资讯服务、发行内部刊物等形式发布新的发展趋势、引导行业导向，对国家和地区的旅游业发展起着指导作用。

（8）在健康、安全、自然灾害等方面提供有效的保障机制。国际旅游组织在旅游业面临危机时，能够运用自己独特的影响力采取积极有效的措施来保障及推广成员的声誉和形象。例如，2003 年“非典”疫情暴发后，太平洋亚洲旅行协会（PATA）携手政府及私人机构设立"凤凰计划"，推动了亚太地区旅游形象的恢复，为重塑全球对亚太地区的信心做出了积极贡献；为应对海啸对亚太地区旅游造成的消极影响，PATA成立并带领亚太旅行协会旅业联盟先于世界旅游组织通过网络发起了旅游重振行动，并在短时间内募集了几十万美元的捐款。

二、世界旅游组织

（一）组织概况及使命

世界旅游组织的英文全称是 World Tourism Organization，简称 WTO，前身是国际官方旅游联盟，1975 年改为现名，总部设在西班牙首都马德里。由于世界贸易组织（Word Trade Organization）的英文简称同样也是"WTO"，所以，为了避免理解上的混淆，近年来人们开始将"UNWTO"用作世界旅游组织的英文简称，意指作为联合国特别代理机构的世界旅游组织。有时也用法文 Organisation Mondiale du Tourisme 的缩写 OMT 表示世界旅游组织。

世界旅游组织是目前世界上唯一全面涉及国与国之间旅游事务的全球性政府间机构，同时也是当今旅游领域中最具知名度并且最具影响力的国际性组织。它主要负责收集和分析旅游数据，定期向成员国提供统计资料、研究报告，制定国际性旅游公约、宣言、规则、范本，研究全球旅游政策。其宗旨是促进和发展旅游事业，使之有利于经济发展、国与国之间相互了解、和平与繁荣。在努力实现这一目标的过程中，它特别关注发展中国家在旅游领域中的利益。

知识链接

世界旅游组织的发展历程

世界旅游组织最早可追溯到 1898 年设立的旅游协会的国际联盟，1919 年改称国际旅游同盟，1925 年在荷兰海牙召开了国际官方旅游协会大会。1934 年在海牙正式成立国际官方旅游宣传组织联盟（IUOTPO）。1946 年在伦敦召开了首届国家旅游组织国际大会。1947 年在巴黎举行的第二届国家旅游组织国际大会上，决定正式成立官方旅游组织国际联盟（IUOTO），成为联合国附属机构，其总部设在伦敦，1951 年迁至日内瓦。

1969 年联合国大会批准将其改为政府间组织，1975 年 1 月 2 日正式改用现名，总部迁至马德里。1976 年成为联合国开发计划署在旅游方面的一个执行机构。2003 年 11 月成为联合国专门机构。

（二）UNWTO 的组成

世界旅游组织成员分为正式成员（主权归国家政府旅游部门）、联系成员（无外交实权的领地）和附属成员（直接从事旅游业或与旅游业有关的组织、企业和机构）。联系成员和附属成员对世界旅游组织事务无决策权。世界旅游组织现有正式成员 156 个。

世界旅游组织的组织机构包括全体大会、执行委员会、秘书处及地区委员会。其中全体大会为最高权力机构，每两年召开一次，审议该组织重大问题。执行委员会每年至少召开两次。执委会下设五个委员会：计划与协调技术委员会、预算与财政委员会、环境保护委员会、简化手续委员会、旅游安全委员会。各委员会每年至少召开两次会议。秘书处负责日常工作，秘书长由执委会推荐，大会选举产生。地区委员会是非常设机构，负责协调、组织本地区的研讨会、工作项目和地区性活动，每年召开一次会议。共有非洲、美洲、东亚和太平洋、南亚、欧洲和中东 6 个地区委员会。

（三）世界旅游组织与中国

1975 年 5 月，世界旅游组织承认中华人民共和国为中国唯一合法代表。1983 年 10 月 5 日，该组织第五届全体大会通过决议，接纳中国为正式成员国，成为它的第 106 个正式成员。1987 年 9 月，在第七次全体大会上，中国首次当选为该组织执行委员会委员，并同时当选为统计委员会委员和亚太地区委员会副主席。1991 年，再次当选为该组织执委会委员。

2012 年 10 月 12 日，联合国世界旅游组织成都旅游可持续发展观测点在成都揭牌。至此，成都观测点成为继广西桂林阳朔、安徽黄山、湖南张家界、新疆喀纳斯之后，联合国世界旅游组织在中国设立的第五个观测点。

三、世界旅游理事会（WTTC）

（一）组织概况及使命

世界旅游理事会（World Travel and Tourism Council，WTTC，也有人译作世界旅行与旅游理事会）的创立起始于 20 世纪 80 年代后期，是全球旅游业的商业领袖论坛组织。作为全球旅游业范围内唯一代表私营力量的机构，世界旅游业理事会（WTTC）致力于提高政府和公众对旅游行业作为全球最大产业之一的认知，始终坚持执行了其“提高公众对发展旅游业重要性的认知”的核心使命，并对全球旅游业有着其独特的影响力和见解。

WTTC的活动开展主要包括三大主题：全球性活动、地区性活动、经济研究。在世界旅游组织的赞助下，WTTC已开发出国际标准的旅游卫星账户系统（TSA）。年度TSA调查报告现在已经覆盖174个国家，并有越来越多的国家申请深度国家调查报告。2007年，WTTC发布了纳米比亚、希腊等国家报告以及第一份城市报告——《里斯本报告》。针对个别城市和地区的TSA报告也在计划之内。针对中国和欧盟的地区的、旨在加强政府和企业合作的特别计划正在运作中。总之，在增强人们对旅游经济重要性的认识方面，世界旅游理事会做了大量的工作。

（二）WTTC的组成

世界旅游理事会的成员包括全球旅游业中近百位最著名企业的总裁、董事长和首席执行官。世界旅游理事会的领导班子是一个由19名成员组成的执行委员会。该执委会的主要工作是每年开两次会，以及在所有成员都参加的年会上报告理事会的工作。理事会的日常运作则是由会长和为数不多的工作人员以伦敦为基地进行开展。

四、太平洋亚洲旅游协会（PATA）

（一）组织概况及使命

太平洋亚洲旅游协会（Pacific Asia Travel Association，PATA）于1951年1月成立于美国夏威夷檀香山。1953年3月改名为太平洋地区旅行协会（Pacific Area Travel Association）。1986年在科伦坡，经理事会表决，协会正式更名为现名——太平洋亚洲旅游协会（Pacific Asia Travel Association，PATA）。在我国，人们通常将太平洋亚洲旅游协会简称为亚太旅游协会。

太平洋亚洲旅游协会是个具有广泛代表性和影响力的民间性、行业性、地区性的非政府间的国际旅游组织，在整个亚太地区以至世界的旅游开发、宣传、培训与合作等多方面发挥着重要作用。协会的宗旨是发展、促进和便利世界各国的旅游者到本地区的旅游以及本地区各国居民在本区内开展国际旅游，因此受到亚太地区各国旅游业界的普遍重视。

（二）PATA 的组成

PATA 的成员有国家旅游组织，也有各种旅游协会和旅游企业。该协会的章程规定，任何全部和部分位于西经 110°至东经 75°地理区域内所有纬度的任何国家、地区或政治区域均有权成为该协会会员。该协会成员广泛，不仅包括亚太地区，而且包括如欧洲各重要客源国在内的政府旅游部门和空运、海运、陆运、旅行社、饭店、餐饮等与旅游有关的企业。PATA 分为两个总部，其行政总部设在美国加利福尼亚州的奥克兰，运营总部自 1998 年 6 月迁至泰国的曼谷。此外，协会除在旧金山设有秘书处外，还分别在新加坡、悉尼、旧金山和摩纳哥设有亚洲、太平洋、美洲和欧洲分部办事机构。另外，遍布世界各地的 79 个 PATA 分会还拥有 17000 多名分会会员。

我国国家旅游局于 1993 年代表中国加入该协会。

五、世界旅行社协会联合会（UFTAA）

（一）组织概况及使命

世界旅行社协会联合会（Universal Federation of Travel Agents' Association，UFTAA）是世界上最大的国际性民间旅行社组织。其前身是 1919 年在巴黎成立的欧洲旅行社和 1964 年在纽约成立的美洲旅行社。1966 年 10 月由这两个组织合并组成，同年 11 月 22 日正式成立。总部设在比利时的布鲁塞尔。

该联合会的宗旨是：团结和加强各国全国性旅行社协会和组织，协助解决会员间在业务开展问题上可能发生的纠纷；在国际上代表旅行社行业同有关的各种旅游组织和旅游供应企业（运输业、旅馆业和官方机构等）建立联系和开展合作；确保旅行社业务在经济、法律和社会领域内最大限度地受到保护、赢得信誉、得到协调和发展；向会员提供必要的物质上、业务上、技术上的指导和帮助，使其在世界旅游业中占有适当的地位。

（二）UFTAA 的组成

UFTAA 是世界上最大的，同时也是最高级别的旅游业代表机构。该联合会的正式成员是世界各国的全国性旅行社行业协会，每个国家只能有一个旅行社协会代表本国参加。该组织的最高权力机构是全体大会，每年召开一次，以交流经验、互通情报，讨论改善旅游企业的经营管理，研究旅游业同航空、铁路、旅馆业的关系和合作等问题。

自 1974 年以来，该联合会一直同我国保持着友好联系。1995 年中国旅游协会正式加入该组织。

六、国际饭店与餐馆协会（IHRA）

（一）组织概况及使命

国际饭店与餐馆协会（International Hotel & Restaurant Association，IHRA）原名国际饭店协会，成立于1946年3月18日，总部设在法国巴黎，英语和法语是其官方语言。1996年在墨西哥召开的第34届年会上，把国际餐馆协会纳入国际饭店协会，更名为国际饭店与餐馆协会。2008年1月，国际饭店与餐馆协会总部搬迁至瑞士日内瓦。

国际饭店与餐馆协会是一个全球性的民间组织。该协会的宗旨是：联络各国饭店业协会，并研究国际饭店业和国际旅游者交往的有关问题；促进会员间的交流和技术合作；协调饭店业、餐馆业和有关行业的关系；维护本行业的利益。

（二）IHRA的组成

该协会的会员分为正式会员和临时会员。中国旅游饭店协会于1994年3月入会，成为该组织的正式成员。

七、其他国际性的旅游组织

除了上述与我国关系较为密切的国际旅游组织外，还有一些比较重要的国际旅游组织（见表11-1），这些组织对于国际旅游业的发展也起着重要影响。

表11-1　其他主要国际旅游组织

名称	简称	成立时间	总部所在地
国际旅游联盟	AIT	1919年	瑞士日内瓦
妇女旅游组织国际联合会	IFWTO	1968年	新西兰奥克兰
国际旅游科学专家协会	AIESTA	1951年	瑞士伯尔尼
世界旅行社协会	WATA	1949年	瑞士日内瓦
国际学生旅游大会	ISTC	1949年	瑞士苏黎世
国际铁路联盟	IUR	1922年	法国巴黎
世界一流酒店组织	LHW	1928年	美国纽约
国际青年旅游与交流局	IBTYE	1961年	奥地利维也纳
国际社会旅游局	IOST	1963年	比利时布鲁塞尔
世界旅游专业培训协会	WATTS	1969年	意大利科莫
国际旅游科学院	IAST	1988年	中国香港

续表

名称	简称	成立时间	总部所在地
国际旅游学会	IAT	1951 年	摩纳哥蒙特卡罗
国际青年旅舍联盟	IYHF	1932 年	英国伦敦
国际旅游研究院	ITI	1988 年	西班牙圣丹德尔

知识拓展

国际旅游联盟

世界范围的旅游俱乐部和汽车协会的联合组织。该联盟于1898年在卢森堡成立，由欧美地区17家俱乐部发起，旨在为那些敢于去国外冒险的自行车和徒步旅游者提供伙食，是一个非营利和非官方的组织。当时名为国际旅游协会联盟，1919年5月30日在巴黎改为现名。该联盟的工作重点放在汽车旅游上，包括野营和拖头卧车等设施，同时仍保持与那些继续在联盟代表系统进行旅游活动的自行车、航海和徒步旅游者的紧密联系。

资料来源：百度百科

任务二　认识国家旅游组织

案例导入

希腊国家旅游组织（GNTO）是一个独立行使职能的准政府部门，隶属发展部。发展部有一名副部长和一名秘书长专门主管旅游事务。现有工作人员约510人。

希腊国家旅游组织的主要任务是，根据希腊议会1993年通过的第2160号法令第一条的规定和希腊总统2001年第343号令，利用一切可能的手段，开发国内的可利用资源，最大限度地吸引世界各国的游客来希腊旅游。

资料来源：中国商务部网站

思考：1. 根据上述材料分析，国家旅游组织一般具有哪些职责。

2. 国家旅游组织对该国的旅游发展发挥着怎样的作用？

旅游业的发展促进了旅游组织的产生和发展，旅游组织的存在又进一步促进了旅游业的发展。为了在宏观上对本国旅游业进行管理，有效地实施国家旅游政策，更好地推动本国旅游业的发展，世界上几乎所有的国家都设有专门的政府机构负责管理旅游业，这些机构统称为国家旅游组织（National Tourism Organization 或 National Tourism Authority）。由于各国发展程度、政治经济制度等方面存在差异，国家旅游组织的设置形式也不同。尽管如此，大多数国家的国家旅游组织的职能基本相同。

一、国家旅游组织的定义

旅游组织，是旅游活动发展到一定程度的必然产物，是为了加强对旅游行业的引导和管理，促进旅游业的健康、稳定、迅速、持续发展而建立起来的具有行政管理职能或协调发展职能的专门机构。不同类型和层次的旅游组织在地方、国家乃至世界旅游业发展的进程中，都起着不可忽视的推动作用。

按照 UNWTO 所做的解释，国家旅游组织是指一个国家中为国家政府所承认，负责管理全国旅游事务的组织。就一般情况而言，一个国家的最高旅游行政管理机构通常代表这个国家的国家旅游组织。

成立于 1901 年的新西兰旅游局是世界上最早的国家旅游组织。

二、国家旅游组织的设置形式

世界各国旅游组织的设立并无统一的模式。根据国家旅游组织的定义，世界各国的旅游组织未必都是该国的政府部门。世界旅游组织的统计资料表明：全世界约有 68%的国家将旅游主管部门设在中央政府机构中，约 31%的国家由大的国有公司管理旅游事业，极少数国家的旅游业由私人企业经营管理，国家不直接进行管理。综观各国的实际情况，国家旅游组织的设立形式大致有以下三类。

（一）国家政府直接设立，并作为政府的一个部门机构

不同的国家和地区根据自身情况有不同的表现形式。

1. 完整而独立的旅游委员会、旅游部，或相当于部的旅游局

它们是国家的最高旅游行政管理机构，专门管理旅游事业。保加利亚、波兰等部分东欧国家采用旅游委员会模式；亚洲的土耳其、叙利亚，非洲的埃及、阿尔及利亚，美洲的墨西哥、牙买加，欧洲的卢森堡、意大利等约 25 个国家采用旅游部模式；中国、朝鲜、泰国、巴巴多斯等 10 多个国家采用旅游局模式。

2. 与其他部门合并为混合职能部门

混合模式是指旅游管理机构除了具有管理旅游事务的职能外，还有管理其他事务的

职能。这种混合模式为世界上多数国家所采用，目前约有40个国家采用这种机构。例如法国的工业、邮电与旅游部，马来西亚和巴基斯坦的文化旅游部，印度和斯里兰卡的旅游民航部，西班牙的交通、旅游与通信部，肯尼亚和乌干达的旅游与野生动物保护部等。

3. 在某一职能部下设旅游组织

采用这种形式的国家，如日本在国土交通省下设观光厅，新加坡在工商部下设旅游促进局，比利时在文化部下设旅游局，美国在商务部国际贸易管理局下设旅游事务署，等等。

（二）半官方性质的旅游行政组织

这种旅游行政组织是指国家重大的旅游发展决策由国家某个部门负责，但日常事务会在此部门下设立一个机构进行管理，这个机构不属于政府编制，负责人由政府指派，而其他工作人员不属于政府雇员。这类旅游行政管理机构虽然多数仍属官方机构，行使政府职能，接受政府资助，但它们具有独立的法人地位，并在行政上和财政上独立。这种形式的旅游行政管理机构常见于很多欧洲国家。如英国、爱尔兰、瑞典、挪威、丹麦和芬兰等国。此外，我国20世纪50年代的中国国际旅行社代行政府的旅游管理职能，由国务院有关部门归口管理，就类似于这种模式。

（三）民间旅游组织

这种民间组织多为影响力较大的全国性旅游协会。该类组织经政府同意其代行旅游行政管理职能后，通常会受到政府财政的资助，但它的领导人员由协会成员选举产生。这类组织对外代表官方旅游组织，对内代表旅游业的利益。如德国旅游协会、中国香港旅游协会就属于这种情况。

三、我国的国家旅游组织

我国的国家旅游组织是国家旅游局。它对内统管我国的旅游业，对外代表我国的国家旅游组织。从性质上看，国家旅游局属于旅游行政组织。

旅游行政组织是指负责管理旅游事务的行政部门。由于我国旅游业实行的是政府主导型发展战略，所以旅游行政组织在其中扮演着重要的角色。我国的旅游行政组织主要包括国家旅游局，省、自治区和直辖市旅游行政管理部门以及省级以下的地方旅游行政管理机构三个层次（见图11-1）。

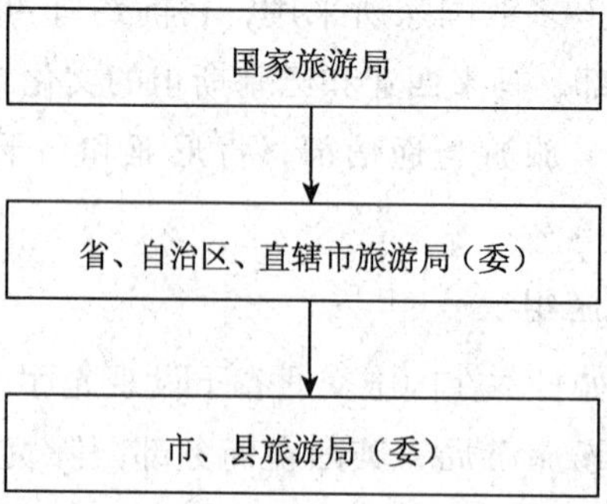

图 11-1　我国旅游行政管理组织结构体系

（一）国家旅游局

1. 概况

中华人民共和国国家旅游局（简称“国家旅游局”），英文为 National Tourism Administration，英文缩写为 NTA，是国务院主管旅游工作的直属机构。它是我国最高的旅游行政主管机构，成立于 1964 年 12 月。成立之初，其名字叫作“中国旅行游览事业管理局”。事实上，该局与当时的中国国际旅行社总社是同一班人马，属于政企合一的情况。1982 年 8 月，在全国人民代表大会常务委员会做出的《关于批准国务院直属机构改革实施方案的决议》中，决定将其更名为“中华人民共和国国家旅游局”。

2. 国家旅游局的机构职责

随着我国旅游业的不断发展，国家旅游局的管理职责也在逐步完善。目前 NTA 的主要职责包括如下几个方面。

（1）统筹协调旅游业发展，制定发展政策、规划和标准，起草相关法律法规草案和规章并监督实施，指导地方旅游工作。

（2）制定国内旅游、入境旅游和出境旅游的市场开发战略并组织实施，组织国家旅游整体形象的对外宣传和重大推广活动。

（3）组织旅游资源的普查、规划、开发和相关保护工作。指导重点旅游区域、旅游目的地和旅游线路的规划开发，引导休闲度假。

（4）承担规范旅游市场秩序、监督管理服务质量、维护旅游消费者和经营者合法权益的责任，以及规范旅游企业和从业人员的经营和服务行为。

（5）推动旅游国际交流与合作，承担与国际旅游组织合作的相关事务。制定出国旅游和边境旅游政策并组织实施。

（6）会同有关部门制定赴港澳台旅游政策并组织实施，指导对港澳台旅游市场推广工作。

（7）制定并组织实施旅游人才规划，指导旅游培训工作。会同有关部门制定旅游从业人员的职业资格标准和等级标准并指导实施。

（8）承办国务院交办的其他事项。

（二）省、自治区和直辖市旅游局

我国各省、自治区和直辖市均设有旅游局或旅游管理委员会。它们分别主管所在省、自治区和直辖市的旅游行政工作。这些旅游行政机构在组织上属地方政府部门编制，在业务工作上接受地方政府的领导和国家旅游局的指导。其主要职能包括：负责本省、市、自治区旅游业发展的规划工作、开发工作、旅游业管理工作以及旅游宣传和促销工作。尽管这一层次的旅游行政管理机构同国家旅游局之间在组织上并不存在直接的隶属关系，但为了便于接受国家旅游局的业务指导，在组织结构方面基本上都采取了同国家旅游局各主要业务司对口的做法。

（三）省级以下的地方行政机构

在省级以下的地方层次上，很多地、市、县也设立了旅游行政管理机构，负责行政区域范围内的旅游业管理工作。在未设立专职旅游行政机构的县、市，有关旅游业开发与管理方面的事务，则在上级政府旅游行政部门的指导下，由当地政府配合承担。

任务三　熟悉行业旅游组织

案例导入

“第八条　依法成立的旅游行业组织，实行自律管理。”

“第三十七条　参加导游资格考试成绩合格，与旅行社订立劳动合同或者在相关旅游行业组织注册的人员，可以申请取得导游证。”

“第九十条　依法成立的旅游行业组织依照法律、行政法规和章程的规定，制定行业经营规范和服务标准，对其会员的经营行为和服务质量进行自律管理，组织开展职业道德教育和业务培训，提高从业人员素质。”

资料来源：摘自《中华人民共和国旅游法》

思考： 1. 与国家旅游组织相比，旅游行业组织有哪些特点和职责？

2. 生活中，你了解或接触过哪些重要的旅游行业组织？

一、旅游行业组织的定义

旅游行业组织是指为加强行业间及旅游行业内部的沟通与协作，实现行业自律，保护消费者权益，同时促进旅游行业及行业内部各单位的发展而形成的各类组织。

为了实现对旅游业全行业的管理，必须成立旅游行业组织。旅游行业组织是对政府官方旅游行政管理机构的补充，在旅游行业管理中，发挥着重要作用。2002 年，在国内引起极大反响和广泛讨论的《中国旅游饭店行业规范》就是由我国旅游行业协会——中国旅游饭店业协会制定的。

二、旅游行业组织的职能与任务

总的来说，旅游行业组织具有服务和管理两种职能。但需要指出的是，行业组织的管理职能不同于政府旅游管理机构的职能，它不带有任何行政指令性和法规性，其有效性取决于行业组织本身的权威性和凝聚力。

旅游行业组织要协调本行业内部成员间的关系，维护各内部成员的利益；对外代表本行业的利益，维护本行业成员的合法权益。具体而言，旅游行业组织具有以下基本职能与任务：

（1）对旅游发展战略、旅游管理体制和有关政策及国内外旅游发展态势和实践经验等进行调查研究，向国家旅游主管部门及有关方面提供建议和咨询，作为行业代表，与政府机构或其他行业组织商谈有关事宜。

（2）联系各旅游专业行业组织、旅游学术团体及旅游企业、事业单位，交流情况和经验，加强成员间的信息沟通。

（3）对行业的经营管理和发展问题进行调查研究，并采取相应措施加以解决。

（4）开展联合推销和市场开拓活动。

（5）制定成员共同遵循的经营标准、行规会约，并据此进行仲裁与调解，阻止行业内部的不合理竞争。

（6）加强旅游经营管理理论研究，开展学术交流活动，了解国内外旅游者的建议和意见。通过出版刊物等手段，定期发布行业发展的有关统计分析资料。组织专业研讨会，为行业成员开展培训班和专业咨询业务。提高旅游企业素质及从业人员的业务水平。

（7）完成政府主管部门交办的其他工作。

三、重要的旅游行业组织

关于国际上重要的旅游行业组织，请参见本项目任务一中的介绍。我国的旅游行业组织则主要有中国旅游协会、中国旅行社协会、中国旅游饭店业协会、中国旅游报刊协会、中国旅游车船协会。

(一) 中国旅游协会 (CTA)

中国旅游协会（China Tourism Association，CTA）是由中国旅游行业相关的企事业单位、社会团体自愿结成的全国性、行业性社会团体，是非营利性社会组织，具有独立的社团法人资格。它是 1986 年 1 月 30 日经国务院批准正式成立的第一个旅游全行业组织，1999 年 3 月 24 日经民政部核准重新登记。中国旅游协会的登记管理机关是民政部，党建工作机构是中央国家机关工委，协会接受登记管理机关、党建工作机构和有关行业管理部门的业务指导和监督管理。

1. 宗旨和任务

中国旅游协会宗旨是：依法设立、自主办会、服务为本、治理规范、行为自律。遵守国家的宪法、法律、法规和有关政策，遵守社会道德风尚，代表和维护全行业的共同利益和会员的合法权益。努力为会员服务，为行业服务，为政府服务，充分发挥桥梁和纽带作用。与政府相关部门、其他社会团体以及会员单位协作，为促进我国旅游市场的繁荣、稳定，旅游业持续、快速、健康发展做出积极贡献。

其主要任务是：①对旅游发展战略、旅游管理体制、国内外旅游市场的发展态势等进行调研，向国家旅游行政主管部门提出意见和建议；②向业务主管部门反映会员的愿望和要求，向会员宣传政府的有关政策、法律、法规并协助贯彻执行；③组织会员订立行规行约并监督遵守，维护旅游市场秩序；④协助业务主管部门建立旅游信息网络；等等。

2. 组织构成

中国旅游协会现有理事 240 名，各省、自治区、直辖市、新疆生产建设兵团和计划单列市、重点旅游城市的旅游协会、全国性旅游专业协会、大型旅游企业集团、旅游景区、旅游院校、旅游科研与新闻出版单位以及与旅游业紧密相关的行业社团都推选了理事。目前设立了 8 个分会和专业委员会，即：温泉旅游分会、旅游城市分会、旅游教育分会、旅游商品与装备分会、休闲度假分会、休闲农业与乡村旅游分会、妇女旅游委员会和民航旅游专业委员会。协会的组成具有广泛代表性。

3. 活动情况

中国旅游协会成立以来，根据章程规定的任务，积极开展了有关旅游体制改革、加强旅游行业管理、提高旅游经济效益和服务质量等方面的调研工作；支持地方建立了旅游行业组织，提供咨询服务；与一些国家和地区的旅游行业机构建立了友好关系，同时还先后加入了世界旅行社协会联合会（UFTAA）及其所属亚太地区联盟（UAPA）、美国旅行商协会（ASTA），发展与国际民间旅游组织的联系与合作，扩大了对外影响；编辑出版了不少旅游书刊，适应国内外旅游者之需。

（二）中国旅游饭店业协会（CTHA）

中国旅游饭店业协会（China Tourist Hotels Association，CTHA）成立于1986年2月25日，经中华人民共和国民政部登记注册，具有独立法人资格，其主管单位为中华人民共和国国家旅游局。中国旅游饭店业协会是中国境内的饭店和地方饭店协会、饭店管理公司、饭店用品供应厂商等相关单位，按照平等自愿的原则结成的全国性的行业协会。

1. 宗旨和任务

中国旅游饭店业协会的宗旨是：遵守国家法律法规，遵守社会道德风尚，代表中国旅游饭店业的共同利益，维护会员的合法权益，倡导诚信经营，引导行业自律，规范市场秩序。在主管单位的指导下，为会员服务，为行业服务，在政府与企业之间发挥桥梁和纽带作用，为促进中国旅游饭店业的健康发展做出积极贡献。

2. 组织构成

中国旅游饭店业协会会员中聚集了全国饭店业中知名度高、影响力大、服务规范、信誉良好的星级饭店，国际著名饭店集团在内地管理的饭店基本上都已成为协会会员。目前，中国旅游饭店业协会共有会员2669家。

3. 活动情况

中国旅游饭店业协会为会员的服务体现在：通过对行业数据进行科学统计和分析；对行业发展现状和趋势做出判断和预测，引导和规范市场；组织饭店专业研讨、培训及考察；等等。

中国旅游饭店业协会下设饭店金钥匙专业委员会。中国旅游饭店业协会于1994年正式加入国际饭店与餐馆协会（英文缩写为IH&RA），成为其国家级协会会员。

（三）中国旅行社协会（CATS）

中国旅行社协会（China Association of Travel Services，CATS）成立于1997年10月，是由中国境内的旅行社、各地区性旅行社协会等单位，按照平等自愿的原则结成的全国旅行社行业的专业性协会，是在国家民政部门登记注册的全国性社团组织。该协会具有独立的社团法人资格，但同时接受国家旅游局的领导、民政部的监督管理。协会会址设在北京。

1. 宗旨和任务

中国旅行社协会的宗旨是：遵守国家的宪法、法律、法规和有关政策，遵守社会道德风尚，代表和维护旅行社行业的共同利益和会员的合法权益，努力为会员服务，为行业服务，在政府和会员之间发挥桥梁和纽带作用，为中国旅行社行业的健康发展做出积极贡献。

2. 组织构成

中国旅行社协会实行团体会员制，其最高权力机构是会员代表大会，每四年举行一次。协会设立理事会和常务理事会。截至目前会员单位有 1145 家。

3. 活动情况

该协会成立以来，在国家旅游管理机构的领导、民政部门的监督和中国旅游协会的业务指导下，在全体会员的大力支持下，组织会员单位开展了调研、培训、学习、研讨、交流、考察等一系列活动。宣传贯彻国家旅游业的发展方针和旅行社行业的政策法规，总结交流旅行社的工作经验。协会会刊《旅行业》每月一期，免费供会员浏览。

知识拓展

中国旅游报刊协会

中国旅游报刊协会，成立于 1993 年 8 月 25 日，是由中国境内与旅游信息传播相关的报纸、期刊、大众传媒单位及相关单位报刊，按照平等自愿的原则组成的全国性的行业专业协会，是非营利性的社会组织，具有独立的社团法人资格。

该协会实行团体会员制。协会的主要任务包括维护旅游信息传播工作者的合法权益，搜集与旅游信息相关的基础资料并调研有关情况，加强旅游报刊和传媒之间的联系和团结，等等。

任务四　旅游利益相关组织

案例导入

中国旅游院校五星联盟旨在推动中国旅游院校之间的合作，打造中国旅游高等职业教育的“常青藤联盟”，2009年10月24日下午，由中国旅游教育界的五所职业院校：南京旅游职业学院、山东旅游职业学院、浙江旅游职业学院、桂林旅游高等专科学校、上海旅游高等专科学校，就成立“中国旅游院校五星联盟”（China Union Of Five Tourism Institutes，CTI5）在上海旅专签署了合作协议，并推选上海旅专为联盟第一任理事长单位。

“中国旅游院校五星联盟”是在全球高校教育资源整合潮流背景之下成立的，开创了我国旅游职业教育高校联合的先例。根据协议，五星联盟坚持“面向世界、面向未来、优势共享、整体崛起”的目标和原则，将在学生互派、教师交流、科研合作、图文信息共享等方面加强合作，同时建立校长级战略合作机制，并根据形势发展需要，将合作进一步推向深入。联盟的长远目标是创造世界旅游教育的中国品牌。

思考：除了旅游院校外，还有哪些旅游利益组织？它们和整个旅游行业之间存在着怎样的联系？

一、旅游科研机构

中国旅游研究院是一所国家旅游局直属的专业研究机构，于2008年6月6日揭牌。中国旅游研究院以“促进中国旅游产业发展和国际交流的政府智库、业界智囊、学术高地”为建设宗旨，重点开展影响旅游业发展的基础理论、政策和重点、难点问题的研究，参与旅游发展规划的研究、编制和论证工作，承担对地方报审的旅游发展规划审查的相关技术支持工作，积极开展旅游领域的高层次人才培养、专业人才培训和国际国内学术交流工作。

中国旅游研究院现设三个行政部门和五个研究所、一个实验室。行政部门设办公室、科研管理部和学术推广部；研究部门包括旅游政策与发展战略研究所、旅游产业运行与企业发展研究所、区域旅游发展与规划研究所、国际旅游研究所、旅游统计与经济分析中心、国家旅游经济实验室。

中国旅游研究院依托高等院校和科研院所，成立了14个外设研究机构，包括武汉分院、昆明分院、旅游市场与目的地营销研究基地、旅游基础理论研究基地、旅游影响研究基地、饭店产业研究基地、旅游安全研究基地、都市旅游研究基地、台湾旅游研究基地、西部旅游发展研究基地、旅游职业教育研究基地、旅游标准化研究基地、边境旅游研究基地和旅游学术评价研究基地。

二、旅游院校

随着我国旅游业的蓬勃发展，旅游教育体系逐步完善，发展日益规范化，取得了一系列的成绩，培养了一大批优秀的旅游人才。

我国旅游院校的发展大致经过了以下几个阶段：

1. 萌芽及起步阶段（1978 年至 1987 年年底）

我国旅游专业学历教育始于 20 世纪 70 年代末。1978 年及 1979 年 9 月，我国第一所旅游中等专业学校南京旅游学校和第一所旅游高等学校上海旅行游览专科学校（上海旅游高等专科学校的前身）相继建立，翻开了旅游学历教育的新篇章。当时正值改革开放初期，旅游人才供需极不平衡，尤其是外语导游缺口巨大。1980 年，浙江大学旅游管理系成立，成为国家旅游局投资布点的第一个旅游管理本科专业。1981 年，南开大学和西北大学两所综合性大学开设了旅游本科专业。国家旅游局对旅游专业发展也高度重视，对培养目标、课程设置、招收分配等做了明确规定，并对修建教学楼等予以经费支持，1981 年，先后投资与大连外国语学院等 8 所高等院校联合开办了旅游系和旅游专业。1983 年，北京第二外国语学校划归国家旅游局领导。随后，大连外国语学院、杭州大学、华侨大学等都新增设了翻译导游、旅游管理、饭店管理、旅游财会等专业。这些高等院校“为适应我国旅游业由外事接待型向经济效益型的转变做了大量人才培养的开拓性工作”。这一时期，旅游高等院校年平均招生人数约 1000 人，旅游学历教育在国家的积极扶持下起步，呈现如下特点：（1）在专业课程设置上，旅游专业大多依托学校的教学背景，设置在经济学、管理学、环境资源学、地理学或历史人文学科之下。（2）在教材建设上，1981 年全国第一次旅游教材会议召开后，我国一方面积极引进国外优秀教科书；另一方面组织专家，推出了《旅游学概论》《旅游经济学》《旅游市场学》等自编教材。（3）在师资队伍建设上，原有的经济、管理、历史、地理等专业的老师进入旅游教研领域，与为数不多的旅游科班出身教师共同形成了早期师资队伍力量。（4）在人才培养上，培养了一批旅游管理一线的业务骨干，这些人日后成为旅游行业发展的中坚力量。

2. 巩固发展阶段（1987 年年底至 1997 年）

1987 年 12 月，国家教委颁布《普通高等学校社会科学本科专业目录》（教高一字

〔1987〕022 号），将原有的 98 个经济管理学类专业减少至 48 个，其中，原有的旅游经济、旅游经济管理、旅游管理专业被统一称为旅游经济专业。专业名称的统一，促进了旅游教育的发展。

1990 年，浙江大学成为我国第一个旅游教育硕士授权点。1991 年，在联合国开发计划署的援助下，国家旅游局在天津投资建设了我国第一个旅游管理干部学院。到 1992 年，全国开设旅游专业的院校已达 258 所，其中，高等院校 59 所、中等专科学校（包括职业高中）199 所。旅游教育进入规范化管理阶段。旅游管理本科和硕士生数量及本科学院数量逐年增多。以 1996 年为例，旅游专业在校学生达 20.43 万人，其中，高等院校在校生 2.58 万人，中等职业学校（含职业高中）在校生 17.84 万人，分别占 13% 和 87%。首经贸旅游管理系、天津商学院餐饮企业管理系、东财酒店与旅游学院等旅游院校纷纷出现。此外，教育部于 1995 年 1 月正式颁布《中外合作办学暂行规定》，标志着国内高校与境外院校合作办学逐步走向规范。这个阶段还出现了旅游教育出版社、南开大学出版社等有代表性的出版社。

该阶段旅游学历教育呈现如下特点：（1）规模不断扩大。旅游院校及在校生人数大幅增加，职业教育及本科教育出现规模化发展态势。（2）教育层次更加丰富，学科体系基本形成。以中科院、社科院、北大为代表的科研机构及高校开始招收硕士生，旅游教育层次更加丰富。（3）办学模式多样化。1994 年，由暨南大学、中国中旅集团、香港中旅集团及深圳华侨城集团共同创建的中旅学院正式成立，标志着校企合作办学模式建立。（4）国际化合作交流进一步加强，出现了海外培训及考察、公派留学、聘请外籍教师、举办国际研讨班等国际交流形式。国家旅游局还与瑞士里诺士饭店学校联合组织了全国竞赛，资助优胜者赴瑞士留学。

3. 规模扩张阶段（1998 年至 2009 年年初）

随着旅游业对经济的贡献愈加显著，1998 年中央经济工作会议将旅游业定位为“国民经济新的增长点”，确立了旅游业的经济产业地位，在全国掀起了“旅游热”。同时，一系列制约产业发展的问题浮出水面，亟须得到理论支持。这对旅游教育提出了新要求。1998 年，教育部颁布新的《普通高等学校本科专业目录》（教高〔1988〕8 号），调整本科学科专业目录，在管理学门类工商管理一级学科下，设旅游管理二级学科，旅游学历教育进入新的发展阶段。

蓬勃发展的旅游产业和国家政策吸引大量院校开始兴办旅游专业。1999 年，全国旅游管理专业开始扩招。2003 年，云南大学和陕西师大旅游管理二级学科博士学位点正式设立。2004 年，中山大学开办旅游学院，旅游学科地位进一步提升。2008 年，在 897 家设有旅游专业的高校中，成立旅游学院或与其他学科结合成立学院的共有 140 家，占 14%；成立旅游系的 203 家，占 23%；设有旅游专业的 554 家，占 61%。

旅游教育结构也发生了较明显变化。1999 年之后，随着职业教育结构调整及职业院校合并，旅游中等职业学校数量减少，规模萎缩，加之高等院校扩招，高等院校数量开始反超中等专科院校。到 2008 年，全国共有旅游学校 1726 家，其中高等院校 897 家，占 52%，中等职业学校 829 家，占 48%。

这一阶段旅游教育主要有以下特点：（1）旅游高等教育逐渐形成完善的包括博士、硕士、本科、高职和中职教育四级的金字塔培养体系。（2）旅游教育进入整体规模扩张、单体发展缓慢阶段。旅游院校数量及在校生数量快速增加，旅游高等院校的数量及规模超过职业院校。旅游发达地区的旅游院校数量增加更加迅速，但同时，西部省区的旅游院校数较少，出现"热""冷"不均的情况。（3）学科整体教学质量有待进一步提高。旅游教育一定程度上落后于产业实践。旅游业缺乏高素质专门人才，同时，旅游管理专业毕业生行业对口就业率低而流失率高，出现了教育质量难控制、供需错位等问题。

4. 内涵式发展的新阶段（2009 年年底至今）

2009 年 10 月，国务院颁发 41 号文件，将旅游业定位为"战略性支柱产业"，强调和提升了旅游产业的重要地位。这一全新定位，对旅游业的发展将起到重要的推动作用，对旅游教育领域的影响则主要体现在确立了旅游教育的主流学科地位方面。《中国旅游业"十二五"人才规划（2011~2015）》的颁布实施，确立了"旅游人才在旅游业发展中优先发展的战略地位"；指明了"发展方式由关注劳动力及资本投入为主向关注科技创新、管理创新为主转变，发展模式由数量规模扩张型为主向质量效益提高型为主转变"的方向；确定了"加大旅游人才开发力度，努力形成旅游人才竞争的比较优势，培养造就一支规模宏大、素质优良、结构合理、与旅游业发展相匹配的旅游人才队伍"的目标。面对难得的发展机遇，以及飞速发展的旅游行业对高素质旅游人才的新需求，旅游教育进入了内涵式、集约化发展的新阶段。

项目小结

国家旅游组织是指一个国家中为国家政府所承认，负责管理全国旅游事务的组织。各国国家旅游组织的设立形式存在着差异，大致可分为三类。我国的国家旅游组织是国家旅游局（NTA），在性质上它属于旅游行政组织，对内统管我国的旅游业，对外代表我国的国家旅游组织。

除了国际上重要的旅游行业组织外，我国的旅游行业组织中最主要的是中国旅游协会、中国旅行社协会、中国旅游饭店业协会、中国旅游车船协会和中国旅游报刊协会。

案例思考题

亚太旅游协会

1951年，在第二届太平洋地区旅行大会上，太平洋地区旅游协会（Pacific Area Travel Association，PATA）正式成立。时至今日，旅行与旅游业已被公认为20世纪增速最快的朝阳产业之一。凭借独特的组织结构，PATA成功地促进了本地区旅游资源的融合。

PATA采取一系列行动帮助该地区旅游发展，同时也特别给自己的成员单位带来额外的业务。

1. 促销活动：PATA通过各种形式的促销活动，为其成员创造了参与的机会。

2. 组织旅游展览会推广亚太地区市场：PATA组织重要的贸易展览会帮助成员单位满足世界各地旅游消费者的需求，也帮助各成员单位互相开展贸易活动。

3. 研究成果：PATA跟踪研究世界旅游发展趋势，并把结果提供给它的成员。PATA战略情报中心（SIC），提供了无与伦比的数据和见解。

4. 教育培训：PATA为成员提供各种各样的教育培训机会，包括举办旅游专家专题研讨会、给个人参加旅游教育发展机构项目学习提供奖学金。

5. PATA年会：年会召集各成员一起讨论旅游业主要问题，并建立新的联系。

6. 职业帮助：职业帮助仅限于协会成员，通过某种程度上的求职策略帮助自己的成员。

7. PATA基金：PATA直接拿出一部分利益作为基金。太平洋亚洲旅游协会基金会有助于在亚太地区旅行及旅游业通过保护环境、保护文物，支持教育的可持续和负责任的发展。

8. 环境与文化工作办公室（OEC）：这是PATA的一个部门，旨在促进该地区旅游业的可持续发展。

9. 倡导亚太地区的旅游业发展：由于该组织涵盖面辽阔，会员众多，它对地区旅游业的发展具有重要的话语权，常常代表其成员的利益游说各国政府和议会。

问题： 1. 评价PATA和UNWTO在世界旅游业中的作用，比较其异同。

2. 讨论像PATA这样的超国家旅游机构在发展中可能遇到的困难。

技能训练

一、任务名称

旅游组织深度调研

二、任务目标

1. 通过分组深度调研各类旅游组织，使学生充分了解世界上重要国际旅游组织的发展近况、与中国旅游发展的合作途径，理解国家旅游组织在旅游业发展中的地位，以及应发挥的作用。

2. 培养学生的探究合作精神，以及分析事物、归纳总结事物的能力。

三、任务实施

1. 对所教班级进行分组，每组 6~8 人为宜，自选组长 1 名。

2. 将国内外重要的旅游组织分类列出。

3. 各小组自愿选取调研目标，要求各组间所选的旅游组织尽量不要重复。

4. 小组内进行调研内容、调研方式的讨论，并确立最终的调研目标（如该旅游组织的发展历史与近况，该旅游组织对中国旅游业发展所起的作用，该旅游组织的工作特点及近期工作方向、业内人士对其评价等）。

5. 小组内进行调研人员的任务分工（问卷或访谈提纲的设计制定与整理、电邮、实地访谈、网络等二手资料的收集等方式自选）

6. 对调查结果展开讨论，形成调研报告。报告的具体题目自拟。

7. 选派一名代表发言汇报，要求主题突出，简明扼要，语言表达清晰流畅。

8. 教师适时指导。

9. 时间：1 周。

四、成果考核

1. 调查报告，2000 字左右。

2. 教师根据学生表现及调研报告计分，纳入平时成绩。

项目十二　相关旅游标准

学习目标

通过本项目学习，你应该能达到：

［知识目标］1. 了解我国相关旅游标准，知道旅游标准制定的意义以及我国旅游标准的种类。

2. 了解各种标准，如国家标准、行业标准及地方标准等。

3. 了解各种等级评定的标准。

［能力目标］能分析各类行业等级评定的标准。

［实训目标］1. 使学生充分了解一些重要的旅游标准，以及这些标准在我国旅游业发展中所发挥的作用。

2. 通过各种途径的调研，使学生能够对目前存在的各种行业等级评定的标准存在的成功与不足之处加以总结，做出相对客观的评价与分析。

任务一　了解我国相关旅游标准

案例导入

2016 年，国家旅游局发布《国家康养旅游示范基地》《国家人文旅游示范基地》《国家蓝色旅游示范基地》《国家绿色旅游示范基地》4 个旅游行业标准，推动康养、人文、蓝色、绿色等旅游示范基地建设。

根据相关标准，康养、人文、蓝色、绿色四大旅游示范基地需具备核心区、依托区、旅游走廊等功能区域，旅游业是区域服务业的龙头产业或国民经济的重要战略性支柱产业等条件。其中，国家康养旅游示范基地要求核心区具备独特的康养旅游资源优势；国家人文旅游示范基地需具有人文类国家 5A 级旅游景区或国家级人文吸引物作为旅游核心区；国家蓝色旅游示范基地应具有海洋、海滨、海岛类国家 5A 级旅游景区、国家级旅游度假区或国家生态旅游示范区中的一种类型作为蓝色旅游基地核心区；国家绿色旅游示范基地要求，应有国家5A级旅游景区、国家级旅游度假区或国家生态旅游示范区中的一种类型作为绿色旅游基地核心区。

此外，相关标准还对四大旅游示范基地建设的环境、旅游经济水平、产业联动与融合、旅游服务管理等条件提出了明确要求。

思考：你还知道哪些其他的旅游行业标准？这些标准的制定有什么意义？

一、旅游标准制定的意义

旅游标准体系是行业规范化管理的蓝图和技术支撑，也是旅游企业开展标准化工作的基础。研究既符合标准体系基础理论要求，又与旅游业自身特点及其发展规律相吻合的标准体系，对于全面提升我国旅游产品质量和服务水平，改善旅游企业的管理水平，提高旅游企业的国际竞争力具有重要意义。

标准化是“为了在一定范围内获得最佳秩序，对现实问题或潜在问题制定共同使用和重复使用的条款的活动”，实施旅游标准化的目的在于全面提升旅游产品质量和服务水平，从而提升我国旅游企业的基本素质和国际竞争力。标准体系是一定范围内的标准按其内在联系形成的科学的有机整体，组成标准体系的基本单元是标准。标准体系表是用图表的形式表达标准体系的一种工具，它是一定范围的标准体系内的标准按一定形式排列起来的图表，包括现有的、应有的和预计将来应制定的标准。标准体系其实就是标准系统，它不是个体标准作用的简单叠加，而是形成合力对整个系统产生高的负熵，使系统形成良性循环，从而为实现组织目标提供有效支撑。旅游标准体系既是旅游标准化活动结果的集成表现形式，又是开展旅游标准化活动的技术支撑和保障，标准体系为旅游业标准化工作指明了方向，是标准化工作落实的体系保证，建立科学合理的旅游业标准体系是旅游标准化工作的坚实基础。

《全国旅游标准化发展规划（2009~2015）》实施以来，我国旅游标准化事业快速发展，基础性、规范性和引领性地位显著增强，较好地发挥了对旅游发展的支撑和保障作用。一是通过推进旅游标准化工作，有效调动了各方面资源和力量，全行业乃至全社会支持和参与旅游标准化活动的氛围日渐浓厚，旅游标准化意识普遍增强。二是旅游标准化工作机制不断完善，“政府部门指导、行业协会运作、企业共同参与”的工作格局基本形成。三是旅游标准研究和修订步伐明显加快，在旅游公共服务、旅游景区与度假区、旅游企业与旅游新业态、旅游绿色环保与节能减排、旅游信息服务等方面研制和发布了一批重要旅游标准。截至2015年12月，我国旅游业已有国家标准30项、行业标准41项、地方标准400多项、企业标准达2万多项，旅游标准体系基本形成。四是旅游标准化试点示范取得良好成效，共开展了三批旅游标准化试点工作，试点单位达到 174 家，已有 119 家试点单位完成验收，树立了一批旅游标准化示范标杆，产生了较大的辐射带动作用，形成了一整套推进旅游标准化工作的经验。五是旅游标准化国际合作与交流有效开展，随着我国与国际上多个国家标准互认协议的签订和标准化合作的加强，我国参与国际旅游标准化活动能力和水平明显增强。六是标准化支持政策和管理措施得到加强，国家旅游局制定了《全国旅游标准化工作管理办法》，浙江、湖北、四川、甘肃、海口等多个省市地方政府把旅游标准化作为加强旅游业宏观管理、促进旅游产业升级的重要抓手，出台了一系列加强和支持旅游标准化工作的政策措施，有效推动了旅游标准化建设和旅游业发展。我国旅游标准化的实践表明，旅游标准化是旅游业发展的重要技术支撑，是提高旅游产品与服务质量的关键环节，是加强旅游行业治理和规范市场秩序的重要手段，是推动旅游创新和转型升级的重要力量，对提高游客满意度、提升旅游发展质效和促进社会经济发展具有十分重要的作用。

二、我国旅游标准的种类

我国的旅游标准化工作起步要早于欧洲国家。1987 年，我国首次制定并于 1993 年颁布实施了《旅游涉外饭店的星级划分和评定》，后经 1997 年、2003 年、2010 年修订为《旅游饭店星级的划分与评定》。这一标准的出台，不仅对我国旅游行业，而且对全国服务性行业标准化工作的推动起到了非常显著的示范作用。目前，“星级”的概念已经成为消费档次和服务质量的象征，其应用范围已经远超出了饭店行业。

1995 年，经国务院标准化主管部门批复，国家旅游局成立了旅游标准化专业机构——全国旅游标准化技术委员会（SAC/TC 210）（以下简称“旅游标委会”），负责旅游业的标准化技术归口工作，分别负责旅游标准化各个方面的研究工作和标准编制的组织工作。旅游标委会由国务院标准化主管部门（即国家标准化管理委员会，简称“国家标准委”）委托国家旅游局负责领导和管理，委员由旅游行政管理人员和旅游专家及旅游企业的专业人员组成。2000 年，国家旅游局发布实施《旅游业标准体系表》，首次建立了以旅游六要素（食、住、行、游、购、娱）为基础的标准体系框架，2009 年又对该框架进行了全面的修订完善。这一体系框架是根据旅游业的基本特点和内在规律，按照标准技术内容的共性特征，分为旅游业基础标准、旅游业要素系统标准、旅游业支持系统标准、旅游业工作标准 4 个业务领域，并扩展到部分标准项目。

任务二　定义类标准

案例导入

三亚南山景区在创建绿色旅游景区的过程中，做出了种种努力。

南山景区四星级酒店休闲会馆作为“金叶”级绿色旅游饭店，游客可在酒店大堂、客房等显著位置看到醒目的绿色宣传告示牌。在南山景区入口处，有一处醒目的标示牌向游人展现着该景区的环境方针：南山文化旅游区贯彻以人与自然和谐发展为根本的管理理念，承诺持续改进和污染预防，承诺遵守与园区环境因素有关的适用法律法规和其他要求；保护海域不受污染、生态环境不被破坏，保护南山岭热带雨林生态系统的平衡，坚持在公司的各项工作中贯彻生态保护思想；创造绿色、优美、洁净的旅游环境，成为现代生态文明的展示窗。另外，南山景区的客房、餐厅等营业部门一直都坚持推出各种节能环保措施，提供绿色产品，并倡导客人与景区共同参与环保行动。

思考：什么是绿色旅游景区、绿色旅游饭店？

一、国家标准

国家标准是指由国家标准化主管机构批准，并在公告后需要通过正规渠道购买的文件，除国家法律法规规定强制执行的标准以外，一般有一定的推荐意义。

国家标准由国务院标准化行政主管部门编制计划，协调项目分工，组织制定（含修订），统一审批、编号、发布。法律对国家标准的制定另有规定的，依照法律的规定执行。国家标准的年限一般为 5 年，过了年限后，国家标准就要被修订或重新制定，以跟上世界同类标准的变化和适应人们生产生活的需求。因此，标准是种动态信息。

国家标准分为强制性国标（GB）和推荐性国标（GB/T）。国家标准的编号由国家标准的代号、国家标准发布的顺序号和国家标准发布的年号（发布年份）构成。强制性国标是保障人体健康、人身及财产安全的标准和法律及行政法规规定强制执行的国家标准；推荐性国标是指生产、检验、使用等方面，通过经济手段或市场调节而自愿采用的国家标准。但推荐性国标一经接受并采用，或各方商定同意纳入经济合同中，就成为各方必须共同遵守的技术依据，具有法律上的约束性。

旅游业的国家标准有《旅游饭店星级的划分与评定》《导游服务规范》《旅游业基础术语》《旅游资源分类、调查与评价》《旅游景区质量等级的划分与评定》等。

二、行业标准

(一) 绿色旅游饭店

由于全球生态环境的日益恶化，保护环境、保障人类健康已受到全世界的关注。各国、各地区、各行业都颁布了相应的法律、法规，出台了各种政策、措施，制定了相应的行业准则以约束并促进组织的环境行为。因此，各类组织越来越重视自身的活动、产品和服务对环境的影响。

旅游业的发展依赖于当地的环境状况，饭店业作为旅游业的支柱产业，在有效保护环境和合理利用资源方面的努力直接关系到旅游业的健康发展，并影响到社会的可持续发展。所以，饭店的环境管理工作被提上议事日程，而创建“绿色旅游饭店”是饭店环境管理的重要环节。

绿色旅游饭店是一种新的理念，它要求饭店将环境管理融入饭店经营管理之中，以环境保护为出发点，调整饭店的发展战略、经营理念、管理模式、服务方式，实施清洁卫生，提供符合人体安全、健康要求的产品，并引导社会公众的节约和环境意识、改变传统的消费观念、倡导绿色消费。它的实质是为饭店宾客提供符合环保要求的、高质量的产品，同时，在经营过程中节约能源、资源，减少排放，预防环境污染，不断提高产品质量。绿色旅游饭店是一种方向和目标，是一个不断发展的概念，为指导现阶段的实践，《绿色旅游饭店》标准把绿色旅游饭店定义为：以可持续发展为理念，坚持清洁生产，倡导绿色消费，保护生态环境的饭店，其核心就是在生产经营过程中加强对环境的永续保护和资源的合理利用。

绿色旅游饭店的创建、实施与保持是一个不断发展的过程，在实施过程中应于饭店其他管理体系的运行相协调，是一个与饭店各方面的发展相互促进的过程。

饭店建成的年代有长短、经营的规模有大小、建筑的形式各不同、设备实施技术性能也有差别，因此在创建、实施过程中，需要根据饭店各自的实际情况采取不同的措施，并积极引入先进的环保技术和设备，获得环境绩效的持续改进。

《绿色旅游饭店》（LB/T 007—2015 代替 LB/T 007—2006）行业标准已经被国家旅游局批准，于 2016 年 2 月 1 日起实施。标准的出台让那些真正以可持续发展为理念，坚持清洁生产、维护饭店品质、倡导绿色消费、合理使用资源、保护生态环境、承担社区与环境责任的饭店能够脱颖而出；同时打着绿色饭店旗号而没有绿色环保的饭店也将褪去其虚伪的外衣。此标准规定了绿色旅游饭店的创建、实施、改进及评定要求。适用于任何要求创建绿色旅游饭店、实施和改进环境管理的饭店。

其中对绿色旅游饭店的定义为：以可持续发展为理念，坚持清洁生产、维护饭店品质、倡导绿色消费、合理使用资源、保护生态环境、承担社区与环境责任的饭店。

《绿色旅游饭店》标准的全文如下：

1　范围

本标准规定了绿色旅游饭店的创建、实施、改进及评定要求。

本标准适用于任何要求创建绿色旅游饭店、实施和改进环境管理的饭店。

2　规范性引用文件

下列文件对于本文件的应用是必不可少的。凡是注日期的引用文件，仅所注日期的版本适用于本文件。凡是不注日期的引用文件，其最新版本（包括所有的修改单）适用于本文件。

GB 3096　声环境质量标准

GB 5749　生活饮用水卫生标准

GB 8978　污水综合排放标准

GB/T 12455　宾馆、饭店合理用电

GB 13271　锅炉大气污染物排放标准

GB 17167　用能单位能源计量器具配备和管理通则

GB 18483　饮食业油烟排放标准

GB/T 18883　室内空气质量标准

GB/T 19001　质量管理体系要求

GB/T 19095　生活垃圾分类标志

GB 19577　冷水机组能效限定值及能源效率等级

GB/T 23331　能源管理体系要求

GB/T 24001　环境管理体系要求

GB 25502　坐便器用水效率限定值及用水效率等级

GB 50118　民用建筑隔声设计规范

GB 50325　民用建筑工程室内环境污染控制规范

LB/T 018　旅游饭店节能减排指引

CJJ/T102　城市生活垃圾分类及其评价标准

3　术语和定义

下列术语和定义适用于本标准。

3.1

绿色旅游饭店 green hotel

以可持续发展为理念，坚持清洁生产、维护饭店品质、倡导绿色消费、合理使用资源、保护生态环境、承担社区与环境责任的饭店。

3.2

清洁生产（cleaner production）

指不断采取改进设计、使用清洁的能源和原料、采用进行的工艺技术与设备、改善管理、综合利用等措施，从源头消减污染，提高资源利用效率，减少或者避免生产、服务和产品使用过程中污染物的产生和排放，以减轻或消除对人类健康和环境的危害。

3.3

冷热电联供（combined cooling，heating and power）

通过能源的梯级利用，燃料通过热电联产装置将高品位能发电后，将其中的低品位能用于采暖、生活供热等用途的供热，这一热量也可以驱动吸收式制冷机，用于夏季的空调，从而形成冷热电三联供系统。

3.4

绿色消费（environmentally friendly consumption）

指选择无污染、健康的产品，关注产品在生产、使用和废弃后对环境的影响，并关注废弃物处理的消费行为。

3.5

绿色客房（green room）

指室内环境满足人体健康要求，设施品质高，智能化程度高，能源、资源利用率高的客房。

3.6

绿色餐饮（environmentally friendly food and beverage service）

指提供安全、健康、高品质的食品和用餐环境，无食物浪费，并对厨余垃圾安全处置的餐饮服务。

3.7

绿色采购（environmentally friendly procurement）

指实施供应商环境影响评价，优先购买环境影响小的产品，促进企业环境行为改善的采购行为。

4 基本要求

4.1 环境管理要求

4.1.1 饭店在运营管理中应遵守环保、节能、卫生、防疫、规划等方面的法律法规和其他要求，承诺污染预防并持续改进饭店的环境绩效。

4.1.2 饭店应构建有实施绿色旅游饭店的创建与管理的组织体系，开展培训并创造能使员工充分参与创建与管理绿色旅游饭店的内部环境。

4.1.3 饭店应制定绿色旅游饭店的环境方针和目标指标，建立并实施有关环保、节能、污染预防以及倡导绿色消费、绿色采购等方面的规章制度和管理要求。

4.1.4 饭店应因地制宜、形式多样地开展绿色旅游饭店的宣传、推广活动，鼓励饭店消费者、供应商参与绿色旅游饭店的实施工作。

4.2 环境质量要求

4.2.1 饭店锅炉大气污染物排放应符合 GB 13271。

4.2.2 饭店厨房排烟应符合 GB 18483。

4.2.3 饭店污水排放应符合 GB 8978。

4.2.4 饭店垃圾分类及管理应符合 CJJ-T 102。

4.2.5 饭店噪声排放应符合 GB 3096。

4.2.6 饭店新建、改建工程后，室内空气质量应符合 GB 50325，运营中的饭店，室内空气质量应符合 GB/T 18883。

4.2.7 饭店能源计量系统应符合 GB 17167。

4.2.8 饭店在一年内未出现重大环境污染事故，无环境方面的投诉。

5 设计要求

5.1 环境设计

5.1.1 饭店建设应有环境影响评价。

5.1.2 饭店选址和设计应保留和利用地形、地貌、植被和水系，保护生态系统和文化景观。

5.1.3 饭店内外应有良好的绿化设计。

5.2 绿色建筑设计

5.2.1 饭店应对建筑材料和结构体系进行选择和评估，有对建筑的体量、体形、平面布局、外围护结构进行节能设计，减少建筑能耗。

5.2.2 饭店应积极采用太阳能、风能、生物质能和地热等再生能源。

5.2.3 饭店应积极利用周边企业余热、废热；采用冷热电联供、集中供热等能源利用方式。

5.2.4 饭店应充分考虑建筑的热、声、光环境以及室内空气质量，综合设计、配置设备，创造舒适、健康的室内环境。饭店室内温度、照度水平符合 GB/T 12455，噪声水平符合 GB 50118。

5.2.5 饭店应有节水系统设计，降低水资源消耗。坐便器符合 GB 25502。

6 能源管理要求

6.1 基础管理

6.1.1 饭店应建立耗能设备分类与计量仪表台账。

6.1.2 饭店应建立能源统计、分析工作制度，定期编制能源使用的分析、改进报告。

6.1.3 饭店应建立能源管理制度和设备操作规范。

6.1.4 饭店应建立能源使用的培训制度。

6.2 使用管理

6.2.1 饭店所有设备应得到正确的使用和良好的维护，保持设备运行正常、能耗正常。

6.2.2 饭店的各项操作规程应得到持续的改进，以减少操作中能源的浪费。

6.2.3 饭店应及时更新陈旧、低效、高能耗设备，采用合同能源管理模式开展节能技术改造。

6.2.4 饭店应优化能源结构，降低单位综合能耗水平和综合能耗费用。

6.2.5 饭店应不断提高能源使用管理的技术手段，实现能源使用管理的系统化、智能化。

7　资源使用管理要求

7.1 水资源使用管理

7.1.1 饭店各部门和各台大型用水设备应建立用水标准，节约用水。

7.1.2 饭店应改进操作过程，建立用水规范，杜绝水资源浪费。

7.1.3 饭店应采用各种水资源再利用措施或技术。

7.2 原材料消耗管理

7.2.1 饭店应减少各类纸张的使用量，积极采用各种替代措施或减量措施。

7.2.2 饭店办公用品应按需使用，提高办公智能化水平。

7.2.3 饭店餐饮食品原材料应按需分类分质有效利用，减少浪费。

7.2.4 饭店工程零配件、装修材料等应按需使用，充分利用。

7.2.5 饭店洗涤剂、清洁剂的使用应设立使用标准，配置量具或相应设备，严格按标准剂量使用。

7.3 客用物品消耗管理

7.3.1 饭店客房用棉织品应在满足客人要求的前提下，减少更换和洗涤次数。

7.3.2 饭店应减少客房内一次性消耗品的使用。

7.3.3 饭店应积极采用生态、环保型材料制作的客房物品。

7.4 资源回收利用

7.4.1 饭店各种废弃的物品应建立分类回收制度，实施分类回收。

7.4.2 饭店应采用各种措施，实现废弃物品的再利用。无法实现再利用的废弃物品，应妥善管理，交由合法组织回收处理。

8　污染预防与控制

8.1 大气污染物排放控制

8.1.1 饭店应不使用以破坏臭氧层物质为工质的各类消防、制冷设备。

8.1.2 饭店应改进能源结构，对锅炉排烟进行处理，减少形成酸雨的硫氧化物、氮氧化物的排放，减少二氧化碳等温室气体的排放。

8.1.3 饭店应安装厨房油烟净化设备，减少油烟排放。

8.2 水污染物排放控制

8.2.1 饭店厨房应设置隔油池，定期清理，运行正常。

8.2.2 饭店各类污水处理设备应完善并运行正常。

8.2.3 饭店未进入城市污水管网的污水排放应通过专门的污水处理达到一级排放标准排放。

8.3 垃圾房的设置和管理

8.3.1 饭店应设置专门的垃圾房临时存放垃圾；垃圾房应为封闭式空间，并有垃圾污水排放及处理设施。

8.3.2 饭店垃圾桶分类、标识清楚，应符合 GB/T 19095。

8.3.3 饭店应建立垃圾分类、储存、运输管理制度并严格执行。

8.4 有毒有害废弃物管理

8.4.1 饭店应建立有毒有害废弃物清单和回收程序，并有妥善的存放措施。

8.4.2 饭店有毒有害废弃物应由合法的专业机构回收处理。

8.5 厨余废弃物管理

8.5.1 饭店厨房废油应专门收集，交由合法机构回收处理，不能直接排放。

8.5.2 饭店厨余垃圾和餐厅剩余的食品垃圾应交由专门机构回收处理，或自行无污染处理。

8.6 植物养护剂和虫害防治药品管理

8.6.1 饭店植物养护剂和虫害防治药品应有专人管理，记录清楚。

8.6.2 饭店植物养护过程应在室外或专门的场所的进行，养护过程完成后才能放置室内。

8.6.3 饭店虫害防治药品的投放和使用应符合使用规范并对客人有专门的告示。

9　产品与服务提供

9.1 安全食品

9.1.1 饭店应建立食品检验制度，提供安全、无污染食品，如绿色食品、无公害食品、有机食品等。

9.1.2 饭店食品原材料加工场所应符合卫生要求，有相应的消毒、更衣、盥洗、采光、照明、通风防腐、防尘、防蝇、防鼠、洗涤、污水排放、存放垃圾和废弃物的设施。

9.1.3 饭店食品存放、加工设备应设置合理，防止食品交叉污染或受到其他物品污染。

9.1.4 饭店各类餐具、饮具应洗净、消毒，并保持清洁。

9.1.5 饭店过期食品应及时处理。

9.2 绿色客房

9.2.1 客房室内空气质量优良，无异味，无装修材料污染。客房新风、排风系统有效，客房新风量每小时30~50立方米。

9.2.2 客房有良好的隔噪处理，室内噪声低于35分贝。室内设备无噪声排放。

9.2.3 客房可放置利于改善室内环境的植物。

9.2.4 客房提供优质饮用水；提供优质、恒温、压力适宜的盥洗用水。

9.2.5 客房提供优质照明。

9.2.6 客房室内设备运行，如中央空调、照明等应实现智能化控制，并方便客人使用。

9.2.7 客房采用建筑遮阳技术和自然通风。

9.2.8 客房有室内环境质量信息，棉织品更换、物品减量使用方面的告示。提供环保读物，提升客人环保理念。

9.2.9 客房楼层电梯应有新风系统。

9.2.10 饭店可设置自助服务区，如公共洗衣机、熨烫服务区、自助售货机等。

9.3 绿色餐厅

9.3.1 餐厅设施应定期清洁、消毒，符合《公共场所卫生管理条例》的要求。

9.3.2 餐厅空气质量优良，无异味，通风良好。

9.3.3 餐厅明档应配备有效的排油烟装置。

9.3.4 餐厅不加工、销售野生保护动物。

9.3.5 餐厅装饰用植物无污染。

9.3.6 餐厅服务应严格操作规范，确保食品质量和服务人员个人卫生符合标准。

9.3.7 餐厅可提供适量点餐服务，按需配置食品分量，减少浪费。

9.3.8 餐厅可提供打包、存酒等服务。

9.3.9 餐厅应不提供一次性餐具（打包服务除外）。

10　安全与员工健康管理

10.1 安全管理

10.1.1 饭店应识别安全隐患，建立火灾、人员伤亡、电梯困人、泳池溺水、设备伤害等突发事件的应急处理预案，定期进行演练，确保紧急状态下应急预案的有效实施。

10.1.2 饭店特种设备应由专人管理，操作人员应经过专门的培训。特种设备应按照规范操作。

10.1.3 饭店客用设施应定期维护检查，确保安全。应识别客用设施中的安全隐患，及时排除纠正。

10.1.4 饭店公共区域的作业施工，应设置围护，并有明显的告示，作业时应有专人管理。

10.1.5 饭店监控设施应完善、有效。

10.2 员工健康管理

10.2.1 饭店应做好员工工作防护，对接触各类化学品、各类有毒有害污染物的员工，应建立完善的防护措施。

10.2.2 饭店应为员工提供环境良好的休息、用餐场所。

10.2.3 饭店可设立员工心理辅导站，维护员工心理健康。

11　社会责任

11.1 绿色理念宣传

11.1.1 饭店应通过各种措施和渠道向顾客传播绿色理念，提高顾客的环保意识。

11.1.2 饭店应定期发布绿色旅游饭店创建成效。

11.1.3 饭店可采取奖励、优惠等措施引导顾客参与饭店绿色计划。

11.2 绿色采购

11.2.1 饭店应选择合格供应商提供的产品和服务，拒绝使用损害环境的供应商提供的产品。

11.2.2 饭店宜优先选择提供环保型产品的供应商。

11.2.3 饭店应积极与供应商协商，在产品包装、物流、仓储等环节降低消耗、减少环境污染。

11.3 社区服务

11.3.1 饭店应参与社区的各种公益活动，协调饭店与社区的关系，减少饭店运行对社区居民的影响。

11.3.2 饭店应参与社区环境改善活动。

11.3.3 饭店可对社区居民开放公共活动设施。

11.3.4 饭店应开展社区环境保护宣传，提升公众环保意识。

11.4 环境绩效改善

11.4.1 饭店应按照 GB/T 23331 建立能源管理体系，单位综合能耗水平逐年下降或达到 LB/T 018 中的先进指标。

11.4.2 饭店应按照 GB/T 19001 建立质量管理体系，按照 GB/T 24001 建立环境管理体系。

11.4.3 饭店主营业务收入与用水量和消耗品使用量的比例应逐年下降或与上年持平。

12 划分与评定

12.1 划分与参评资格

12.1.1 绿色旅游饭店分为金叶级和银叶级两个等级。金叶级应达到附录 B 评定细则 240 分及以上，银叶级应达到附录 B 评定细则 180 分及以上。

12.1.2 全国范围内，正式开业一年以上，并满足附录 A 要求的饭店具有参加评定的资格。

12.2 评定机构和权限

12.2.1 全国旅游星级饭店评定机构统筹负责绿色旅游饭店的组织、领导、评定工作，制定评定工作的实施办法和评定细则，授权、督导省级以下旅游星级饭店评定机构开展绿色旅游饭店的评定工作，保有对各级旅游星级饭店评定机构所评绿色旅游饭店的否决权，并接受国家旅游局指导和监督。

12.2.2 省、自治区、直辖市旅游星级饭店评定机构按照全国旅游星级饭店评定机构的授权和督导，组织本地区绿色旅游饭店的评定与复核工作，保有对本地区下级旅游星级饭店评定机构所评绿色旅游饭店的否决权。同时，负责将本地区所评绿色旅游饭店的批复和评定检查资料上报全国旅游星级饭店评定机构备案。评定机构应吸收相关专业技术部门代表参加，并接受各省、自治区、直辖市旅游局指导和监督。

12.2.3 其他城市或行政区域旅游星级饭店评定机构按照全国旅游星级饭店评定机构的授权和所在地区省级旅游星级饭店评定机构的授权，实施本地区绿色旅游饭店的推荐、评定和复核工作。同时，负责将本地区绿色旅游饭店的推荐或评定检查资料上报省级旅游星级饭店评定机构。评定机构应吸收相关专业技术部门代表参加，并接受各城市或行政区域旅游局指导和监督。

12.3 评定程序

12.3.1 饭店向所在城市或行政区域旅游星级饭店评定机构提交评定申请报告及数据表单。

12.3.2 饭店所在城市或行政区域旅游星级饭店评定机构向省级旅游星级饭店评定机构推荐申报饭店，或根据授权对申报饭店进行评定，并将有关评定检查情况上报省级旅游星级饭店评定机构备案。

12.3.3 省级旅游星级饭店评定机构对申报饭店进行评定。

12.3.4 评定后，达到标准要求的予以通过并公告，同时，上报全国旅游星级饭店评定机构备案，并由全国旅游星级饭店评定机构颁发绿色旅游饭店证书及标志牌。未达到标准要求的，不予通过。

12.4 标志管理

12.4.1 绿色旅游饭店标志实行自愿申请，强制管理制度。

12.4.2 经评定的绿色旅游饭店授予相应的标志，并颁发证书。

12.4.3 绿色旅游饭店标志牌由全国旅游星级饭店评定机构统一制作、核发。

12.4.4 经评定的绿色旅游饭店，由省级旅游星级饭店评定机构每五年复核一次。复核结果上报全国旅游星级饭店评定机构备案。

12.4.5 标志的有效期为五年（自颁发证书之日起计算）。

12.4.6 凡标志使用有效期满而不继续申请的，视为放弃标志使用。

（二）国家绿色旅游示范基地

旅游景区是自然环境优良，人文资源丰富的区域，是优质的景观资源、珍稀的自然生态系统、珍贵的历史文化资源，具有不可替代的景观、生态和文化价值。建设绿色旅游景区，实现旅游景区的绿色管理，对旅游景区资源的永续利用，提供高质量的旅游环境具有重要意义。

2016 年 1 月 1 日，国家旅游局发布《国家绿色旅游示范基地标准》（以下简称《标准》）。《标准》要求，应有国家 5A 级旅游景区、国家级旅游度假区或国家生态旅游示范区中的一种类型作为绿色旅游基地核心区。核心区和依托区应有统一的旅游发展规划，两者共同构成绿色旅游示范基地。此标准自发布之日起实施。

《国家绿色旅游示范基地》标准全文如下：

1　范围

本标准规定了国家绿色旅游示范基地建设与管理的基本要求。

本标准适用于全国范围内的国家绿色旅游示范基地的建设与管理。

2　规范性引用文件

下列文件对于本文件的应用是必不可少的。凡是注日期的引用文件，仅所注日期的版本适用于本文件。凡是不注日期的引用文件，其最新版本（包括所有的修改单）适用于本文件。

GB 3095　环境空气质量标准

GB 3096　声环境质量标准

GB 3838　地表水环境质量标准

GB 5768　道路交通标志和标线

GB 16889　生活垃圾填埋场污染控制标准

GB 18485　生活垃圾焚烧污染控制标准

GB 18918　城镇污水处理厂污染物排放标准

GB/T 10001.1　标志用公共信息图形符号第1部分：通用符号

GB/T 10001.2　标志用公共信息图形符号第2部分：旅游休闲符号

GB/T 17775　旅游景区质量等级的划分与评定

GB/T 18973　旅游厕所质量等级的划分与评定

GB/T 26354　旅游信息咨询中心设置与服务规范

GB/T 31710.2　休闲露营地建设与服务规范第2部分：自驾车露营地

HJ 633　环境空气质量指数（AQI）技术规定

LB/T 010　城市旅游集散中心等级划分与评定

LB/T 012　城市旅游公共信息导向系统设置原则与要求

LB/T 047　旅游休闲示范城市

3　术语和定义

下列术语和定义适用于本文件。

3.1 绿色旅游 green tourism

以保护环境、维护生态平衡为前提，亲近自然山水，获得身心愉悦的旅游活动方式。

3.2 绿色旅游基地核心区 core area of green tourism destination

为游客提供游览观光、休闲度假、探险科普等旅游服务的自然生态类国家级旅游区。

3.3 绿色旅游基地依托区 supporting area of green tourism destination

能够为绿色旅游基地核心区提供综合配套服务支撑，且旅游要素齐备、旅游产业链条完整，行政边界明确的外围区域。

3.4 旅游廊道 tourism corridor

以旅游交通通道串联旅游吸引物，旅游公共服务完善，旅游接待设施健全，可供观赏游憩的带状空间。

4　必备条件

4.1 空间要素组成和范围

4.1.1 应有国家5A级旅游景区、国家级旅游度假区或国家生态旅游示范区中的一种类型作为绿色旅游基地核心区，管理运营良好。

4.1.2 应有在同一行政区范围的地级或县市（区）区域范围作为绿色旅游基地依托区，核心区的主入口处与依托区中心城镇的距离适宜。

4.1.3 应有连接核心区和依托区中心城镇的便捷快速交通体系。

4.1.4 核心区和依托区应有统一的旅游发展规划，两者共同构成绿色旅游示范基地。

4.2 旅游经济水平

4.2.1 旅游业是区域服务业的龙头产业或国民经济的重要战略性支柱产业。

4.2.2 旅游业直接就业人口占区域全社会就业人口应有一定比例。

4.2.3 核心区年接待国内外旅游人次应具有一定规模，高峰期接待量在最大承载量以内。

4.3 生态环境条件

4.3.1 森林（草地）覆盖率、城镇建成区绿化覆盖率和人均公园绿地面积应均高于所在地区平均水平。

4.3.2 城镇生活垃圾无害化处理率≥90%，并符合 GB 16889 和 GB 18485 标准要求。

4.3.3 地表水环境质量达到 GB 3838 中Ⅱ类以上，城镇生活污水排放达到 GB 18918 一级 A 标准，生活污水集中处理率≥85%。

4.3.4 核心区内环境空气质量年均达 GB 3095 一级标准，依托区年均达到二级标准。根据 GB 3095 和 HJ 633，空气质量指数（AQI）年达标天数比例≥70%。

4.3.5 噪声质量达到 GB 3096 规定的各类标准适用区域的要求。

5　一般要求

5.1 基地依托区

5.1.1 整体风貌特色

5.1.1.1 城镇的整体风貌宜有地域文化特色和个性特征。

5.1.1.2 宜有数量较多的历史文化街区。

5.1.2 城市休闲空间

5.1.2.1 应有分布集中、类型多样、发展完善、运营成功的休闲空间。

5.1.2.2 休闲空间宜满足 LB/T 047 的要求。

5.1.3 接待服务设施

5.1.3.1 应有种类丰富、服务规范、档次搭配适宜的接待住宿设施，绿色旅游饭店有一定比例。

5.1.3.2 应有集中连片的美食街区，多元化餐饮类型，饮食文化本地特色鲜明。

5.1.3.3 应有步行商业街区，旅游商品种类多，地方特色突出。

5.2 旅游交通服务

5.2.1 外部可进入性

5.2.1.1 距离最近民用机场车程宜在 1h 以内或距离最近高铁车站车程宜在 45mins 以内。

5.2.1.2 距离最近高速公路出口车程宜在 30mins 以内。

5.2.2 区内交通

5.2.2.1 主要交通站点间应有公共交通，区域道路状况保持良好。

5.2.2.2 应开通观光巴士，有符合 LB/T 047 要求的慢行系统。

5.2.2.3 应开通延伸至主要旅游区和乡村旅游点的旅游直通车。

5.2.2.4 应建设有满足需要的旅游停车场。

5.2.2.5 宜建设有自驾车营地，营地建设与服务规范符合 GB/T 31710.2 的要求。

5.2.2.6 宜推广绿色交通出行方式，绿色公共交通工具占一定比例。

5.2.3 旅游集散中心

5.2.3.1 应建立有布局合理的旅游集散中心体系，各类旅游集散中心设施与服务应满足 LB/T 010 要求。

5.2.3.2 应建立集散中心站点与主要旅游区间的公共交通系统。

5.2.4 绿色旅游廊道

5.2.4.1 宜建设有绿色旅游廊道。

5.2.4.2 绿色旅游廊道建设宜与货运干道分开。

5.3 旅游安全保障服务

5.3.1 信息发布

5.3.1.1 应建立有旅游服务质量信息发布平台。

5.3.1.2 应建立假日期间旅游市场供需信息发布机制。

5.3.1.3 应建立旅游核心区旅游承载量超载预警信息发布机制。

5.3.2 风险提示

5.3.2.1 应建立有旅游专业气象、地质灾害、生态环境等监测和预报预警系统。

5.3.2.2 应建立有旅游安全风险信息的提示发布机制。

5.3.3 日常管理

5.3.3.1 应在游客活动密集区建立安全风险防范机制。

5.3.3.2 旅游安全风险防范应遵循 GB/T 17775 中 5.1.3 要求。

5.3.3.3 应建立旅游突发公共事件的应急预案。

5.4 信息和咨询服务

5.4.1 咨询服务中心

5.4.1.1 应设置数量充足、规模适度、设施完善、功能齐全、管理优良的咨询服务中心。

5.4.1.2 所设咨询中心设置与服务应符合 GB/T 26354 要求。

5.4.2 公共信息导向标识

5.4.2.1 应设置规范、醒目的旅游公共信息图形符号和交通导向系统。

5.4.2.2 道路交通标志和标线符合 GB 5768 要求，旅游公共信息图形符号应符合 GB/T 10001.1、GB/T 10001.2 的规定，各类导向系统设计应符合 LB/T 012 的规定。

5.4.3 智慧旅游服务

5.4.3.1 应保证移动通信全覆盖，信号流畅，游客活动密集的场所有无线网络。

5.4.3.2 应建设智慧旅游公共服务平台和 12301 旅游咨询服务热线，有智慧景区门票预约制度。

5.4.3.3 应有国家智慧旅游试点城市、智慧旅游景区或智慧企业等建设，并提供手机 APP 下载服务。

5.4.3.4 应建立有智慧旅游营销系统和全媒体旅游信息市场传播系统。

5.4.3.5 应建立政府智慧旅游公共管理平台。

5.5 便民惠民服务

5.5.1 城镇公共休闲

5.5.1.1 应免费向游客及当地居民开放文化娱乐设施及场所。

5.5.1.2 应提供残障人、老年人、儿童等使用的无障碍设施设备。

5.5.1.3 应常年提供内容健康、有地方文化特色的文化娱乐活动。

5.5.2 便民惠民措施

5.5.2.1 应在游客活动相对密集的场所提供有通信、邮政、ATM 金融等服务。

5.5.2.2 应有旅游消费券、旅游年票、旅游一卡通或面向特殊人群的惠民措施。

5.5.3 旅游厕所

5.5.3.1 应建立数量适宜、分布合理、卫生文明、使用免费的旅游厕所。

5.5.3.2 旅游厕所建设管理应达到 GB/T 18973 规定的要求。

5.5.3.3 旅游高峰期游客活动相对密集的场所应配有流动备用厕所。

5.5.3.4 社会服务单位厕所应向公众开放。

5.5.4 环境卫生

5.5.4.1 应配置数量充足、布局合理的垃圾桶/箱，要求外观干净整洁，垃圾分类回收。

5.5.4.2 主要旅游场所环境整洁，建筑物及各种设施设备维护完好。

5.6 质量管理服务

5.6.1 质量监管

5.6.1.1 应具有健全的旅游质量监管机构和联合旅游执法队伍。

5.6.1.2 应有游客满意度为核心的旅游服务质量评价体系和旅游服务诚信体系。

5.6.1.3 宜建立有畅通高效的多元旅游纠纷解决机制。

5.6.2 教育培训

5.6.2.1 应有对游客绿色旅游意识的宣传。

5.6.2.2 应有对旅游管理和从业人员的绿色旅游教育培训。

5.6.2.3 应有对当地社区居民绿色生活方式知识普及。

5.6.3 资源环境保护

5.6.3.1 应有专项的旅游生态环境保护规划。

5.6.3.2 应具有统一完善的旅游生态环境监测网络体系。

5.6.3.3 对自然与文化资源应采取了保护性利用方式。

5.6.3.4 旅游业发展中应采取了节能减排的措施和行动。

5.6.3.5 能有效吸纳社区居民参与旅游开发，并提供相当数量的就业机会。

任务三　等级评定类标准

案例导入

江苏省《旅行社等级划分与评定》标准于2012年8月实施，全省旅行社星级评定工作随之启动。该标准中，将旅行社等级从低到高分为五个级别，一星级最低，五星级最高。有关部门根据旅行社综合情况考评，总分为500分，满400分才能达到五星级。

达到“五星”级别的旅行社，在接待能力和服务质量上都有很高要求，例如：上年度营业收入不少于1亿元；上年度组团接待人数不少于10万人次；签订劳动合同的员工数不少于100人；能提供不少于4种外语导游服务；有10条以上的特色线路；旅游投诉电话24小时畅通；有涉旅突发事件应急处置预案；一年内未受到旅游行政管理部门处罚等。

思考： 1. 江苏省目前有多少家五星级旅行社？

2. 类似的关于等级评定的标准你还知道哪些？

一、《旅游景区质量等级的划分与评定》标准

本标准的制定旨在加强对旅游景区的管理，提高旅游景区服务质量，维护旅游景区和旅游者的合法权益，促进我国旅游资源开发、利用和环境保护。

本标准在制定过程中，总结了国内旅游景区的管理经验，借鉴了国内外有关资料和技术规程，并直接引用了部分国家标准或标准条文。同时，根据GB/T 17775-1999《旅

游景区质量等级的划分与评定》自1999年至今近三年时间的实施情况，在原标准基础上对一些内容进行了修订，使其更加符合旅游景区的发展实际。

《旅游景区质量等级的划分与评定》全文如下：

1　范围

本标准规定了旅游景区质量等级划分的依据、条件及评定的基本要求。

本标准适用于接待海内外旅游者的各种类型的旅游景区，包括以自然景观及人文景观为主的旅游景区。

2　规范性引用文件

下列文件中的条款通过本标准的引用而成为本标准的条款。凡是注日期的引用文件，其随后所有的修改单（不包括勘误的内容）或修订版均不适用于本标准，然而，鼓励根据本标准达成协议的各方研究是否可使用这些文件的最新版本。凡是不注日期的引用文件，其最新版本适用于本标准。

GB 3095-1996　环境空气质量标准

GB 3096-1993　城市区域环境噪声标准

GB 3838　地表水环境质量标准

GB 8978　污水综合排放标准

GB 9664　文化娱乐场所卫生标准

GB 9667　游泳场所卫生标准

GB/T 10001.1　标志用公共信息图形符号第1部分：通用符号（GB/T 10001.1-2000，neq ISO7001：1990）

GB/T 15971-1995　导游服务质量

GB 16153　饭馆（餐厅）卫生标准

GB/T 16767　游乐园（场）安全和服务质量

3　术语和定义

下列术语和定义适用于本标准。

3.1 旅游景区 tourist attraction

旅游景区是以旅游及其相关活动为主要功能或主要功能之一的空间或地域。本标准中旅游景区是指具有参观游览、休闲度假、康乐健身等功能，具备相应旅游服务设施并提供相应旅游服务的独立管理区。该管理区应有统一的经营管理机构和明确的地域范围。包括风景区、文博院馆、寺庙观堂、旅游度假区、自然保护区、主题公园、森林公园、地质公园、游乐园、动物园、植物园及工业、农业、经贸、科教、军事、体育、文化艺术等各类旅游景区。

3.2 旅游资源 tourism resources

自然界和人类社会凡能对旅游者产生吸引力，可以为旅游业开发利用，并可产生经济效益、社会效益和环境效益的各种事物和因素。

3.3 游客中心 tourist center

旅游景区设立的为游客提供信息、咨询、游程安排、讲解、教育、休息等旅游设施和服务功能的专门场所。

4 旅游景区质量等级及标志

4.1 旅游景区质量等级划分为五级，从高到低依次为 AAAAA、AAAA、AAA、AA、A 级旅游景区。

4.2 旅游景区质量等级的标牌、证书由全国旅游景区质量等级评定机构统一规定。

5 旅游景区质量等级划分条件

5.1 AAAAA 级旅游景区

5.1.1 旅游交通

a）可进入性好。交通设施完善，进出便捷。或具有一级公路或高等级航道、航线直达；或具有旅游专线交通工具。

b）有与景观环境相协调的专用停车场或船舶码头。管理完善，布局合理，容量能充分满足游客接待量要求。场地平整坚实、绿化美观或水域畅通、清洁。标志规范、醒目、美观。

c）区内游览（参观）路线或航道布局合理、顺畅，与观赏内容联结度高，兴奋感强。路面特色突出，或航道水体清澈。

d）区内应使用清洁能源的交通工具。

5.1.2 游览

a）游客中心位置合理，规模适度，设施齐全，功能体现充分。咨询服务人员配备齐全，业务熟练，服务热情。

b）各种引导标识（包括导游全景图、导览图、标识牌、景物介绍牌等）造型特色突出，艺术感和文化气息浓厚，能烘托总体环境。标识牌和景物介绍牌设置合理。

c）公众信息资料（如研究论著、科普读物、综合画册、音像制品、导游图和导游材料等）特色突出，品种齐全，内容丰富，文字优美，制作精美，适时更新。

d）导游员（讲解员）持证上岗，人数及语种能满足游客需要。普通话达标率100%。导游员（讲解员）均应具备大专以上文化程度，其中本科以上不少于30%。

e）导游（讲解）词科学、准确、有文采。导游服务具有针对性，强调个性化，服务质量达到 GB/T 15971-1995 中 4.5.3 和第 5 章要求。

f）公共信息图形符号的设置合理，设计精美，特色突出，有艺术感和文化气息，符合 GB/T 10001.1 的规定。

g）游客公共休息设施布局合理，数量充足，设计精美，特色突出，有艺术感和文化气息。

5.1.3 旅游安全

a）认真执行公安、交通、劳动、质量监督、旅游等有关部门制定和颁布的安全法规，建立完善的安全保卫制度，工作全面落实。

b）消防、防盗、救护等设备齐全、完好、有效，交通、机电、游览、娱乐等设备完好，运行正常，无安全隐患。游乐园达到 GB/T 16767 规定的安全和服务标准。危险地段标志明显，防护设施齐备、有效、特殊地段有专人看守。

c）建立紧急救援机制，设立医务室，并配备专职医务人员。设有突发事件处理预案，应急处理能力强，事故处理及时、妥当，档案记录准确、齐全。

5.1.4 卫生

a）环境整洁，无污水、污物，无乱建、乱堆、乱放现象，建筑物及各种设施设备无剥落、无污垢，空气清新、无异味。

b）各类场所全部达到 GB 9664 规定的要求，餐饮场所达到 GB 16153 规定的要求，游泳场所达到 GB 9667 规定的要求。

c）公共厕所布局合理，数量能满足需要，标识醒目美观，建筑造型景观化。所有厕所具备水冲、盥洗、通风设备，并保持完好或使用免水冲生态厕所。厕所设专人服务，洁具洁净、无污垢、无堵塞。室内整洁，有文化气息。

d）垃圾箱布局合理，标识明显，造型美观独特，与环境相协调。垃圾箱分类设置，垃圾清扫及时，日产日清。

e）食品卫生符合国家规定，餐饮服务配备消毒设施，不应使用对环境造成污染的一次性餐具。

5.1.5 邮电服务

a）提供邮政及邮政纪念服务。

b）通信设施布局合理。出入口及游人集中场所设有公用电话，具备国际、国内直拨功能。

c）公用电话亭与环境相协调，标志美观醒目。

d）通信方便，线路畅通，服务亲切，收费合理。

e）能接收手提电话信号。

5.1.6 旅游购物

a）购物场所布局合理，建筑造型、色彩、材质有特色，与环境协调。

b）对购物场所进行集中管理，环境整洁，秩序良好，无围追兜售、强买强卖现象。

c）对商品从业人员有统一管理措施和手段。

d）旅游商品种类丰富，本地区及本旅游区特色突出。

5.1.7 经营管理

a）管理体制健全，经营机制有效。

b）旅游质量、旅游安全、旅游统计等各项经营管理制度健全有效，贯彻措施得力，定期监督检查，有完整的书面记录和总结。

c）管理人员配备合理，中高级以上管理人员均具备大学以上文化程度。

d）具有独特的产品形象、良好的质量形象、鲜明的视觉形象和文明的员工形象，确立自身的品牌标志，并全面、恰当地使用。

e）有正式批准的旅游总体规划，开发建设项目符合规划要求。

f）培训机构、制度明确，人员、经费落实，业务培训全面，效果良好，上岗人员培训合格率达 100%。

g）投诉制度健全，人员落实、设备专用，投诉处理及时、妥善，档案记录完整。

h）为特定人群（老年人、儿童、残疾人等）配备旅游工具、用品，提供特殊服务。

5.1.8 资源和环境的保护

a）空气质量达 GB 3095-1996 的一级标准。

b）噪声质量达到 GB 3096-1993 的一类标准。

c）地面水环境质量达到 GB 3838 的规定。

d）污水排放达到 GB 8978 的规定。

e）自然景观和文物古迹保护手段科学，措施先进，能有效预防自然和人为破坏，保持自然景观和文物古迹的真实性和完整性。

f）科学管理游客容量。

g）建筑布局合理，建筑物体量、高度、色彩、造型与景观相协调。出人口主体建筑格调突出，并烘托景观及环境。周边建筑物与景观格调协调，或具有一定的缓冲区域。

h）环境氛围优良。绿化覆盖率高，植物与景观配置得当，景观与环境美化措施多样，效果好。

i）区内各项设施设备符合国家关于环境保护的要求，不造成环境污染和其他公害，不破坏旅游资源和游览气氛。

5.1.9 旅游资源吸引力

a）观赏游憩价值极高。

b）同时具有极高历史价值、文化价值、科学价值，或其中一类价值具世界意义。

c）有大量珍贵物种，或景观异常奇特，或有世界级资源实体。

d）资源实体体量巨大，或资源类型多，或资源实体疏密度极优。

e）资源实体完整无缺，保持原来形态与结构。

5.1.10 市场吸引力

a）世界知名。

b）美誉度极高。

c）市场辐射力很强。

d）主题鲜明，特色突出，独创性强。

5.1.11 年接待海内外旅游者 60 万人次以上，其中海外旅游者 5 万人次以上。

5.1.12 游客抽样调查满意率很高。

5.2 AAAA 级旅游景区

5.2. 1 旅游交通

a）可进人性良好。交通设施完善，进出便捷。或具有一级公路或高等级航道、航线直达；或具有旅游专线交通工具。

b）有与景观环境相协调的专用停车场或船舶码头。且管理完善，布局合理，容量能满足游客接待量要求。场地平整坚实或水域畅通。标志规范、醒目。

c）区内游览（参观）路线或航道布局合理、顺畅，观赏面大。路面有特色，或航道水质良好。

d）区内使用低排放的交通工具，或鼓励使用清洁能源的交通工具。

5.2.2 游览

a）游客中心位置合理，规模适度，设施齐全，功能完善。咨询服务人员配备齐全，业务熟练，服务热情。

b）各种引导标识（包括导游全景图、导览图、标识牌、景物介绍牌等）造型有特色，与景观环境相协调。标识牌和景物介绍牌设置合理。

c）公众信息资料（如研究论著、科普读物、综合画册、音像制品、导游图和导游材料等）特色突出，品种齐全，内容丰富，制作良好，适时更新。

d）导游员（讲解员）持证上岗，人数及语种能满足游客需要。普通话达标率 100%。导游员（讲解员）均应具备高中以上文化程度，其中大专以上不少于 40%。

e）导游（讲解）词科学、准确、生动。导游服务质量达到 GB/T 15971－1995 中 4.5.3 和第 5 章要求。

f）公共信息图形符号的设置合理，设计精美，有特色，有艺术感，符合 GB/T 10001. 1 的规定。

g）游客公共休息设施布局合理，数量充足，设计精美，有特色，有艺术感。

5.2.3 旅游安全

a）认真执行公安、交通、劳动、质量监督、旅游等有关部门制定和颁布的安全法规，建立完善的安全保卫制度，工作全面落实。

b）消防、防盗、救护等设备齐全、完好、有效，交通、机电、游览、娱乐等设备完好，运行正常，无安全隐患。游乐园达到 GB/T 16767 规定的安全和服务标准。危险地段标志明显，防护设施齐备、有效，高峰期有专人看守。

c）建立紧急救援机制，设立医务室，并配备医务人员。设有突发事件处理预案，应急处理能力强，事故处理及时、妥当，档案记录准确、齐全。

5.2.4 卫生

a）环境整洁，无污水、污物，无乱建、乱堆、乱放现象，建筑物及各种设施设备无剥落、无污垢，空气清新、无异味。

b）各类场所全部达到 GB 9664 规定的要求，餐饮场所达到 GB 16153 规定的要求，游泳场所达到 GB 9667 规定的要求。

c）公共厕所布局合理，数量能满足需要，标识醒目美观，建筑造型与景观环境相协调。所有厕所具备水冲、盥洗、通风设备，并保持完好或使用免水冲生态厕所。厕所管理完善，洁具洁净、无污垢、无堵塞。室内整洁。

d）垃圾箱布局合理，标识明显，数量能满足需要，造型美观，与环境相协调。垃圾分类收集，清扫及时，日产日清。

e）食品卫生符合国家规定，餐饮服务配备消毒设施，不使用对环境造成污染的一次性餐具。

5.2.5 邮电服务

a）提供邮政及邮政纪念服务。

b）通信设施布局合理。出人口. 及游人集中场所设有公用电话，具备国际、国内直拨功能。

c）公用电话亭与环境相协调，标志美观醒目。

d）通信方便，线路畅通，服务亲切，收费合理。

e）能接收手提电话信号。

5.2.6 旅游购物

a）购物场所布局合理，建筑造型、色彩、材质有特色，与环境协调。

b）对购物场所进行集中管理，环境整洁，秩序良好，无围追兜售、强买强卖现象。

c）对商品从业人员有统一管理措施和手段。

d）旅游商品种类丰富，具有本地区特色。

5.2.7 经营管理

a）管理体制健全，经营机制有效。

b）旅游质量、旅游安全、旅游统计等各项经营管理制度健全有效，贯彻措施得力，定期监督检查，有完整的书面记录和总结。

c）管理人员配备合理，高级管理人员均应具备大学以上文化程度。

d）具有独特的产品形象、良好的质量形象、鲜明的视觉形象和文明的员工形象，确立自身的品牌标志，并全面、恰当地使用。

e）有正式批准的旅游总体规划，开发建设项目符合规划要求。

f）培训机构、制度明确，人员、经费落实，业务培训全面，效果良好，上岗人员培训合格率达100%。

g）投诉制度健全，人员、设备落实，投诉处理及时、妥善，档案记录完整。

h）为特定人群（老年人、儿童、残疾人等）配备旅游工具、用品，提供特殊服务。

5.2.8 资源和环境的保护

a）空气质量达 GB 3095-1996 的一级标准。

b）噪声质量达到 GB 3096-1993 的一类标准。

c）地面水环境质量达到 GB 3838 的规定。

d）污水排放达到 GB 8978 的规定。

e）自然景观和文物古迹保护手段科学，措施先进，能有效预防自然和人为破坏，保持自然景观和文物古迹的真实性和完整性。

f）科学管理游客容量。

g）建筑布局合理，建筑物体量、高度、色彩、造型与景观相协调。出入口主体建筑有格调，与景观环境相协调。周边建筑物与景观格调协调，或具有一定的缓冲区域或隔离带。

h）环境氛围良好。绿化覆盖率高，植物与景观配置得当，景观与环境美化措施多样，效果良好。

i）区内各项设施设备符合国家关于环境保护的要求，不造成环境污染和其他公害，不破坏旅游资源和游览气氛。

5.2.9 旅游资源吸引力

a）观赏游憩价值很高。

b）同时具有很高历史价值、文化价值、科学价值，或其中一类价值具全国意义。

c）有很多珍贵物种，或景观非常奇特，或有国家级资源实体。

d）资源实体体量很大，或资源类型多，或资源实体疏密度优良。

e）资源实体完整，保持原来形态与结构。

5.2.10 市场吸引力

a）全国知名。

b）美誉度高。

c）市场辐射力强。

d）形成特色主题，有一定独创性。

5.2.11 年接待海内外旅游者50万人次以上，其中海外旅游者3万人次以上。

5.2.12 游客抽样调查满意率高。

5.3 AAA级旅游景区

5.3.1 旅游交通

a）可进入性较好。交通设施完备，进出便捷。或具有至少二级以上公路或高等级航道、航线直达；或具有旅游专线等便捷交通工作。

b）有与景观环境相协调的专用停车场或船舶码头。且布局合理，容量能满足需求。场地平整坚实或水域畅通。标志规范、醒目。

c）区内游览（参观）路线或航道布局合理、顺畅，观赏面大。路面有特色，或航道水质良好。

d）区内使用低排放的交通工作，或鼓励使用清洁能源的交通工具。

5.3.2 游览

a）游客中心位置合理，规模适度，设施、功能齐备。游客中心有服务人员，业务熟悉，服务热情。

b）各种引导标识（包括导游全景图、导览图、标识牌、景物介绍牌等）造型有特色，与景观环境相协调。标识牌和景物介绍牌设置合理。

c）公众信息资料（如研究论著、科普读物、综合画册、音像制品、导游图和导游材料等）有特色，品种全，内容丰富，制作良好，适时更新。

d）导游员（讲解员）持证上岗，人数及语种能满足游客需要。普通话达标率100%。导游员（讲解员）均应具备高中以上文化程度，其中大专以上不少于20%。

e）导游（讲解）词科学、准确、生动、导游服务质量达到GB/T 15971－1995中4.5.3和第5章要求。

f）公共信息图形符号的设置合理，设计有特色，符合GB/T 10001.1的规定。

g）游客公共休息设施布局合理，数量满足需要，设计有特色。

5.3.3 旅游安全

a）认真执行公安、交通、劳动、质量监督、旅游等有关部门制定和颁布的安全法规，建立完善的安全保卫制度，工作全面落实。

b）消防、防盗、救护等设备齐全、完好、有效，交通、机电、游览、娱乐等设备完好，运行正常，无安全隐患。游乐园达到GB/T 16767规定的安全和服务标准。危险地段标志明显，防护设施齐备、有效，高峰期有专人看守。

c）建立紧急救援机制，设立医务室，至少配备兼职医务人员。设有突发事件处理预案，应急处理能力强，事故处理及时、妥当，档案记录准确、齐全。

5.3.4 卫生

a）环境整洁，无污水、污物，无乱建、乱堆、乱放现象，建筑物及各种设施设备无剥落、无污垢，空气清新、无异味。

b）各类场所全部达到 GB 9664 规定的要求，餐饮场所达到 GB 16153 规定的要求，游泳场所达到 GB 9667 规定的要求。

c）公共厕所布局合理，数量满足需要，标识醒目，建筑造型与景观环境协调。全部厕所具备水冲、通风设备，并保持完好或使用免水冲生态厕所。厕所整洁，洁具洁净、无污垢、无堵塞。

d）垃圾箱布局合理，标识明显，数量满足需要，造型美观，与环境协调。垃圾清扫及时，日产日清。

e）食品卫生符合国家规定，餐饮服务配备消毒设施，不使用造成污染的一次性餐具。

5.3.5 邮电服务

a）提供邮政及邮政纪念服务。

b）通信设施布局合理。游人集中场所设有公用电话，具备国际、国内直拨功能。

c）公用电话亭与环境基本协调，标志醒目。

d）通信方便，线路畅通，服务亲切，收费合理。

e）能接收手提电话信号。

5.3.6 旅游购物

a）购物场所布局合理，建筑造型、色彩、材质与环境协调。

b）对购物场所进行集中管理，环境整洁，秩序良好，无围追兜售、强买强卖现象。

c）对商品从业人员有统一管理措施和手段。

d）旅游商品种类丰富，具有本地区特色。

5.3.7 经营管理

a）管理体制健全、经营机制有效。

b）旅游质量、旅游安全、旅游统计等各项经营管理制度健全有效，贯彻措施得力，定期监督检查，有完整的书面记录和总结。

c）管理人员配备合理，80%以上中高级管理人员具备大专以上文化程度。

d）具有独特的产品形象、良好的质量形象、鲜明的视觉形象和文明的员工形象，确立自身的品牌标志，并全面、恰当地使用。

e）有正式批准的总体规划，开发建设项目符合规划要求。

f）培训机构、制度明确，人员、经费落实，业务培训全面，效果良好，上岗人员培训合格率达 100%。

g）投诉制度健全，人员、设备落实，投诉处理及时、妥善，档案记录完整。

h）能为特定人群（老年人、儿童、残疾人等）提供特殊服务。

5 3. 8 资源及环境的保护

a）空气质量达 GB 3095-1996 的一级标准。

b）噪声质量达到 GB 3096-1993 的一类标准。

c）地面水环境质量达到 GB 3838 的规定。

d）污水排放达到 GB 8978 的规定。

e）自然景观和文物古迹保护手段科学，措施得力，能有效预防自然和人为破坏，保持自然景观和文物古迹的真实性和完整性。

f）科学管理游客容量。

g）建筑布局合理，建筑物体量、高度、色彩、造型与景观相协调。出人口主体建筑有格调，与景观环境相协调。周边建筑物与景观格调协调，或具有一定的缓冲区或隔离带。

h）环境氛围良好。绿化覆盖率较高，植物与景观配置得当，景观与环境美化效果良好。

i）区内各项设施设备符合国家关于环境保护的要求，不造成环境污染和其他公害，不破坏旅游资源和游览气氛。

5. 3. 9 旅游资源吸引力

a）观赏游憩价值较高。

b）同时具有很高历史价值、文化价值、科学价值，或其中一类价值具省级意义。

c）有较多珍贵物种，或景观奇特，或有省级资源实体。

d）资源实体体量大，或资源类型较多，或资源实体疏密度良好。

e）资源实体完整，基本保持原来形态与结构。

5. 3. 10 市场吸引力

a）周边省市知名。

b）美誉度较高。

c）市场辐射力较强。

d）有一定特色，并初步形成主题。

5. 3. 11 年接待海内外旅游者 30 万人次以上。

5. 3. 12 游客抽样调查满意率较高。

5. 4 AA 级旅游景区

5. 4. 1 旅游交通

a）可进人性较好。进出方便，道路通畅。

b）有专用停车船场所，布局较合理，容量能基本满足需求，场地平整坚实或水域畅通，标志规范、醒目。

c）区内游览（参观）路线或航道布局基本合理、顺畅。

d）区内使用低排放的交通工具，或鼓励使用清洁能源的交通工具。区内无对环境造成污染的交通工具。

5.4.2 游览

a）有为游客提供咨询服务的游客中心或相应场所，咨询服务人员业务熟悉，服务热情。

b）各种引导标识（包括导游全景图、导览图、标识牌、景物介绍牌等）清晰美观，与景观环境基本协调。标识牌和景物介绍牌设置合理。

c）公众信息资料（如研究论著、科普读物、综合画册、音像制品、导游图和导游材料等）品种多，内容丰富，制作较好。

d）导游员（讲解员）持证上岗，人数及语种能满足游客需要。普通话达标率100%。导游员（讲解员）均应具备高中以上文化程度。

e）导游（讲解）词科学、准确、生动。导游服务质量达到 GB/T 15971－1995 中 4.5.3 和第 5 章要求。

f）公共信息图形符号的设置合理，规范醒目，符合 GB/T 10001.1 的规定。

g）游客公共休息设施布局合理，数量基本满足需要，造型与环境基本协调。

5.4.3 旅游安全

a）认真执行公安、交通、劳动、质量监督、旅游等有关部门制定和颁布的安全法规，建立完善的安全保卫制度，工作全面落实。

b）消防、防盗、救护等设备齐全、完好、有效，交通、机电、游览、娱乐等设备完好，运行正常，无安全隐患。游乐园达到 GB/T 16767 规定的安全和服务标准。危险地段标志明显，防护设施齐备、有效。

c）建立紧急救援机制。配备游客常用药品。事故处理及时、妥当，档案记录完整。

5.4.4 卫生

a）环境比较整洁，无污水、污物，无乱建、乱堆、乱放现象，建筑物及各种设施设备无剥落、无污垢，空气清新、无异味。

b）各类场所全部达到 GB 9664 规定的要求，餐饮场所达到 GB 16153 规定的要求，游泳场所达到 GB 9667 规定的要求。

c）公共厕所布局合理，数量基本满足需要，标识醒目，建筑造型与景观环境协调。70%以上厕所具备水冲设备，并保持完好或使用免水冲生态厕所。厕所整洁，洁具洁净、无污垢、无堵塞。

d）垃圾箱布局合理，标识明显，数量基本满足需要，造型美观，与环境基本协调。垃圾清扫及时，日产日清。

e）食品卫生符合国家规定，餐饮服务配备消毒设施，不使用对环境造成污染的一次性餐具。

5.4.5 邮电服务

a）提供邮政或邮政纪念服务。

b）通信设施布局合理。游人集中场所设有公用电话，具备国内直拨功能。

c）公用电话亭与环境基本协调，标志醒目。

d）通信方便，线路畅通，服务亲切，收费合理。

e）能接收手提电话信号。

5.4.6 旅游购物

a）购物场所布局基本合理，建筑造型、色彩、材质与环境基本协调。

b）对购物场所进行集中管理，环境整洁，秩序良好，无围追兜售、强买强卖现象。

c）对商品从业人员有统一管理措施和手段。

d）旅游商品种类较多，具有本地区特色。

5.4. 7 经营管理

a）管理体制健全，经营机制有效。

b）旅游质量、旅游安全、旅游统计等各项经营管理制度健全有效，贯彻措施得力，定期监督检查，有完整的书面记录和总结。

c）管理人员配备合理，70%以上中高级管理人员具备大专以上文化程度。

d）具有独特的产品形象、良好的质量形象、鲜明的视觉形象和文明的员工形象。

e）有正式批准的总体规划，开发建设项目符合规划要求。

f）培训机构、制度明确，人员、经费落实，业务培训全面，效果良好，上岗人员培训合格率达100%。

g）投诉制度健全，人员、设备落实，投诉处理及时、妥善，档案记录基本完整。

h）能为特定人群（老年人、儿童、残疾人等）提供特殊服务。

5.4.8 资源和环境的保护

a）空气质量达GB 3095-1996的一级标准。

b）噪声质量达到GB 3096-1993的一类标准。

c）地面水环境质量达到GB 3838的规定。

d）污水排放达到GB 8978的规定。

e）自然景观和文物古迹保护手段科学，措施得力，能有效预防自然和人为破坏，基本保持自然景观和文物古迹的真实性和完整性。

f）科学管理游客容量。

g）建筑布局基本合理，建筑物体量、高度、色彩、造型与景观基本协调。出人口主体建筑有格调，与景观环境相协调。周边建筑物与景观格调基本协调，或具有一定的缓冲区或隔离带。

h）环境氛围良好。绿化覆盖率较高，植物与景观配置得当，景观与环境美化效果较好。

i）区内各项设施设备符合国家关于环境保护的要求，不造成环境污染和其他公害，不破坏旅游资源和游览气氛。

5.4.9 旅游资源吸引力

a）观赏游憩价值一般。

b）同时具有较高历史价值、文化价值、科学价值，或其中一类价值具地区意义。

c）有少量珍贵物种，或景观突出，或有地区级资源实体。

d）资源实体体量较大，或资源类型较多，或资源实体疏密度较好。

e）资源实体基本完整。

5.4.10 市场吸引力

a）全省知名。

b）有一定美誉度。

c）有一定市场辐射力。

d）有一定特色。

5.4.11 年接待海内外旅游者 10 万人次以上。

5.4.12 游客抽样调查满意率较高。

5.5 A 级旅游景区

5.5.1 旅游交通

a）通往旅游景区的交通基本通畅，有较好的可进入性。

b）具有停车（船）场所，容量能基本满足需求，场地较平整坚实或水域较畅通，有相应标志。

c）区内游览（参观）路线或航道布局基本合理、顺畅。

d）区内使用低排放的交通工具，或鼓励使用清洁能源的交通工具。

5.5.2 游览

a）有为游客提供咨询服务的场所，服务人员业务熟悉，服务热情。

b）各种公众信息资料（包括导游全景图、标识牌、景物介绍牌等）与景观环境基本协调。标识牌和景物介绍牌设置基本合理。

c）宣传教育材料（如研究论著、科普读物、综合画册、音像制品、导游图和导游材料等）品种多，内容丰富，制作较好。

d）导游员（讲解员）持证上岗，人数及语种能基本满足游客需要。普通话达标率100%。导游员（讲解员）均应具高中以上文化程度。

e）导游（讲解）词科学、准确、生动。导游服务质量达到 GB/T 15971－1995 中 4.5.3 和第 5 章要求。

f）公共信息图形符号的设置基本合理，基本符合 GB/T 10001.1 的规定。

g）游客公共休息设施布局基本合理，数量基本满足需要。

5.5.3 旅游安全

a）认真执行公安、交通、劳动、质量监督、旅游等有关部门制定和颁布的安全法规，安全保卫制度健全，工作落实。

b）消防、防盗、救护等设备齐全、完好、有效，交通、机电、游览、娱乐等设备完好，运行正常，无安全隐患。游乐园达到 GB/T 16767 规定的安全和服务标准。危险地段标志明显，防护设施齐备、有效。

c）事故处理及时、妥当，档案记录完整，配备游客常用药品。

5.5.4 卫生

a）环境比较整洁，无污水、污物，无乱建、乱堆、乱放现象，建筑物及各种设施设备无剥落、无污垢，空气清新、无异味。

b）各类场所全部达到 GB 9664 规定的要求，餐饮场所达到 GB 16153 规定的要求，游泳场所达到 GB 9667 规定的要求。

c）公共厕所布局较合理，数量基本满足需要，建筑造型与景观环境比较协调。50%以上厕所具备水冲设备，并保持完好或使用免水冲生态厕所。厕所较整洁，洁具洁净、无污垢、无堵塞。

d）垃圾箱布局较合理，标识明显，数量基本满足需要，造型与环境比较协调。垃圾清扫及时，日产日清。

e）食品卫生符合国家规定，餐饮服务配备消毒设施，不使用对环境造成污染的一次性餐具。

5.5.5 邮电服务

a）提供邮政或邮政纪念服务。

b）通信设施布局较合理。游人集中场所设有公用电话，具备国内直拨功能。

c）通信方便，线路畅通，收费合理。

d）能接收手提电话信号。

5.5. 6 旅游购物

a）购物场所布局基本合理，建筑造型、色彩、材质与环境较协调。

b）对购物场所进行集中管理，环境整洁，秩序良好，无围追兜售、强买强卖现象。

c）对商品从业人员有统一管理措施和手段。

d）旅游商品有本地区特色。

5.5.7 经营管理

a）管理体制健全，经营机制有效。

b）旅游质量、旅游安全、旅游统计等各项经营管理制度健全有效，贯彻措施得力，定期监督检查，有比较完整的书面记录和总结。

c）管理人员配备合理，60%以上中高级管理人员具大专以上文化程度。

d）具有一定的产品形象、质量形象和文明的员工形象。

e）有正式批准的总体规划，开发建设项目符合规划要求。

f）培训机构、制度明确，人员、经费落实，业务培训全面，效果良好，上岗人员培训合格率达100%。

g）投诉制度健全，人员、设备落实，投诉处理及时，档案记录基本完整。

h）能为特定人群（老年人、儿童、残疾人等）提供特殊服务。

5.5.8 资源和环境的保护

a）空气质量达到GB 3095-1996的一级标准。

b）噪声质量达到GB 3096-1993的一类标准。

c）地面水环境质量达到GB 3838的规定。

d）污水排放达到GB 8978的规定。

e）自然景观和文物古迹保护手段科学，措施得力，能有效预防自然和人为破坏，基本保持自然景观和文物古迹的真实性和完整性。

f）科学管理游客容量。

g）建筑布局较合理，建筑物造型与景观基本协调。出入口主体建筑与景观环境基本协调。周边建筑物与景观格调较协调，或具有一定的缓冲区或隔离带。

h）环境氛围较好。绿化覆盖率较高，景观与环境美化效果较好。

i）区内各项设施设备符合国家关于环境保护的要求，不造成环境污染和其他公害，不破坏旅游资源和游览气氛。

5.5.9 旅游资源吸引力

a）观赏游憩价值较小。

b）同时具有一定历史价值、文化价值、科学价值，或其中一类价值具地区意义。

c）有个别珍贵物种，或景观比较突出，或有地区级资源实体。

d）资源实体体量中等，或有一定资源类型，或资源实体疏密度一般。

e）资源实体较完整。

5.5.10 市场吸引力

a）本地区知名。

b）有一定美誉度。

c）有一定市场辐射力。

d）有一定特色。

5.5.11 年接待海内外游客 3 万人次以上。

5.5.12 游客抽样调查基本满意。

6　旅游景区质量等级的划分依据与方法

6.1 根据旅游景区质量等级划分条件确定旅游景区质量等级，按照《服务质量与环境质量评分细则》、《景观质量评分细则》的评价得分，并结合《游客意见评分细则》的得分综合进行。

6.2 经评定合格的各质量等级旅游景区，由全国旅游景区质量等级评定机构向社会统一公告。

二、《旅游饭店星级的划分与评定》标准

《旅游饭店星级的划分与评定》是由国家质检总局、国家标准化管理委员会于 2010 年 10 月 18 日批准发布的关于饭店星级评定与复核工作的国家标准。

按照实施办法的规定，2010 年 12 月 31 日之前向全国星评办正式申报的五星级饭店按 2003 年版标准进行评定，并于 2011 年第一季度完成，之后向全国星评办申报的五星级饭店按新版国家标准执行；一星级至四星级饭店的评定工作参照五星级饭店的方式执行。

新版国家标准是《旅游饭店星级的划分与评定》自 1988 年制定并实施以来的第四次修订，强调了星级饭店的必备项目、核心产品、绿色环保、应急管理、软件可衡量和特色经营等方面的要求。

新版国家标准和实施办法要求，全国旅游星级饭店评定委员会对饭店星级的划分有一星级、二星级、三星级、四星级、五星级以及白金五星级，没有“同级”“准×星”“超×星”或“相当于×星”这种标准。饭店星级有着严格的等级划分标准和评定规程。经评定达到相应星级标准的饭店，由全国旅游饭店星级评定机构颁发相应的星级证书和标志牌。星级标志的有效期为 3 年；而旅游饭店应将星级标志置于饭店前厅最明显位置，接受公众监督。旅游饭店星级证书和标志牌由全国旅游星级饭店评定委员会统一制作、核发，任何单位或个人未经授权或认可，不得擅自制作和使用。

《旅游饭店星级的划分与评定》标准全文如下：

1　范围

本标准规定了旅游饭店星级的划分条件、服务质量和运营规范要求。

本标准适用于正式营业的各种旅游饭店。

2 规范性引用文件

下列文件对于本文件的应用是必不可少的。凡是注日期的引用文件，仅注日期的版本适用于本文件，凡是不注日期的引用文件，其最新版本（包括所有的修改单）适用于本文件。

GB/T 16766 旅游业基础术语

GB/T 10001.1 标志用公共信息图形符号 第1部分：通用符号

GB/T 10001.2 标志用公共信息图形符号 第2部分：旅游设施与服务符号

GB/T 10001.4 标志用公共信息图形符号 第4部分：运动健身符号

GB/T 10001.9 标志用公共信息图形符号 第9部分：无障碍设施符号

GB/T 15566.8 公共信息导向系统设置原则与要求 第8部分：宾馆和饭店

3 术语和定义

下列术语和定义适用于本标准。

3.1 旅游饭店 tourist hotel

以间（套）夜为单位出租客房，以住宿服务为主，并提供商务、会议、休闲、度假等相应服务的住宿设施，按不同习惯可能也被称为宾馆、酒店、旅馆、旅社、宾舍、度假村、俱乐部、大厦、中心等。

4 星级划分及标志

4.1 用星的数量和颜色表示旅游饭店的星级。旅游饭店星级分为五个级别，即一星级、二星级、三星级、四星级、五星级（含白金五星级）。最低为一星级，最高为五星级。星级越高，表示饭店的等级越高。（为方便行文，“星级旅游饭店”简称为“星级饭店”。）

4.2 星级标志由长城与五角星图案构成，用一颗五角星表示一星级，两颗五角星表示二星级，三颗五角星表示三星级，四颗五角星表示四星级，五颗五角星表示五星级，五颗白金五角星表示白金五星级。

5 总则

5.1 星级饭店的建筑、附属设施设备、服务项目和运行管理应符合国家现行的安全、消防、卫生、环境保护、劳动合同等有关法律、法规和标准的规定与要求。

5.2 各星级划分的基本条件见附录A，各星级饭店应逐项达标。

5.3 星级饭店设备设施的位置、结构、数量、面积、功能、材质、设计、装饰等评价标准见附录B。

5.4 星级饭店的服务质量、清洁卫生、维护保养等评价标准见附录C。

5.5 一星级、二星级、三星级饭店是有限服务饭店，评定星级时应对饭店住宿产品进行重点评价；四星级和五星级（含白金五星级）饭店是完全服务饭店，评定星级时应对饭店产品进行全面评价。

5.6 倡导绿色设计、清洁生产、节能减排、绿色消费的理念。

5.7 星级饭店应增强突发事件应急处置能力，突发事件处置的应急预案应作为各星级饭店的必备条件。评定星级后，如饭店营运中发生重大安全责任事故，所属星级将被立即取消，相应星级标识不能继续使用。

5.8 评定星级时不应因为某一区域所有权或经营权的分离，或因为建筑物的分隔而区别对待，饭店内所有区域应达到同一星级的质量标准和管理要求。

5.9 饭店开业一年后可申请评定星级，经相应星级评定机构评定后，星级标识使用有效期为三年。三年期满后应进行重新评定。

6　各星级划分条件

6.1 必备条件

6.1.1 必备项目检查表规定了各星级应具备的硬件设施和服务项目。评定检查时，逐项打“√”确认达标后，再进入后续打分程序。

6.1.2 一星级必备项目见表 A.1；二星级必备项目见表 A.2；三星级必备项目见表 A.3；四星级必备项目见表 A.4；五星级必备项目见表 A.5。

6.2 设施设备

6.2.1 设施设备的要求见附录 B。总分 600 分。

6.2.2 一星级、二星级饭店不作要求，三星级、四星级、五星级饭店规定最低得分线：三星级 220 分，四星级 320 分，五星级 420 分。

6.3 饭店运营质量

6.3.1 饭店运营质量的要求见附录 C 。总分 600 分。

6.3.2 饭店运营质量的评价内容分为总体要求、前厅、客房、餐饮、其他、公共及后台区域等 6 个大项。评分时按“优”“良”“中”“差”打分并计算得分率。公式为：得分率=该项实际得分/该项标准总分×100%。

6.3.3 一星级、二星级饭店不作要求。三星级、四星级、五星级饭店规定最低得分率：三星级 70%，四星级 80%，五星级 85%。

6.3.4 如饭店不具备表 C.1 中带“＊”的项目，统计得分率时应在分母中去掉该项分值。

7　服务质量总体要求

7.1 服务基本原则

7.1.1 对宾客礼貌、热情、亲切、友好，一视同仁。

7.1.2 密切关注并尽量满足宾客的需求，高效率地完成对客服务。

7.1.3 遵守国家法律法规，保护宾客的合法权益。

7.1.4 尊重宾客的信仰与风俗习惯，不损害民族尊严。

7.2 服务基本要求

7.2.1 员工仪容仪表应达到：

a）遵守饭店的仪容仪表规范，端庄、大方、整洁。

b）着工装、佩工牌上岗。

c）服务过程中表情自然、亲切、热情适度，提倡微笑服务。

7.2.2 员工言行举止应达到：

a）语言文明、简洁、清晰，符合礼仪规范。

b）站、坐、行姿符合各岗位的规范与要求，主动服务，有职业风范。

c）以协调适宜的自然语言和身体语言对客服务，使宾客感到尊重舒适。

d）对宾客提出的问题应予耐心解释，不推诿和应付。

7.2.3 员工业务能力与技能应达到掌握相应的业务知识和服务技能，并能熟练运用。

8 管理要求

8.1 应有员工手册。

8.2 应有饭店组织机构图和部门组织机构图。

8.3 应有完善的规章制度、服务标准、管理规范和操作程序。一项完整的饭店管理规范包括规范的名称、目的、管理职责、项目运作规程（具体包括执行层级、管理对象、方式与频率、管理工作内容）、管理分工、管理程序与考核指标等项目。各项管理规范应适时更新，并保留更新记录。

8.4 应有完善的部门化运作规范。包括管理人员岗位工作说明书、管理人员工作关系表、管理人员工作项目核检表、专门的质量管理文件、工作用表和质量管理记录等内容。

8.5 应有服务和专业技术人员岗位工作说明书，对服务和专业技术人员的岗位要求、任职条件、班次、接受指令与协调渠道、主要工作职责等内容进行书面说明。

8.6 应有服务项目、程序与标准说明书，对每一个服务项目完成的目标、为完成该目标所需要经过的程序，以及各个程序的质量标准进行说明。

8.7 对国家和地方主管部门和强制性标准所要求的特定岗位的技术工作如锅炉、强弱电、消防、食品加工与制作等，应有相应的工作技术标准的书面说明，相应岗位的从业人员应知晓并熟练操作。

8.8 应有其他可以证明饭店质量管理水平的证书或文件。

9 安全管理要求

9.1 星级饭店应取得消防等方面的安全许可，确保消防设施的完好和有效运行。

9.2 水、电、气、油、压力容器、管线等设施设备应安全有效运行。

9.3 应严格执行安全管理防控制度，确保安全监控设备的有效运行及人员的责任到位。

9.4 应注重食品加工流程的卫生管理，保证食品安全。

9.5 应制定和完善地震、火灾、食品卫生、公共卫生、治安事件、设施设备突发故障等各项突发事件应急预案。

10 **其他**

对于以住宿为主营业务，建筑与装修风格独特，拥有独特客户群体，管理和服务特色鲜明，且业内知名度较高旅游饭店的星级评定，可参照五星级的要求。

项目小结

标准就是为了在一定的范围内获得最佳秩序，经协商一致制定并由公认机构批准，共同使用的和重复使用的一种规范性文件。注：标准宜以科学、技术和经验的综合成果为基础，以促进最佳的共同效益为目的（通俗地讲就是对重复性事物和概念所做的统一规定。比如：GB 7718—2004《预包装食品标签通则》规定了预包装食品标签的要求和标注内容）。

标准化就是为了在一定范围内获得最佳秩序，对现实问题或潜在问题制定共同使用和重复使用的条款的活动。

案例思考题

老年旅游“国标”能否为爸妈撑腰

父母操劳了一生，子女们总想让他们有个快乐的晚年。每年春秋季节，子女们大多计划为父母报个旅游团，让他们出去好好玩玩。但是近年来，旅游市场频发的强制购物、出游安全等事件让子女们总是难以放心。

前段时间，郑州市民冯先生跟老伴报了一个旅游团，去台湾游玩，总共8天的旅程，两人玩遍了台湾岛。不过，两人玩得尽兴之余也有些疲劳，老人说，到台湾后，有的景点之间隔得比较远，需要坐很长时间的车，这让原本晕车的夫妻俩更加难受。冯先生和老伴之前经常出去玩，像这样的情况并不少见，用他的话说便是“上车睡觉，下车拍照”，长途汽车一坐就是三四个小时，累得都没心思看风景了，有时候刚玩10分钟，导游就催着走。游览时间过短是不少人随团旅游经常遇到的情况，不过以后针对这个情况，有国家标准进行规范了。

《旅行社老年旅游服务规范》（以下简称《规范》）由国家旅游局通过，于2016年9月1日正式实施，《规范》也被称为老年旅游市场的“国标”。

《规范》提出来一系列老年旅游服务规范，例如人数超过100人的老年团，需配随团医生；75岁以上老人报团，应请成年直系家属签字，且宜有成年家属陪同；老年游连续游览时间不宜超过3小时，连续乘车时间不超过3小时等。

问题：

1. 通过此案例，分析国家出台各项标准的意义。
2. 讨论《旅行社老年旅游服务规范》的出台，能否对老年旅游市场起到约束作用。

技能训练

一、任务名称

南京A级景区走访调研

二、任务目标

1. 通过分组调研南京A级景区，使学生充分了解A级景区的发展状况，对照景区等级评定标准，感悟景区等级评定标准的作用。
2. 培养同学们的探究合作精神，以及分析事物、归纳总结事物的能力。

三、任务实施

1. 对所教班级进行分组，每组6~8人为宜，自选组长1名。
2. 将南京市的A级景区列出，并按不同等级进行归类。
3. 各小组自愿选取调研目标，要求各组间所选的景区尽量不要重复。
4. 以小组为单位，对所选定的调研目标对照等级评定标准进行暗访调查，评判其目前是否符合等级评定标准中相应等级的要求。
5. 对调查结果展开讨论，形成调研报告。报告的具体题目自拟。
6. 选派一名代表发言汇报，要求主题突出，简明扼要，语言表达清晰流畅。
7. 教师适时指导。
8. 时间：1周。

四、成果考核

1. 调查报告，2000字左右。
2. 教师根据学生表现及调研报告计分，纳入平时成绩。

参考文献

1. 宫连虎，余青．旅游交通研究现状与趋势探析［J］．旅游论坛，2010（6）．

2. 易忠．旅游商品设计中的文化内涵［J］．装饰，2002（9）．

3. 毛建华，蔡湛．旅游度假区定义的探讨［J］．地理学与国土研究，1995（5）．

4. 韩文红，余艳红．云南省国家公园建设问题探究［J］．林业调查规划，2009（8）．

5. 申葆嘉．国外旅游研究进展［J］．旅游学刊，1996（1）～（4）．

6. 王大悟．关于旅游规划若干认识的探讨［J］．旅游学刊，2001（16）．

7. 唐代剑，池静．旅游规划方法研究进展［J］．北京第二外国语学院学报，2005（3）．

8. 吴人韦．旅游规划的发展历程与趋势［J］．农村生态环境，2000（1）．

9. 郭来喜．中西融通互鉴，加快旅游规划体系建设［J］．国外城市规划，2000（3）．

10. 刘中艳，王捷二．旅游规划综述［J］．云南地理环境研究，2007（1）．

11. 赵黎明，辛长爽．旅游商品开发探讨［J］．北京第二外国语学院学报，2001（3）．

12. 刘鹏举．我国出境旅游市场的发展特点及问题分析［J］．中国商贸，2010（19）．

13. 张红．我国居民国内旅游特征综述［J］．长春理工大学学报，2011（3）．

14. 杨智勇，斯琴．中国入境旅游市场特征分析与预测［J］．未来与发展，2010（10）．

15. 李丽．中国出境旅游市场发展态势及需求影响因素研究［D］．南宁：广西大学，2015.

16. 赵抗卫．主题公园的创意和产业链［M］．上海：华东师范大学出版社，2010.

17. 张凌云．旅游景区管理［M］．北京：旅游教育出版社，2009.

18. 乔正康．旅游学概论［M］．大连：东北财经大学出版社．2000.

19. 王德刚 . 旅游学概论［M］. 济南：山东大学出版社 . 1995.

20. 谢彦君，乔正康 . 旅游学概论［M］. 大连：东北财经大学出版社 . 2002.

21. 张立明 . 旅游学概论［M］. 武汉：武汉大学出版社 . 2003.

22. 魏向东 . 旅游概论［M］. 北京：中国林业出版社 . 2000.

23. 洪帅 . 旅游学概论［M］. 上海：上海交通大学出版社 . 2011.

24. 周武宗 . 旅游学概论［M］. 北京：化学工业出版社 . 2009.

25. 田言付，朱沁夫 . 旅游学概论［M］. 天津：南开大学出版社，2012.

26. 李肇荣，曹华盛 . 旅游学概论［M］. 北京：清华大学出版社，2006.

27. 李昕 . 旅游管理学［M］. 北京：中国旅游出版社，2006.

28. 李天元 . 旅游学概论［M］. 天津：南开大学出版社，2009.

29. 尹德涛，等 . 旅游社会学研究［M］. 天津：南开大学出版社 . 2006.

30. 张文 . 旅游影响——理论与实践［M］. 北京：社会科学文献出版社 . 2007.

31. 李冠瑶，刘海鸿 . 旅游学教程［M］. 北京：北京大学出版社 . 2005.

32. 傅云新，蔡晓梅 . 旅游学［M］. 广州：中山大学出版社 . 2007.

33. 方相林 . 旅游学概论［M］. 郑州：郑州大学出版社 . 2002.

34. 唐志国 . 旅游概论［M］. 北京：中国旅游出版社 . 2011.

35. 洪帅 . 旅游学概论［M］. 上海：上海交通大学出版社 . 2010.

36. 石强 . 旅游概论［M］. 北京：机械工业出版社 . 2009.

37. 安应民 . 旅游学概论［M］. 北京：中国旅游出版社 . 2007.

38. 徐汎 . 中国旅游市场概论［M］. 北京：中国旅游出版社 . 2004.

39. 李丽，范智军 . 旅游学概论［M］. 广州：广东省出版集团 . 2008.

40. 邵琪伟 . 中国旅游统计年鉴［M］. 北京：中国旅游出版社 . 2010. 2011.

41. 中国旅游研究院编 . 中国旅游发展年度报告书系：中国入境旅游发展年度报告（2012）［R］. 北京：旅游教育出版社 .

42. 中国旅游研究院编 . 中国旅游发展年度报告书系：中国出境旅游发展年度报告（2012）［R］. 北京：旅游教育出版社 .

43. 李云霞，李洁，董立昆等 . 旅游学概论：理论与案例［M］. 北京：高等教育出版社，2008.

44. 张超广 . 旅游学概论［M］. 北京：冶金工业出版社，2008.

45. 常莉 . 旅游学概论［M］. 北京：对外经济贸易大学出版社，2008.

46. 赵长华 . 旅游学概论［M］. 福州：福建人民出版社，1999.

47. 郑焱 . 中国旅游发展史［M］. 长沙：湖南教育出版社，2000.

项目统筹：徐　峥
责任编辑：李冉冉
责任印制：冯冬青
封面设计：中文天地

图书在版编目（CIP）数据

旅游概论 / 方法林，金丽娇主编 .--北京 ：中国旅游出版社，2017.1（2022.9 重印）
全国旅游高等院校精品课程系列教材
ISBN 978-7-5032-5668-4

Ⅰ.①旅… Ⅱ.①方… ②金… Ⅲ.①旅游—高等学校—教材 Ⅳ.①F590

中国版本图书馆 CIP 数据核字（2016）第 205935 号

“十三五”江苏省高等学校重点教材
全国旅游高等院校精品课程系列教材

书　　名：旅游概论

作　　者：方法林，金丽娇主编
出版发行：中国旅游出版社
（北京静安东里 6 号　邮编：100028）
http：//www. cttp. net. cn　E-mail：cttp@ mct. gov. cn
营销中心电话：010-57377108，010-57377109
读者服务部电话：010-57377151
排　　版：北京旅教文化传播有限公司
经　　销：全国各地新华书店
印　　刷：三河市灵山芝兰印刷有限公司
版　　次：2017 年 1 月第 1 版　2022 年 9 月第 3 次印刷
开　　本：787 毫米×1092 毫米　1/16
印　　张：18
字　　数：359 千
定　　价：39.00 元
I S B N　978-7-5032-5668-4